MÚSICA CULTURA POP ESTILO DE VIDA COMIDA
CRIATIVIDADE & IMPACTO SOCIAL

David Bowie
A Construção
de Ziggy
Stardust
Simon Goddard
Belas Letras

Título original: *Ziggyology: a brief history of Ziggy Stardust*
Publicado mediante acordo com Ebury Publishing, do grupo Random House.

Este livro é o resultado de um trabalho feito com muito amor, diversão e gente finice pelas seguintes pessoas:

Gustavo Guertler (*publisher*), Fernando Scoczynski Filho (tradução), Celso Orlandin Jr. (adaptação da capa e projeto gráfico), Juliana Rech (diagramação), Tanara Araújo (preparação), Vivian M. Matsushita (revisão), Mariane Genaro (edição), David Eldridge (design de capa) e Andrew Goodfellow (ilustração)

Obrigado, amigas e amigos.

2022
Todos os direitos desta edição reservados à
Editora Belas Letras Ltda.
Rua Antônio Corsetti, 221 – Bairro Cinquentenário
CEP 95012-080 – Caxias do Sul – RS
www.belasletras.com.br

Dados Internacionais de Catalogação na Fonte (CIP)
Biblioteca Pública Municipal Dr. Demetrio Niederauer
Caxias do Sul, RS

G578d Goddard, Simon
David Bowie : a construção de Ziggy Stardust / Simon Goddard, tradução Fernando Scoczynski Filho. - Caxias do Sul, RS : Belas Letras, 2022.
368 p. il.

ISBN: 978-65-5537-199-4
ISBN: 978-65-5537-200-7

1. Músico inglês - Biografia. 2. Rock inglês. 3. Glam rock. I. Título. II. Scoczynski Filho, Fernando (trad.).

22/15 CDU 929Bowie

Catalogação elaborada por Rose Elga Beber, CRB-10/1369

Para Spike Reeve-Daniels.
Nasce um Starman.

SUMÁRIO

PREFÁCIO

Este é um livro sobre Ziggy Stardust, o pop star alienígena que habitou a mente, a voz e as calças de David Bowie desde, aproximadamente, o fim de 1971 até sua morte no palco do Hammersmith Odeon, em 3 de julho de 1973.

É a história de como Ziggy entrou na cabeça de Bowie e do que aconteceu após ter chegado lá.

É a história de quanto tempo levou para a civilização pegar o conceito de Ziggy Stardust e do quão rápido foi para um humano seguir a vontade desse alienígena até cometer suicídio.

Este livro é, principalmente, a história de Ziggy Stardust. Às vezes, é a história de David Bowie.

Todos os eventos, locais e personagens neste livro são baseados em evidências obtidas por meio de provas documentais e testemunhas oculares.

Este livro foi escrito com amor –

Por Ziggy, Ronno, Weird e Gilly.

Pela arte e pelo espaço sideral.

Por glamour e rock 'n' roll.

Pela juventude e esperança.

Por glitter e esmalte.

E por todos que, assim como o autor, optaram por viver olhando para as estrelas.

Simon Goddard
Londres

"Se você quer mesmo fazer uma torta de maçã do zero, você precisa começar pela invenção do universo."

CARL SAGAN

PRÓLOGO

À VÉSPERA DO NUNCA MAIS

Desde o início dos tempos, mais de 100 bilhões de seres humanos já andaram neste planeta.

Agora, 100 bilhões é aproximadamente o número de estrelas na nossa galáxia, a Via Láctea. Isso significa que todos que já viveram lá poderiam ser uma estrela.

Estrelas são sóis com planetas orbitando ao seu redor. Então, não é interessante pensar que há espaço o suficiente no céu para todos terem seu próprio mundo?

Não sabemos quantos desses mundos são habitados, ou que tipo de criatura pode estar lá, mas um dia vamos saber. Talvez por rádio. Talvez por outros meios. Talvez por contato.

O impacto que isso terá na espécie humana será profundo.

ARTHUR C. CLARKE

Aos olhos de qualquer criatura em qualquer planeta que possa estar nos observando através do espaço, é uma terça-feira como qualquer outra. O nome do dia em inglês, *Tuesday*, vem do deus da guerra nórdico, Tiw. Ou então, como os romanos o chamavam, Marte.

É mais um dia de Marte em Londres. A humanidade vai e vem numa complacência infinita, sem se dar conta de uma possível observação interestelar remota, porém penetrante. Deliciosamente alheia a qualquer criatura ou qualquer coisa no infinito espaço que possa estar nos seguindo, tentando decifrar e decodificar os estranhos sinais da vida humana. Sem saber que suas palavras, expressões, músicas, gritos selvagens e sons brutais podem estar ecoando pelo cosmos, uma transmissão de falas exóticas em direção a ouvidos extraterrestres. Falando sobre operação-padrão, partidos políticos, strip poker, greves, Double Diamond, Nimble, Mark Phillips e a princesa Anne. Sobre o andar de cima, o andar de baixo, Watergate, Follyfoot, Fenn Street, Colditz e *"Honey, can the can"*. Sobre o Gavião Arqueiro, Hot Lips, Bobby Crush, Elephant Boy, Edward Heath, Idi Amin e Dave Allen. Sobre "Skweeze me!", "It's frothy, man", "Stay on the bus, forget about us", "Wombling free", "Nice one, Cyril" e "Is there life on Mars?".

Enquanto o planeta gira e o sol brilha sobre Londres, chegando à temperatura de 25 graus, o relógio rigorosamente se aproxima do meio-dia. Nosso foco vai à ponta da cidade ao sul, o subúrbio de Bromley, pelas mesmas ruas em que H. G. Wells batia perna e tinha sonhos juvenis sobre a aniquilação da humanidade. No gramado da Princes Plain School for Girls, há uma sensação mortal de ansiedade. O detetive superintendente Alan Jones está com seu esquadrão "suave, suave", colocando seus dedos cheios de suspeita sobre as alunas adolescentes. Jones acredita que uma delas pode ter sido responsável pelo sequestro de um bebê de sete semanas, tirando-o de seu carrinho enquanto a mãe não olhava; a criança foi posteriormente encontrada viva, porém em más condições, coberta de moscas e larvas sob um carvalho num bosque próximo. A menina agora luta por sua vida no hospital. Essa é a natureza cruel do crime neste dia de Marte: corpos decapitados, parcialmente enterrados na lama; carros-bomba e greves de fome; bebês arrancados de seus carrinhos perante pais descuidados, depois encontrados na terra, como flores que nunca são colhidas.

Um pouco ao norte, em Catford, onde mora a mãe da criança sequestrada, pessoas se acotovelam e tentam tirar fotos com suas câmeras Instamatic na entrada de um novo supermercado, vendo um astro da TV de 45 anos cortar a faixa de inauguração. "É a maior plateia que eu já vi!", declara Bruce Forsyth, jogando maçãs e revistas em quadrinhos para crianças com os olhos brilhando enquanto a banda da cavalaria britânica começa a tocar, encorajada pelos giros de bastão do mascote Major Saver. Algumas pessoas não se aglomeram instantaneamente ao redor de Forsyth com canetas na mão, preferem movimentar os caixas do mercado comprando marmelada Koo, biscoitos Chiltonian e a extravagância impulsiva do vinho de mesa Hirondelle; rezando para que este último traga a recompensa de uma cabeça turva e selos de compras Green Shield em dobro que justificarão o caos gerado no orçamento familiar semanal. Outros observam, impressionados, o departamento de decoração, tristemente encarando os reflexos convexos de seus olhares empobrecidos em uma chaleira Swan Regal; ou, então, passam seus dedos cobiçadores pelo milagre científico que é a máquina de chá Goblin Teasmade. Essa é a essência dos sonhos materiais neste dia de Marte: máquinas de lavar Servis Supertwins, papel de parede Vymura e cápsulas Wyclox Moonbeams.

Nossa atenção agora é capturada pela histeria recém-surgida que ecoa da partida de tênis nas quadras de grama do All England Law Tennis & Croquet Club, em Wimbledon. Hoje acontece o evento apelidado de "Batalha dos Galãs". Uma guerra nas quartas de final é travada com raquetes e bolas entre Roger Taylor, o orgulho nacional, e o formidável viking esbelto de 17 anos chamado Bjorn Borg. Taylor é o terceiro favorito do ano; estava na 16ª posição até ocorrer um boicote em massa dos jogadores por causa da controversa suspensão do tenista iugoslavo Niki Pili, o que aumentou as chances do britânico. Taylor transpira e quase perde o fôlego para tentar conseguir a vitória, mas não evita a adoração contagiante que se espalha pela plateia devido à beleza estarrecedora de seu oponente, capaz de ferver estrogênio. Uma garota de Bromley deu sua opinião a um repórter próximo do local. "Quando eu vejo Borg", ela suspira, derretendo com o suor da tarde, "eu penso: NOSSA!" Assim são facilmente afetados os ventres neste dia de Marte: com os cavaleiros reluzentes Cassidy e Osmond, e com as belas donzelas Susan Lloyd e Susan Stranks.

A noite se aproxima. Um cheiro de queimado paira no ar sobre os Battersea Pleasure Gardens, ainda mornos após o inferno da manhã quando os golfinhos Flipper e Bubbles escaparam, por pouco, de serem capturados vivos em suas piscinas. Do outro lado do rio, no coração da cidade, trabalhadores exaustos compram o jornal noturno de vendedores jovens pouco antes de irem para o subsolo e se espremerem em cilindros esfumaçados, digerindo as notícias em contorção silenciosa, gratos por qualquer tipo de distração que tire seus pensamentos do desconforto físico. A atriz Betty Grable, cujas pernas são tão maravilhosas que têm um seguro de um milhão de dólares na Lloyd's of London, morreu de câncer aos 56 anos. Em Oxford, um adolescente foi preso por tempo indeterminado após atacar, sem provocação prévia, um morador de rua irlandês que bebia álcool desnaturado. O jovem roubou um centavo e meio do homem após matá-lo com um tijolo. A defesa do garoto culpa a influência do filme *Laranja Mecânica*, recentemente lançado. Na sentença, o juiz concorda que o filme "produziu uma úlcera dentre os jovens impressionáveis, e todas as pessoas de bom senso querem ver esse efeito removido imediatamente".

Como nervos travados, os trabalhadores se encolhem e tremem no metrô ao saber os detalhes sangrentos do "Clockwork Killer" ("Assassino Mecânico") enquanto, acima de suas cabeças, outras pessoas se juntam na Leicester Square para ver a tal fonte da úlcera dos jovens no cinema Cinecenta. Do outro lado da praça, no Empire, a atração é *À Beira do Fim*, uma visão da humanidade 50 anos adiante, na qual a melhor solução possível para o futuro superpovoado é o canibalismo gerenciado pelo governo. Foi o último filme estrelado por Edward G. Robinson, veterano de Hollywood que morreu em janeiro e cuja renomada coleção de arte foi leiloada hoje, a menos de um quilômetro de distância, na Sotheby's. Um comprador de Nova York saiu do leilão com 270 mil libras a menos após pagar um valor recorde pela obra de arte mais querida de Robinson, uma tela da "fase azul" de Pablo Picasso – que tinha morrido poucas semanas atrás e foi enterrado no terreno de seu castelo francês. Catalogada como *La Mort (La Mise Au Tombeau)*, a obra é um dos muitos tributos do espanhol ao seu melhor amigo, o poeta Carlos Casagemas, que cometeu suicídio ao dar um tiro em sua cabeça numa cafeteria em Montmartre. Na pintura, foi imortalizado como uma figura envolta em faixas, cercada de pessoas enlutadas, como Jesus. O poeta trágico que terminou sua vida de forma tão pública. *La Mort*, *Minha Morte*, esperando tal qual uma verdade bíblica e um pedinte cego. O martelo bate e as estrelas se alinham de maneira comovente, com perfeição, neste dia de Marte.

Agora, ao oeste, passando por parques, pelas câmaras do parlamento e pelo palácio, além do hospital e do porto, longe dos pedestres passeando e dos passageiros espremidos, nos ônibus e nos trens, a pé e de bicicleta; acima das bombas manuais rangendo e dos caixas registrando compras, o som de lábios bebendo Courage e Watneys Red, fumando Rothmans e Dunhill, copos tocando as melodias alegres de Pernod e Cutty Sark. Até que, finalmente, chegamos ao nosso lugar designado, onde o rio Tâmisa se contorce em forma de ferradura, como se fizesse uma forma reconhecível para guiar todos os olhos navegantes. Escute suas águas escuras gentilmente fluindo, nos chamando para a bacia do norte, em Hammersmith. Passando as vigas baixas do Riverside Studios, já assombrado pelos lamentos de Bernard Quartermass, se esgueirando pelas vias e pelas sacadas das vizinhanças Queen Caroline e Peabody – "é proibido andar de bicicleta ou patins, jogar críquete, futebol, jogos com bola, camelôs, pintores ou músicos de rua aqui", fazendo o favor.

Quase lá, agora passa por nós a serpente de concreto elevada da Westway, com apenas três anos de idade, tremendo com o trovão de carros como Austin Allegro, Vauxhall Viva e Hillman Imp, um zumbido sem melodia, mas robusto o suficiente para vibrar a estrutura ao redor da catedral St. Paul; os fêmures e fíbulas podres de Barbaras, Esthers, Williams, Johns e Georges esquecidos, que morreram séculos atrás e nunca conheceram o doce perfume de petróleo queimando, nem a adrenalina de "colocar um tigre no tanque"[1].

Na hora e no local que nos interessam neste dia de Marte, o cheiro do destino está presente, como uma névoa no ar de verão, em frente à catedral St. Paul, em frente ao cinema Odeon. Não é apenas porque, nesta semana, a atração principal é uma comédia sobre velórios, *Avanti!*, de Billy Wilder, estrelando Jack Lemmon. A morte conhece esse lugar bem demais. Apenas dois dias atrás, no domingo à tarde, seus assentos dobráveis de feltro estavam aquecidos pelos traseiros de pensionistas, pagando cinco centavos cada, pela promessa de poder bater seus pés ao som de um recital de órgão de Laurence James. Ao invés disso, tiveram de enfrentar o trauma de ver o Sr. James, de apenas 53 anos, cair sobre o teclado e bater as botas antes de poder perguntar: "Algum pedido?". A morte já molhou sua foice uma vez aqui nesta semana. Hoje, ela volta para um bis.

Não haverá *Avanti!* no Odeon esta noite. O projetor está silencioso, as piadas mais engraçadas de Lemmon estão presas na lata que abriga seu filme até amanhã, quando a programação voltará ao normal. O espetáculo do momento não é de imagens bidimensionais, mas de carne, causando comoção nos degraus sob a sombra da Westway. Policiais sem seus casacos estão fervendo, confusos, cercados de pequenos monstros. Um furacão de tecidos e tinta na cara: rosa, roxo e vermelho escarlate; poncho, Crusoes e Johnny Halfmast; cinturas altas, bainhas largas e lapelas detalhadas; jeans, guingão e raiom; bocas de sino, tops

1 A expressão "put a tiger in your tank" se refere a uma propaganda da empresa petrolífera Esso, cujo mascote era um tigre. [N.T.]

e sandálias; estampa de oncinha, poliéster e lycra; capas, botões apertados e umbigos de fora; pulseiras roxas, emblemas de botões e colares facetados; cabelo pintado, espetado e vermelho cobre, loiro ninfa e fluindo livremente; tracejados com raios azuis malfeitos, partidos ao meio; unhas douradas e escuras, preto alcaçuz e verde líquen; pálpebras azul-turquesa e laranja Tic-Tac, menino e menina; rostos riscados por zigue-zagues de batom, bocas pretas, bochechas de pierrô, base da Miners; um desfile de estrelas, símbolos e escamas reptilianas se dividiam nos pescoços, bochechas e testas.

Na placa acima da entrada: "Às 8h da noite, Vamos Trabalhar com David Bowie". Em todos os pilares, a imagem sagrada de seu salvador.

Seu Starman.

Não é um dia comum de Marte. É o dia do julgamento para os Spiders e a crucificação de seu messias cósmico. O homem que caiu na Terra para rasgar um arco-íris numa imensidão de cinza. A lixa no meio do bolo, pedindo ao condenado para cortar as barras de sua prisão de selos de compra Green Shield. O decorador do sombrio. O torcedor de pescoços adolescentes, da sarjeta para as estrelas. O liberador dos escravos do dever e da conformidade. A mão com esmalte alcançando os solitários e mal-amados. O maior pop star de todos os tempos. O maior pop star do espaço. Hoje à noite, ele vai cometer um suicídio rock 'n' roll no palco do Hammersmith Odeon.

Hoje é terça, 3 de julho de 1973.

O dia em que Ziggy Stardust morre.

LIVRO 1

A CHEGADA DO STARMAN

UM
O SONHO

A história de Ziggy Stardust é a história de um pensamento. Um pensamento lindo e selvagem. Uma passagem pela mística infinita de uma singularidade encantadora. Um sonho, um medo, uma fantasia, um pensamento que a humanidade iria acolher, esculpir, polir, vestir, decorar e adorar por centenas e milhares de anos até maximizar e cristalizar no formato de carne, osso, tecido e música, na mente e nas calças de David Bowie.

É uma história tão antiga quanto o tempo em si. Uma história tão antiga quanto as estrelas que o enviaram. Uma história que começa, assim como terminará, perto de Yorkshire.

Yorkshire. A terra de colinas suicidas e pântanos com lagoas da cor cinzenta do desespero. Onde metade da genética do menino que seria Ziggy foi criada em Doncaster, local de nascimento de seu pai. Onde os homens abençoados para se tornarem os Spiders from Mars foram incubados no East Riding. E onde, ao Oeste, perto de Bingley, a história de toda a origem cósmica encontrou sua voz no vilarejo de Gilstead. Lá, em 1915, outro tipo de Starman nasceu, filho de Ben Hoyle, vendedor de produtos de lã, e sua esposa pianista que amava Beethoven,

Mabel. Eles o batizaram de Frederick. Fred Hoyle de Gilstead. O homem que ensinou ao mundo que todos os elementos do universo que conhecemos foram criados nos núcleos de estrelas como nosso Sol; que essas estrelas, após gastarem toda a sua energia, explodiam em uma supernova, dispersando esses elementos pelo frio infinito do espaço até o processo começar novamente, com gás e poeira se juntando outra vez para formar novas estrelas, novos planetas e novas formas de vida. Cosmólogo, astrofísico, autor, radical. E parteiro do verdadeiro nascimento do universo.

O menino que viria a ser Ziggy tinha apenas dois anos e engatinhava por uma varanda em Brixton no dia em que Hoyle inconscientemente beijou a história, numa segunda-feira, 28 de março de 1949. Hoyle, com 33 anos na época, era professor de matemática em Cambridge e tinha sido convidado pela BBC para apresentar um programa na rádio sobre os mais novos desenvolvimentos na cosmologia. Ele começou anunciando que "tinha chegado à conclusão de que o universo está num estado de criação contínua", um momento eureca que teve sem precisar passar anos entortando sua coluna sobre um telescópio, ou agonizando sobre álgebra enquanto tinha insônia – a descoberta veio quando ele foi ao cinema.

Três anos antes, tinha visto o drama do estúdio Ealing chamado *Dead of Night*, uma coletânea de cinco histórias de terror, unificadas pela narrativa de um arquiteto que visita uma casa na fazenda. Nas primeiras cenas, o arquiteto dirige até a casa, onde o proprietário o apresenta a um grupo de estranhos, todos os quais ele acredita já ter encontrado em um sonho. No clímax do filme, o arquiteto percebe tudo que ele e a plateia viram e ouviram nos últimos 90 minutos também foi um sonho; ele acorda em sua casa, na cama, com o telefone tocando. Ele atende e fala com o proprietário da casa na fazenda, que o convida para passar um fim de semana no local. Ele aceita na hora, levemente incomodado por uma sensação de *déjà vu*. Os créditos sobem enquanto é repetida a cena de sua chegada na fazenda, do começo do filme, com o arquiteto evidentemente preso, por toda a eternidade, num pesadelo que se repete.

Foi essa simples história cíclica de um filme de terror que inspirou Hoyle e seus colegas de Cambridge, Hermann Bondi e Thomas Gold, a proporem um universo sem idade, sem começo ou fim, repetindo-se eternamente pelo infinito. Hoyle usou essa transmissão da BBC em março de 1949 para promover essa mesma "teoria do estado estacionário", enquanto tomava muito cuidado para desmistificar outras ideias opostas sobre origens cósmicas. A alternativa mais popular era apoiada pelo norte-americano Edwin Hubble, cujo estudo de espectros de luz de galáxias distantes revelou provas contundentes de um universo que se expande – se ele ainda está crescendo, logicamente começou de um ponto finito de inexistência.

"Essas teorias", Hoyle desdenhou, "foram baseadas na hipótese de que toda a matéria no universo foi criada num *big bang*, em um momento do passado remoto".

Hoyle usou a expressão infantil "*big bang*" ("grande expansão") para menosprezar a teoria do universo em expansão como algo ingênuo. O problema foi que, ao fazer isso, acabou criando uma metáfora tão simples e acessível que logo virou o modelo padrão da cosmologia naquele século. Algo que ele detonou, por engano, utilizando apenas seu sarcasmo de Yorkshire.

Foi aí que Yorkshire deu ao universo os genes de Ziggy, dos Spiders from Mars e do *big bang*. Foi aí que o *big bang* deu ao universo Yorkshire, os Spiders from Mars, os genes de Ziggy e o universo em si.

Quase 14 bilhões de anos atrás, um vazio inimaginável entrou em erupção, incontrolavelmente despejando luz e calor. Um turbilhão infinito de fogo e cinzas. Um abarrotamento tão extraordinário quanto o vazio que ali estava antes. Uma nevasca intergaláctica furiosa, que levou uma eternidade resfriando para formar as primeiras estrelas, que viveram e morreram bilhões de anos antes de nosso Sol existir. Estrelas que desapareceram em supernovas, espalhando mais poeira cósmica no espaço, levando novas eternidades para formar novas estrelas, novos planetas e, algum dia, nova vida.

A mesma poeira cósmica que criou esta esfera envolvente do mundo que agora está ao seu redor, incluindo os olhos que você usa para ler estas páginas e as pontas dos dedos que as viram. A própria página, seja de papel ou numa tela. O tecido que toca sua pele, o piso abaixo de você. Os tijolos e vidros que te abrigam, e as ruas, montanhas e rios além deles, das areias de Ibiza aos brejos dos Norfolk Broads. Os átomos de tudo e de todos que já existiram, ou vão existir. O diapasão de Beethoven. Os raios da bicicleta de H. G. Wells. A batuta de Gustav Holt. O gel nos cabelos de Elvis Presley e de Vince Taylor. O plástico preto que protege os olhos de Andy Warhol do sol de Manhattan. As lentes de Stanley Kubrick. O sangue escorrendo do torso cortado de Iggy Pop. A árvore derrubada para fazer a guitarra Les Paul branca de Ronno. A tinta vermelha em uma cabine telefônica modelo K2 em Mayfair. O primeiro bumbo de bateria em "Five Years" e o último violino em "Rock 'n' roll Suicide". Tudo. Todas as moléculas. Feitas de poeira cósmica.

O TERMO "POEIRA CÓSMICA" ESTÁ EM NOSSO vocabulário há menos de 200 anos. Não aparece na Bíblia, nem nas obras de Shakespeare. O *Oxford English Dictionary* registrou o termo no idioma inglês em 1844, significando "várias pequenas estrelas que parecem poeira quando vistas por um telescópio". Em 1879, foi acrescentada a definição de "poeira que aparentemente cai do espaço sideral na terra". Mas ainda assim, no fim da era vitoriana, quando H. G. Wells escreveu em *A guerra dos mundos* a respeito de "uma profundidade elíptica com poeira cósmica espalhada sobre", os seres humanos continuavam sem saber desse fato curioso de suas origens e do cosmos em si.

A história de Ziggy Stardust, que traz literalmente "poeira cósmica" em seu sobrenome, é a história dessa substância que veio a ser a espécie humana. Quando os primeiros humanos começaram a andar eretos e olhar para o céu noturno, passaram a imaginar se tinha *algo lá*. Mistificados pelo cosmos, os primeiros homens e mulheres sucumbiram aos impulsos pagãos de deuses e monstros, veneração e sacrifício, pura ladainha. Suas mentes primitivas não viam homens estelares (os "Starmen") no céu, mas dragões apocalípticos do espaço, que tentavam engolir o sol e deixar o mundo na escuridão permanente; ou então, como chamamos o fenômeno hoje, um eclipse solar.

Na área que já foi a Mesopotâmia, imaginaram que a Terra era plana e ficava sob um paraíso em formato de cúpula, com portais escondidos de cada lado para deixar o sol entrar durante a manhã e sair à noite. Os sumérios e os babilônios acreditavam no poder das estrelas e nas criaturas que viviam dentro delas, construindo templos gigantescos, cheios de camadas e rodeados de escadarias que subiam direto ao céu. A partir dali, observavam o cosmos, registravam seus movimentos e convertiam suas descobertas em uma estrutura matemática, os primeiros dados astronômicos dos quais temos registro. No topo desses templos, havia um específico dedicado ao deus de sua cidade, instalado como um heliporto divino, chamando o deus para descer dos céus e juntar-se ao povo. Usando tijolos assados ao sol, feitos da poeira sobre a qual pisavam, os babilônios foram a primeira civilização na história humana a fazer um tapete de boas-vindas para o Starman. Esses templos tinham um nome especial, que significava "o lugar mais alto". Zigurate.

Os gregos antigos também faziam deuses de constelações, prestando atenção aos corpos não cintilantes, que passavam pelo céu com seu próprio percurso: essas estrelas perambulantes, eles chamavam de planetas. Na vastidão de nuvens dissecando o céu noturno, eles viram um leite jorrando do seio da deusa Hera; milhares de anos depois, graças aos gregos, ainda chamamos um grupo estelar de Via Láctea. No entanto, como os babilônios antes deles, que inventaram a escrita, a geometria, a semana de sete dias, o calendário de 12 meses e a hora de 60 minutos, os gregos nos forneceram muito mais que urnas e fábulas: o conceito de átomos; a dedução de que o Sol deve ser uma bola de pedra quente; e a ideia de que a Terra não era plana, mas uma esfera. E, em mentes tão afiadas quanto a do estudioso Epicuro, surgiram os primeiros sonhos ociosos de Ziggy. "Devemos acreditar", escreveu Epicuro em 400 a.C., "que em todos os mundos deve haver criaturas vivas".

O matemático Pitágoras, uma estrela da Grécia antiga, que tocava uma guitarra de uma corda chamada "monocórdio cósmico" e cultivava seu próprio fã-clube adorador, foi o primeiro a sugerir que havia sons a serem ouvidos nas órbitas dos planetas – uma "música das esferas". Mas Pitágoras também tipificava os piores tipos de orgulho do intelectualismo grego. Por conta própria, ele começou a desmontar as escadarias para o céu, como tinham sido sonhadas pelos babilônios, usando um modelo geométrico e idealizado do espaço. Um protótipo em que era impossível haver passagem de vida entre a Terra, os planetas e as estrelas, pois estavam contidos em um conglomerado de esferas de cristal vedadas, girando em perfeita harmonia. Assim era o "cosmos", uma palavra que Pitágoras inventou, de acordo com o próprio. Literalmente, um monte de bola fora.

A influência arrogante de Pitágoras chegou até seus sucessores, como Aristóteles e Ptolomeu, que estabeleceram uma crença generalizada no geocentrismo: a ideia de que nós, na Terra, devemos ser o centro do universo, com o Sol girando ao nosso redor. Quando os mitos e superstições gregos e romanos foram devorados pelo terror do Cristianismo e seu temor a Deus, a Igreja manteve o sistema geocêntrico de Aristóteles como sacrossanto. Não era apenas a ideia de que um visitante alienígena como Ziggy Stardust tinha se tornado impossível na mente humana. Pior: essa possibilidade havia se tornado indiscutível.

Os cristãos só tinham espaço em sua imaginação devota para um Starman, enviado à Terra dos céus para atrair apóstolos e espalhar alegria antes de ser crucificado em um ritual. A procura ou a sugestão de outros seres similares pareceria um convite para ser estripado, morto e sofrer nas chamas do inferno pela eternidade.

Assim, as estrelas e seu Starman continuaram a brilhar por mais de mil anos, enquanto reinavam o medo humano e a ignorância sagrada. Sem serem observados ou perturbados.

A ERA PÓS-MEDIEVAL DE IMBECILIDADE QUE lobotomizava o Norte da Europa foi finalmente destruída por um punhado de heróis determinados, inquietos em suas mentes, corajosos em suas almas, que tiraram do mundo a venda geocêntrica, reacendendo a chama da fantasia cósmica. O primeiro murmúrio de verdade veio de Nicolau Copérnico, autor de *Das Revoluções das Esferas Celestes*, que ousava deixar implícito que a Terra girava em torno do Sol, e não o oposto. Foi uma tragédia o fato de, enquanto o livro era impresso, Copérnico estar em coma, no seu leito de morte. Acordou apenas por um momento para sentir uma primeira edição da obra em suas mãos, antes de falecer. Se não tivesse morrido logo ao ver a obra impressa, poderia ter acontecido ao descobrir o prefácio anônimo que foi inserido, sem seu consentimento, pela editora alemã. Com a esperança de desviar controvérsias de blasfêmia, as primeiras páginas informavam ao leitor, fragilmente, que as teorias contidas no livro "não eram necessariamente verdadeiras".

De todos os abaladores de religião que vieram após Copérnico, nenhum foi mais desatento ao risco que causava à própria vida quanto Giordano Bruno, um monge napolitano do fim do século 16, que passava a maior parte do tempo causando incômodo. Seguidor devoto de Copérnico, ele deu um passo além, sugerindo que o Sol era uma estrela, exatamente como todas as outras, e falando abertamente sobre sua crença de que havia vida em algum outro lugar do espaço. Por isso a Igreja Católica o arrastou até uma praça em Roma, o amarrou a uma estaca, rodeou seu corpo de lenha até o queixo e fez um churrasco dele.

Enquanto os restos mortais carbonizados de Bruno eram descartados sem cerimônia no rio Tibre, acontecia outro evento, quase 500 km ao norte, na Universidade de Pádua: um professor de geometria de 36 anos, chamado Galileu, estava ocupado com sua própria travessura cósmica. *O Mensageiro Sideral* era uma coleção de dados científicos de cair o queixo, tratando sobre o céu noturno, como observado por sua nova invenção, o telescópio. Mas foi preciso outro livro para Galileu causar sacrilégio o suficiente até merecer ser assado em público. Avisado pelo papa de que não deveria promover as opiniões hereges de Bruno e Copérnico, ele escreveu *Diálogo sobre os Dois Principais Sistemas do Mundo*, convencido de que tinha encontrado uma lacuna sagaz. Ele utilizou uma conversa fictícia entre dois homens: um defendendo a típica perspectiva geocêntrica da Igreja, outro habilidosamente apresentando a opinião contrária, do autor, de que a Terra girava em torno do Sol. No fim, um terceiro personagem, visto como um observador independente, pesa os argumentos dos dois antes de concordar com o homem representando Galileu. Infelizmente, o livro não foi sagaz o bastante para impedir o julgamento de Galileu perante a Inquisição Romana, que o ameaçou e o torturou, puxando seus membros até quase arrancá-los, o forçando a renunciar suas crenças. Embora tenha conseguido evitar ser queimado como Bruno, passou os últimos oito anos de sua vida em uma infeliz prisão domiciliar. Nos últimos três anos, ficou cego. Ele morreu como um homem destruído, aos 77 anos, em 8 de janeiro de 1642. Exatamente 305 anos antes do dia do nascimento do garoto que seria Ziggy.

O jovem Galileu, muito antes de alimentar anjinhos[2] católicos, recebeu um livro, de surpresa, de um colega astrônomo da Alemanha. Era *O Mistério Cosmográfico*, uma mistura esquisita de teoria espacial e insanidade geométrica que propunha essencialmente o modelo de Copérnico dos céus. O autor era Johannes Kepler, um professor de matemática sem sorte que dizia ter tomado apenas um banho em toda a sua vida – provavelmente como resultado disso, sofria de hemorroidas tão terríveis que escrevia de pé. Kepler pediu a um amigo que visitava a Itália para entregar seu livro a Galileu, esperando estreitar laços com ele. Infelizmente, não surgiu nenhum tipo de camaradagem. Indisposto a satisfazer seu rival alemão, o italiano ignorou a maioria de suas cartas, que repetidas vezes pediam pelo empréstimo de um telescópio. Finalmente, Galileu afastou Kepler com a desculpa mais fraca: ele tinha um telescópio sobrando, mas havia "emprestado para outra pessoa".

Mesmo assim, Kepler marcou seu nome na história, sem a ajuda de Galileu. Como Pitágoras, ele também ouvia melodias no espaço, entre o movimento dos planetas. Em 1599, já tinha descrito, usando notação musical, um acorde feito ao "tocar" o sistema solar como as cordas de um violão. As notas eram similares a um acorde Dó maior – o mesmo da música "Starman". Enquanto Galileu teimava em ficar preso à santidade clássica de círculos perfeitos, julgando incorretamente as órbitas planetárias da mesma forma, Kepler foi o gênio que calculou que os planetas se movem em elipses e em velocidades variáveis, dependendo de sua proximidade à gravidade do Sol. E onde Galileu achava que a vida extraterrestre era "falsa e condenável", Kepler já estava escrevendo o roteiro para o primeiro contato.

---

2 Anjinhos são instrumentos de tortura compostos de anéis de ferro com parafusos que apertam os polegares do sujeito torturado. [N.T.]

Como um protestante em meio à agitação religiosa do catolicismo e da guerra territorial na Europa reformista, Kepler compartilhava o cuidado de Galileu ao escrever um mandado para o modelo copernicano do sistema solar. Onde o *Diálogo* de Galileu usava a ficção apenas como uma conversa imaginária, *O Sonho* de Kepler levava a descrença a novas dimensões de criatividade literária. O livro trazia as aventuras de Duracotus, o filho de uma bruxa islandesa, que foi levado à superfície da Lua por demônios. Lá, ele descreve o espaço como visto de uma perspectiva não terrestre e fornece uma imagem vibrante da vida alienígena: habitantes lunares gigantes e benignos, com pernas de camelo, morando no lado escuro da Lua, confinados a uma vida gelada, triste e dura, tão sensíveis ao sol cuja luz causava feridas em sua pele frágil. Foi assim que esse alemão fedido e romântico do século 17, com suas hemorroidas crônicas, deu ao mundo a ficção científica.

O Sonho de Kepler levou mais de uma década para ser escrito e não foi publicado durante sua vida, apesar de ter circulado entre seus conhecidos e ter sido copiado, pobremente, com consequências quase fatais para sua mãe. Frau Kepler era uma fofoqueira do vilarejo que fazia e vendia drogas homeopáticas alucinógenas. Surgiram histórias de que suas "curas" causavam cegueira. Outras testemunhas apareceram, jurando que ela podia atravessar portas trancadas e já tinha amaldiçoado um porco, que chorou até a morte. Para piorar, a tia dela já tinha sido queimada como bruxa havia alguns anos. Cópias de segunda mão de *O Sonho*, com seus paralelos alarmantes de que a mãe do herói conseguia conjurar demônios, apenas agravaram o infortúnio. Frau Kepler foi presa e confinada em uma cela, na qual o caçador de bruxas local passou várias horas mostrando-lhe seus instrumentos de tortura de modo minucioso. Ela acabou sendo liberada, graças à intervenção de seu filho famoso – sem traumas físicos, mas mentalmente arruinada.

O julgamento teve um peso emocional nos dois. Sua mãe morreu dentro de um ano, e Kepler dentro de uma década. Ele deixou seu próprio epitáfio – “A mente ao céu, o corpo descansa na terra” – e um lugar garantido entre os deuses pioneiros da astronomia moderna. Um de seus últimos livros foi *Harmonia dos Mundos*, dando prosseguimento ao seu fascínio com a “música das esferas” de Pitágoras. Nas últimas páginas, Kepler se permitiu entrar em um raro estupor cósmico, tão chapado na beleza harmônica da música dos planetas que seus pensamentos vagaram para a existência de vida extraterrestre. Kepler perguntava: “Para que criar outros mundos com suas próprias luas, se nenhuma criatura estaria lá para admirar tudo? Deus era tão limitado em sua criatividade que ele se esgotou com a Terra e deixou os outros planetas desprovidos? Tinha que haver algo, ou alguém, lá em cima, sintonizando a mesma música interplanetária extática”.

DOIS
OS ESTRANHOS

De um lado do mundo, Johannes Kepler escrevia, de pé, perto da fronteira entre a República Tcheca e a Áustria, com uma dor aguda nas nádegas e imerso em um transe de música, espaço e extraterrestres. Já no outro, a quase 9 mil km de distância, um grupo diferente de sonhadores começava a costurar os tecidos que viriam a influenciar o vestuário do Starman.

O Japão do início do século 17 era tão alienígena para o Oeste quanto as criaturas da colônia lunar da ficção científica de Kepler. Os primeiros comerciantes europeus só tinham chegado lá havia poucas décadas, em 1543, no ano em que Copérnico morreu, descobrindo uma nação isolada numa ilha, com sua própria estética de design, um código militar curioso e um idioma complexo. Por sua vez, esses primeiros visitantes portugueses foram recebidos pelos locais como "bárbaros do sul", pois tinham o hábito de comer com os dedos, em vez de usar hashi, e traziam consigo um fedor infernal – provavelmente tão ruim quanto o de Kepler. Quando os mercadores navegantes abriram suas rotas para o comércio, os missionários cristãos vieram em seguida, na esperança de converter um país enraizado no budismo e nos antigos mitos de criação do xintoísmo, baseados na crença de que toda a matéria foi originada de um ovo gigante que explodiu e se separou no céu e na Terra; uma ideia não tão distante do *big bang*.

Essa nova influência estrangeira sobre o Japão coincidiu com o fim da guerra feudal, que tinha derramado sangue sobre o solo por centenas de anos. Uma espécie de paz foi finalmente estabelecida no começo do século 17 por Tokugawa Ieyasu, um chefe militar que se tornou o principal ditador do país, definindo uma nova ordem social, sujeita a uma estrita divisão de classes. Apesar de ser tecnicamente comandado por um imperador, o poder real no Japão estava nas mãos da classe samurai de guerreiros – comandada pelo xogum (supremos comandantes militares) e seu xogunato (governo), que consistia em daimiôs (líderes samurais locais) e seus respectivos oficiais.

Tornar-se um samurai não era uma questão de ambição, mas de herança, pois seu poder e privilégio passavam pela linhagem familiar, de pai para filho. Isso acarretava uma etiqueta restrita de conduta, cortes de cabelo e vestimentas (incluindo o direito único de carregar duas espadas); e a hierarquia militar influenciava a pensão anual de arroz, que era a principal medida de riqueza na época. A autoridade dos samurais era absoluta, mas apenas enquanto seus chefes daimiôs os mantinham no serviço. Caso eles não seguissem seu código de honra, ou seu mestre perdesse sua propriedade, os samurais instantaneamente perdiam seu status, tornando-se *ronins* – literalmente "homens à deriva", espadachins de aluguel errantes.

Abaixo da classe samurai estavam os *chonins* – todos os demais, cada um com seu nome de casta de acordo com sua ocupação. Os samurais eram proibidos de confraternizar com os *chonins*, pois estes não podiam receber os privilégios de sua sociedade de elite. Essa hierarquia de classes era rígida, sem qualquer espaço ou esperança de mobilidade. E foi dessa tensa divisão entre ricos e pobres, guerreiros e camponeses, que o glamour andrógino deu suas caras pela primeira vez.

A PAZ DURANTE O XOGUNATO TOKUGAWA SIGNIFICAVA más notícias para uma boa parte da população samurai. Com muitos guerreiros e ninguém para guerrear contra, milhares ficaram desempregados, inflacionando o número de *ronins* destituídos. Ao mesmo tempo, com o aumento no comércio internacional, a classe de mercadores enriqueceu, ganhando mais poder. Foi quando os mercadores e os *ronins* decidiram se unir para criar o *otokodato*: gangues de *ronins*, contratadas por mercadores, para supostamente proteger cidades de qualquer intimidação dos samurais.

Os xogunatos no poder não estavam tão preocupados com o *otokodato*, que mais parecia uma máfia. A sua atenção estava voltada para o surgimento, na mesma época, de outro grupo social distinto: uma nova geração de jovens malfeitores e extravagantes, que transgrediam todas as normas sociais de vestimenta e penteado. Delinquentes com barbas e costeletas ultrajantes; suas cabeças eram raspadas, porém tinham rabos de cavalo provocantes dependurados sobre suas costas. Passavam tempo vadiando na rua, brigando, discutindo e cantando orgulhosamente em público, recusando se aliar a qualquer lorde da região, mas encontrando um tipo de irmandade com outros arruaceiros em gangues como Grupo Espinhento e Cães Chineses. Meninos bonitos e impetuosos vestindo roupas femininas – quimonos escandalosamente curtos com golas de veludo e bainhas decoradas com grafite bombástico. “Eu tenho 23 anos! Eu já vivi demais! Eu nunca vou me restringir!”

Essas criaturas de moda excêntrica – quase todos homens e abertamente gays – eram temidos e desprezados. Em uma premonição extraordinária do que estava a caminho nas ruas de Londres quase 300 anos depois, um artista do período tentou os difamar com o título de "punks". Como os punk rockers do fim da década de 1970, aqueles japoneses encontravam seus poucos aliados na classe trabalhadora, que se divertia com suas roupas chamativas, uma alternativa alegre à tirania dos xogunatos. Também foi aqui que, dentre os camponeses, começaram a fazer seu nome. Uma derivação da palavra *kabuki*, que significava desviar, dobrar, ser diferente, ser estranho.

Kabukimono. Os divergentes. Ou, mais precisamente, os estranhos.

Perto de 1604 – o ano em que Kepler observou uma supernova na Via Láctea a olho nu (até hoje, a explosão mais recente de poeira cósmica na nossa galáxia) – uma jovem sacerdotisa, já sob a influência de seu amante *kabukimono*, começou a dançar e cantar no leito seco do rio Kamo. Seu nome era Okuni, uma ex-*miko* do templo, que, como era costume, foi enviada às ruas para cantar e tentar angariar fundos. No entanto, sua performance era diferente de tudo que os camponeses do país já tinham visto. Um enigma sexual que oscilava entre macho e fêmea, Okuni misturava erotismo com religião, maquiagem feminina com chapéus e calças masculinos, dança com oração; ela cantava sobre o xintoísmo enquanto trazia cruzes ocidentais penduradas em seu pescoço. Uma Madonna japonesa do século 17.

Os camponeses não tinham acesso ao teatro, pois era um prazer da elite, na forma do drama *Noh*, sombrio e estilizado, reservado para os samurais. Assim, a população ficava encantada com as artimanhas de Okuni e exigia mais. Ela respondeu criando sua própria trupe de dança feminina, dando início a um novo teatro *kabukimono* do povo. A plateia o batizou de *onna kabuki* ("estranheza feminina"), mas reduziu o nome para *kabuki*.

Foram forçados a montar teatros em zonas de prostituição, ao lado de casas de saquê e bordéis, o que atraiu uma clientela desordeira. Na sua primeira forma, não era um drama encenado – parecia mais cabaré. Cantoras e dançarinas, muitas das quais também se prostituíam, seguiam Okuni, misturando rituais xamanistas com performance burlesca de gueixa; provocavam os homens na plateia com peles e tecidos exóticos, ou inalavam de forma sensual em cachimbos com formatos sugestivos. A tensão sexual normalmente crescia até acabar em arruaça. Tornou-se algo tão comum que, em 1629, o xogunato interveio e baniu o *kabuki* por ser uma "perturbação nacional" – mas proibiram apenas o *onna kabuki* enquanto performance feminina.

Isso não impediu o constante desfile de tentações. Pode-se dizer que o sexo e a violência relacionados ao *kabuki* apenas pioraram. Passou a ser um domínio exclusivamente masculino, com papéis femininos dados a meninos adolescentes especialmente treinados, chamados *wakashu*. Eram jovens ensinados com todo o cuidado a dobrar as regras de gênero, tendo um impacto ainda mais vulcânico sobre a libido da plateia. A bissexualidade era abundante na sociedade feudal do Japão, incluindo samurais que se disfarçavam de camponeses para visitar teatros *kabuki* e acabavam lutando pelo afeto do seu rapaz favorito. A luxúria crescia entre os fãs, gerando brigas e tumultos que chegavam a destruir teatros inteiros. Era apenas uma questão de tempo até as coxas subversivas e os ombros sedutores dos rapazes *wakashu* também serem banidos pelo xogunato.

Os teatros continuaram abertos, mas o nome *kabuki* estava manchado por controvérsias, então foi temporariamente substituído pelo termo ambíguo "show de teatro com mímica". No fim do século, ele começou a retornar, timidamente, ainda sob os cuidados de companhias de teatro masculinas, que agora cultivavam uma nova onda de adultos atuando como mulheres, os chamados *onagata*.

Esses homens travestidos e ousados não eram *drag queens* apenas no tempo livre – eram travestis ocupacionais, que atuavam em seus papéis 24 horas por dia, comportando-se como mulheres tanto no palco quanto fora dele. Sua dedicação criava uma ilusão sexual para os homens e ganhava a admiração das mulheres, que copiavam seu estilo; mulheres se vestiam como homens que se vestiam como mulheres.

Fã-clubes leais foram formados para os *onagata* mais populares, e suas regras excluíam qualquer membro que fosse visto pagando para ver uma estrela concorrente; os apóstolos mais devotos até mudaram seu nome para o de seu ídolo. No palco, os *onagata* levavam a plateia à loucura, da mesma maneira que os *wakashu* faziam. Teatros vibravam com homens se balançando e gemendo, espetando suas próprias pernas para diminuir seu desejo, ou explodindo com gritos de "Deus, eu vou morrer!". Samurais respeitáveis foram à falência, vendendo suas espadas para comprar presentes e bugigangas para os *onagata*, enquanto monges budistas arriscavam ir para a cadeia, roubando tesouros dos templos para cortejar seus artistas favoritos. Nada disso passaria despercebido por muito tempo antes de surgirem mais restrições do xogunato.

O ponto crucial do transtorno moral do *kabuki* parecia estar no cabelo. Nada abalava um japonês tarado do fim do século 17 tanto quanto uma franja comprida. O xogunato decidiu que o limite de "sexy demais" era meia polegada, e inspeções regulares ocorriam nos teatros para garantir que isso não fosse violado. Diziam que os atores pareciam "gatos com suas orelhas cortadas", graças às suas franjas curtas e cabeças obrigatoriamente raspadas. Perucas também foram banidas. O último recurso dos *onagata* foi utilizar lenços roxos sobre a cabeça. Isso foi permitido pelo xogunato, sem ter ideia das conotações fetichistas que o lenço roxo passaria a ter entre frequentadores do *kabuki*. Gatos carecas do Japão envoltos em seda roxa, essas criaturas maravilhosas desafiavam as regras de gênero e eram consideradas mais sexy que nunca.

O *KABUKI* CONTINUOU A EVOLUIR DESSA MESMA FORMA, sobrevivendo às tentativas de abafar, castrar ou impedir seu encanto sensual e extravagância visual. No meio do século 19, quando o Japão finalmente reestabeleceu seus laços com o Oeste, após quase 200 anos de isolamento deliberado, ainda era a forma de entretenimento mais popular do país. A improvisação livre de suas origens pode ter sido substituída por um conjunto próprio de convenções dramáticas e códigos de performance, mas seu espírito inato de fantasia, glamour e espetáculo permaneceu intacto. Homens cobertos de maquiagem pesada, rostos debaixo de máscaras com linhas irregulares, vermelhas e azuis. Fantasias espalhafatosas, com ombreiras e mangas largas. *Onagata* pintados, na corda bamba entre os gêneros. Mímica graciosa e gestos grandiosos. E uma plateia que venerava os artistas como super-heróis, ou até deuses de outro mundo.

TRÊS
ROCK 'N' ROLL

No fim do século 18, as células do Starman continuavam a se multiplicar pelo planeta, brilhando como lantejoulas aleatoriamente espalhadas em um enfeite que outrora parecia vazio. Reluziam como sonhos desconexos de astrônomos e sedas de *kabuki*, mas careciam de algo que as conectasse. E não podiam se unir antes do poder revigorante da música explodir com seu êxtase espástico. Música que, além de agradar o ouvido e mexer os pés, dilatasse o coração e molestasse os sentidos. Música que fincasse um arpão incandescente na testa do ouvinte, uma agonia satisfatória capaz de trazer respostas para os maiores mistérios da nossa existência, que não poderiam ser expressos em palavras. Para Ziggy Stardust começar a pulsar, o mundo precisava inventar o rock 'n' roll. O mundo precisava de Ludwig van Beethoven.

Todos os saltos, todas as danças, batidas, ritmos, suingues, levadas, tudo isso começou com Beethoven. Sem ele, Elvis nunca teria ido à Lonely Street, e Lou Reed não teria visitado a esquina da Lexington, 125. Alex, o *drugue*, nunca teria sua visão de pássaros de metal raro e celestial como vinho prateado flutuando numa espaçonave. E não haveria uma fanfarra robótica borbulhando sobre gritos selvagens de adolescentes ansiosos para a apresentação, em carne e osso, de Ziggy Stardust & The Spiders from Mars.

O *kabuki* japonês pode ter sido necessário para erguer o palco do Starman, mas foi Beethoven, por conta própria, que rasgou suas cortinas. J. W. N. Sullivan, escritor de ficção científica do início do século 20, resumiu sua música como um veículo de "desespero alienígena" e de "uma angústia remota e congelada lamentando sobre um destino implacável [...] como uma memória de uma antiga noite da alma, um céu sem estrelas". O próprio Beethoven concordava que suas melodias vinham a ele, sem serem requisitadas, de outro plano. "Eu podia pegá-las com minhas mãos", ele supostamente disse. "No ar, na floresta enquanto eu caminhava, no silêncio da noite."

De acordo com seu primeiro biógrafo, Ludwig era "um rapaz de um mundo ideal, jogado sobre a Terra", pousando na cidade alemã de Bonn, em 1770. Seu pai, um alcoólatra desagradável, praticamente o amarrou a um piano assim que aprendeu a engatinhar e o empurrou para sua primeira apresentação pública aos sete anos de idade. Um prodígio, ele era distante e mal-humorado, com olhos pequenos e penetrantes, uma pele morena tão marcada por acne que foi apelidado de "o espanhol". Próximo a realizar seu sonho adolescente de estudar música em Viena (conforme vários relatos duvidosos, seria pupilo de Mozart), ele foi chamado de volta para Bonn, pois sua mãe havia falecido. Seu pai estava bêbado demais para manter a família em pé, então a única opção de Ludwig foi permanecer lá, como chefe do lar. Quatro anos de aflição e frustração passaram-se até ele ser piedosamente levado de volta a Viena, como pupilo do idoso "pai da sinfonia", Joseph Haydn. Entende-se que, quando Beethoven finalmente começou a lançar sua própria música, segundo etiqueta da época, ele deveria mostrar gratidão a seu mestre e assinar seu nome como "pupilo de Haydn". Porém, Beethoven não se curvava a ninguém. "Haydn não me ensinou nada", ele se gabava, acrescentando que deliberadamente evitava ouvir outros compositores, de modo a não manchar sua própria genialidade bruta.

Assim começou sua odisseia punk rock pelas casas de show da Áustria durante a Monarquia Habsburgo: o jovem Ludwig Rotten, arrasando Stephansplatz; seu cabelo caindo, desajeitado, por debaixo de sua peruca; suas roupas sujas e mal combinadas; sua carranca de espanhol; seu sotaque caipira que erguia as sobrancelhas de diversas duquesas cobertas de pó. Mesmo assim, apesar de ser um maltrapilho de expressão tão desagradável, que a polícia certa vez o confundiu com um morador de rua, a sociedade vienense o recebeu como um pianista divino.

Quando ele era convencido a participar de duelos de virtuosidade com músicos rivais, Beethoven destruía todos. Ele tinha prazer em demonstrar seus truques de destreza com apenas uma mão, façanhas que seus "inimigos mortais" eram biologicamente incapazes de reproduzir com menos de dez dedos. Caso ele não massacrasse seus oponentes musicalmente, acabava com eles mentalmente. Os desafiantes podiam martelar seus clavicórdios por cinco minutos sem parar, suando, concentrados, e Ludwig apenas bocejava, entediado: "Então, quando você vai começar?". Em seu momento mais ousado, após ter sido estimulado por uma condessa a tocar por diversão, ele foi ao piano, a contragosto, e bateu seus antebraços sobre as teclas, produzindo um som desafinado. "Isso, madame, é o que tenho a oferecer esta noite", anunciou ele ao se levantar para ir embora.

A música foi o único amor da vida de Beethoven, apesar de ele não ter tido muita escolha. Teve incontáveis paixões não correspondidas, mas nunca se casou. Ao propor casamento a uma cantora, ela riu da cara dele, dizendo que Beethoven era "muito feio e meio louco". Os locadores dos apartamentos nos quais morou e seus vizinhos concordariam. Se Beethoven decidia que precisava de mais luz, ele fazia buracos na parede para criar janelas improvisadas. No verão, aliviava o calor virando baldes de água sobre sua cabeça – o líquido passava pelas tábuas do piso e escorria para os inquilinos de baixo. Um dos relatos mais vívidos de seu comportamento ímpar veio de uma pessoa que bateu à sua porta e foi recepcionada por um Beethoven de cara amarrada, vestindo uma jaqueta e calças de pele de cabra, com chumaços de lã amarelada enfiados nos ouvidos e crosta ressecada de creme de barbear no seu rosto. O visitante presumiu que o músico provavelmente tinha se preparado para se barbear de manhã, mas esqueceu, passando o resto do dia consumido pelo ato de compor.

Beethoven esbravejava e brigava com o mundo exterior, mas por um bom motivo. Aos 27 anos, a pior tragédia que poderia imaginar aconteceu. Uma piada doentia de Deus, que teria impacto monumental sobre sua vida e sua música, bem como sobre a trajetória e a linguagem de toda a música que viria depois.

Mais de um século antes de Brian Jones e Jimi Hendrix, a primeira baixa do famoso Clube dos 27 foi a audição de Beethoven. Ele tinha escondido sua lenta deterioração por anos, procurando, em segredo, todo tipo de tratamento bizarro e humilhante: derramar óleo nos ouvidos, banhos gelados e até passar dois dias com seus braços envoltos em galhos venenosos de um arbusto – algo tão tóxico que, em casos extremos, poderia deixá-lo em coma. Tudo foi em vão. A causa de sua surdez gradativa ainda é um mistério – sugestões de que era sífilis já foram descartadas –, assim como o diagnóstico original, graças ao médico que destruiu todos os registros do paciente, como lhe foi requisitado, após sua morte. Qualquer que fosse o problema, ainda assim não haveria cura na Europa do início do século 19.

Em 1802, quando tinha apenas 31 anos, Beethoven, parcialmente surdo, teve uma epifania angustiante enquanto descansava em Heiligenstadt, um vilarejo perto de Viena. Ele colocou todas as suas emoções em uma carta endereçada a seus irmãos, o famoso

Testamento de Heiligenstadt. Metade carta de suicídio rock 'n' roll, metade voto de provocação espiritual, ele abertamente reconheceu sua surdez incurável e seu efeito psicológico devastador. "Eu fui obrigado, desde o começo da minha vida, a me isolar, a viver em solidão", ele escreveu. "Eu teria acabado com minha vida – foi apenas a arte que me segurou aqui [...] parecia impossível partir deste mundo até que eu produzisse tudo que eu me sentia chamado a produzir. Então, tolerei essa existência deplorável."

Antes de Beethoven, todos os compositores, incluindo Mozart, aceitavam que seu trabalho fosse criado apenas para o entretenimento de seus benfeitores. Transmitir emoções e estados de espírito nunca foram seu objetivo: era apenas um desejo de criar sons bonitos, ocasionalmente espertos, e sempre agradáveis. Isolado do resto do mundo pela surdez que tomava conta dele, Beethoven viu a música como sua única forma de expressão. Em sua primeira grande obra após voltar de Heiligenstadt, sua *Terceira Sinfonia*, ele traçou uma linha divisória, separando a música funcional e agradável, do início de sua carreira, da nova era de som e significado que havia começado. Apelidada de *Eroica* (heroica, em italiano) e originalmente inspirada por Napoleão, seu herói epônimo era, na verdade, o próprio Beethoven, e a orquestra galopante articulava a coragem e a paixão de um compositor fisicamente debilitado que aceitava seu destino. Era o triunfo da arte sobre a doença. Com a *Eroica*, Beethoven decifrou o código. A música tratava apenas de música até Beethoven mostrar ao mundo que ela também era sobre a vida, transformando sua própria alegria, euforia e agonia em um som gigante e glorioso.

O peso do drama de suas músicas era tão intenso que criou mitos românticos apócrifos, sobreviventes ao tempo. Na abertura de sua *Quinta Sinfonia*, Beethoven revelou o *riff* mais famoso da história da música ocidental: "Tan-tan-tan TAAAAAAN!". Reza a lenda que ele queria criar o som da mão da morte batendo na porta. Outro mito diz que a também famosa *Sonata ao Luar* foi escrita para uma garota cega como uma forma de descrever a tranquilidade misteriosa de uma noite iluminada pela lua. Porém, a sonata só ganhou seu nome popular após Beethoven morrer. Essas fábulas acabam solidificando sua genialidade aos ouvintes. Não importa se Beethoven *queria* que sua *Sonata para Piano nº 14, Op. 27 nº 2* soasse como o luar. Seu brilho triste e pessimista segue ecoando em nossos ouvidos, assim como a abertura da *Quinta* ainda é uma metralhadora musical aterrorizante.

O mundo amaldiçoou Beethoven a ser, como ele mesmo disse, "a criatura mais infeliz que Deus criou". Entretanto, com o poder contagiante de suas pinturas sonoras psicológicas, ele garantiu sua imortalidade.

De todos os maiores sucessos de Beethoven, o que mais transbordava alegria cósmica era justamente o que Ziggy Stardust escolheu como sua música de entrada nos shows. Era uma melodia, ou então uma ideia, que preocupava o compositor desde sua juventude desesperada em Bonn. Sua gênese foi "An Die Freude" (ou "Ode à Alegria"), um poema alemão escrito por Friedrich Schiller em 1785, que celebrava os ideais da liberdade e da irmandade universal. O conteúdo da obra pode ter parecido oposto à misantropia superficial de Beethoven, pois tratava-se de um hino eufórico à liberdade, à irmandade universal e à glória divina: "Buscais além da cúpula estrelada, sobre as estrelas, ele deve morar". Contudo, o poema enfeitiçou Beethoven até sua vida adulta, eternamente experimentando, por meio de rascunhos e versões inacabadas, traduzir as palavras de Schiller em música.

Apenas em sua última década – um homem adoecido, de mais de 50 anos, atormentado com preocupações financeiras e mentalmente alheio – ele resolveu o problema. Em 1822, recebeu uma oferta da recém-formada Sociedade Filarmônica Real, de Londres. Grandes fãs de Beethoven, havia anos tentavam convencê-lo a visitar a Inglaterra. Agora, estavam dispostos a lhe pagar 50 libras caso ele concordasse em compor uma sinfonia nova para eles. Ludwig aceitou, pois precisava do dinheiro, mas utilizou a oportunidade criativa de forma brilhante e, finalmente, fez jus à obra de Schiller.

Dois anos depois, sua "Nona Sinfonia" estava concluída. O monstro de Beethoven. A maior sinfonia já composta: com mais de uma hora, quebrava as tradições orquestrais ao utilizar uma introdução coral no épico último movimento. E foi esse trecho que Ziggy escolheu. Um segmento que, nas palavras do crítico de música clássica William Mann (que também amava os Beatles), "Beethoven deve ter criado para chacoalhar o mundo".

E o mundo foi abalado pela "Nona" pela primeira vez em Viena, no dia 7 de maio de 1824. Sua estreia foi dolorosamente mal preparada. Nos ensaios, um dos principais solistas vocais ficou doente, tendo vomitado 15 vezes seguidas durante a noite, após beber um vinho de qualidade duvidosa; por ironia, era um presente para Beethoven, que ele inocentemente tinha passado adiante. A orquestra e o coral reclamaram das exigências super-humanas da música, e outro solista disse, na cara do compositor, que ele era "um tirano com os órgãos vocais alheios". No dia do show, Beethoven não havia se dado ao trabalho de alugar um fraque preto, então subiu ao palco vestindo verde-claro. Ele passou todo o concerto surdo para a realidade, perdido em sua própria cabeça com a música. Após o crescendo final, continuou conduzindo com as mãos no ar, olhos fechados, a batuta tremendo, sem perceber o aplauso estrondoso atrás dele, até que um dos solistas vocais o virou para que pudesse ver a reação. Beethoven desfrutou de cinco ovações em pé. As palmas vienenses pareciam premeditar o texto incrédulo de um crítico alemão contemporâneo: "O produto colossal do filho dos deuses, que nos trouxe a chama divina, criadora de vida, direto dos céus".

Sua própria chama criadora de vida foi cruelmente apagada em Viena, em 26 de março de 1827. Beethoven tinha 56 anos. Ele havia falado suas últimas palavras em seu leito de morte, três dias antes, quando uma encomenda de vinho tinha chegado para aliviar seu sofrimento: “Uma pena, uma pena, tarde demais”.

Pouco tempo depois, ele entrou em coma, até ser perturbado por uma tempestade violenta. Dizem que ele abriu os olhos, se levantou de seus travesseiros e ergueu um punho fechado em direção ao céu antes de cair morto. A última coisa que Beethoven viu foi um relâmpago, seu quarto iluminado por um raio de energia elétrica, ziguezagueando pelo céu.

Em 1977, quatro anos após a morte de Ziggy Stardust, a Nasa lançou as duas sondas espaciais Voyager. Seu propósito era coletar dados dos planetas gasosos mais distantes – Júpiter, Saturno, Urano e Netuno – antes de continuar sua jornada além do nosso sistema solar, em direção a áreas desconhecidas da Via Láctea. Cada Voyager trazia a bordo mensagens escritas, fotos e um disco fonográfico de cobre, banhado a ouro, com seu próprio equipamento de reprodução, contendo saudações humanas em quase 60 idiomas, cantos de baleias, efeitos sonoros e uma seleção de músicas: “Uma mensagem para possíveis civilizações extraterrestres que possam encontrar esta nave em algum espaço e tempo distante”.

Escolher quais músicas seriam enviadas às estrelas foi motivo de muito debate entre os cientistas da Voyager. Entre eles estava Bernard Oliver, fundador da Hewlett-Packard, que sugeriu que o disco deveria conter apenas a “Nona” de Beethoven. No fim, foram escolhidas 27 composições musicais de várias partes do mundo. Os Beatles não entraram na seleção apenas porque a gravadora deles foi burra demais e não consentiu com o projeto. Mas Chuck Berry entrou, assim como uma mistura diversa incluindo Mozart, Louis Armstrong, Blind Willie Johnson, Stravinsky e três composições de Bach.

Duas composições de Beethoven também apareceram na *playlist* do Disco de Ouro da Voyager. O primeiro movimento da *Quinta*

Sinfonia ("Tan-tan-tan TAAAAAAN!") e a "Cavatina" do *Quarteto Para Cordas nº13*, um de seus célebres últimos quartetos, composto pouco antes de sua morte. Na época, esses quartetos foram rejeitados como "obras de um lunático", mas agora são reverenciados por estudiosos como o ápice de seu repertório. Estranhos, dispersos e desafiadores, eles são uma aurora cósmica musical por conta própria. Ann Druyan, cientista da Voyager e esposa do cosmólogo Carl Sagan (outro membro da equipe), ficou tão emocionada na primeira vez que ouviu a "Cavatina", que imaginou: "Como seria possível retribuir Beethoven por essa experiência?". Sagan garantiu que sua vaga no Disco de Ouro da Voyager pagava essa dívida, ao menos parcialmente.

A sequência do disco foi montada de tal forma que, quaisquer que sejam os ouvidos alienígenas que o encontrem, a introdução da "Cavatina" de Beethoven será a primeira coisa a ser ouvida, seguida das vozes com saudações. Então vêm as 27 obras musicais, com a "Cavatina" do início ao fim. De todos os seres humanos que já viveram, é Ludwig van Beethoven que tem a primeira e a última palavra para contatar vida extraterrestre. Pode levar cem, mil, dez mil, um milhão de anos, ou mais. O Disco de Ouro da Voyager foi construído para sobreviver por mais de quatro bilhões e meio de anos. Pode até continuar atravessando galáxias distantes por muito tempo após a espécie humana ter sido extinta; a cápsula do tempo obscura de uma espécie insignificante.

O tirano de todos os órgãos vocais alheios, o filho dos deuses, a criatura mais infeliz do mundo fez mais do que ajudar a criar Ziggy Stardust. Em algum lugar do espaço, neste instante, sua música está tocando: a mão esticada de um mundo alienígena, do outro lado do cosmos, pronta para informar a uma outra espécie que ela não está sozinha no universo. Gravado para sempre no Disco de Ouro da Voyager, Beethoven *é* Ziggy Stardust.

QUATRO
O MENINO DIFERENTE

Ninguém acreditaria, nos últimos anos do século 19, que este mundo estava sendo cuidadosamente preparado para a chegada de um semideus extraterrestre do rock 'n' roll. Nem a rainha Vitória, nem Charles Darwin, nem a Irmandade Pré-Rafaelita. Em 1872, 100 anos antes de o Starman pousar, a humanidade já tinha descoberto a astronomia, o glamour e a música, mas ainda precisava sentir o pânico e a admiração da visita. Isso apenas ocorreu quando um futurista, cujos sapatos de couro passavam pelas mesmas ruas de subúrbios que o menino que seria Ziggy, usou sua caneta destemida e sua imaginação amedrontadora para eternamente mudar nossa relação com o espaço sideral. Gerações futuras o chamariam de "o pai da ficção científica". Sua mãe o chamava de "Bertie". Era Herbert George Wells.

Em 1872, Wells tinha seis anos e vivia acima da lojinha de louças dos seus pais, na High Street, 47, em Bromley. A área era um mercado forte em Kent, que agora passava por um crescimento dramático na população, graças a recentes ligações ferroviárias que transformariam a região num subúrbio de trabalhadores da expansão londrina do fim da era vitoriana. Com o pseudônimo "Bromstead", esses arredores da infância de Wells foram descritos em um de seus romances posteriores: "um conglomerado entediante e inútil de atividades humanas, uma pilha enorme de futilidades". Para acabar com o tédio, Bertie escapava, em sua mente, para fantasias de ataques militares sobre o povo pacato da cidade. "Eu costumava andar por Bromley, era um menino pequeno e malnutrido, com roupas simples e assobiando pessimamente por entre os dentes", ele comentou. Imagens de carnificina e destruição ocupavam sua mente, assim como de "organizações fantasma" galopando ao seu comando "para mirar as armas e concentrar o fogo nas casas abaixo". Aos 13 anos, o raio laser marciano hibernava no subconsciente de H. G. Wells, pronto para devastar Londres.

Bertie passou a maior parte de sua juventude em deploráveis aprendizados como farmacêutico e vendedor de tecidos. Sua educação foi interrompida para ajudar nas finanças em declínio da loja de louças de seus pais, que estava fadada ao fracasso, assim como seu casamento. O que acabou o salvando foi sua paixão pela escrita e pela ciência, bem como uma bolsa escolar que o aceitou como professor *trainee* em Londres. Ele se lembra da primeira manhã em que saiu de seu alojamento precário em Notting Hill, atravessou os Kensington Gardens e foi até a antiga Normal School of Science — "um dos melhores dias da minha vida". O professor e mentor de Wells durante seu primeiro ano foi o "buldogue de Darwin", o grande biólogo evolucionista Thomas Henry Huxley, avô de Aldous Huxley (autor de *Admirável Mundo Novo*). Quando a pobreza estudantil abrandou, o jovem Wells se deu ao direito de ver um show ou outro no Royal Albert Hall, próximo à escola; em sua obra-prima semiautobiográfica, *Tono-Bungay*, ele lembra-se de "ser arrebatado por uma noite", paralisado pela "Nona" de Beethoven. Também foi enfeitiçado pelo socialismo e pela crescente Sociedade Fabiana, participando de reuniões aos domingos na casa de William Morris, próxima ao rio, em Hammersmith, a poucos metros do cinema Odeon, que um dia exibiria imagens em Technicolor de histórias que ele ainda estava por escrever.

Foram sete anos de rascunhos até ele publicar seu primeiro romance. Wells já tinha 28 anos, se casara duas vezes e trabalhava da mesa da cozinha de um apartamento alugado em Camden. Ninguém tinha lido nada como *A máquina do tempo* — agora, após mais de 100 anos, o conceito é tão familiar para nós que nem conseguimos compreender quão bizarro e original deve ter parecido em 1895, quando leitores da era vitoriana ainda lamentavam a briga fatal de Sherlock Holmes com Moriarty, em Reichenbach Falls, e esbravejavam contra o julgamento de Oscar Wilde no mesmo período. Anos depois, Wells chegou a ironizar o conceito de um cientista construir uma máquina capaz de viajar pelo tempo como algo "absurdo". Mas o tema central do livro era uma alegoria política, imaginando um mundo horrendo, oito mil anos no futuro, no qual as consequências evolucionárias da divisão de classes vitoriana levaram ao surgimento de duas espécies humanas em contraste: uma elite burguesa incapaz e um proletariado canibal, primitivo e selvagem. Esse conflito hierárquico entre *Homo sapiens* e *Homo superior* se manteria presente na maioria dos trabalhos de Wells, provocando críticas severas de seus colegas socialistas, graças aos retratos moralmente ambíguos de "Super-homens" nietzschianos.

A máquina do tempo foi a primeira de muitas inovações da ficção científica que Wells criou em sua cozinha em Camden, numa explosão criativa de dois anos. *A visita maravilhosa* era uma fábula proto-Ziggyana de um homem que caiu sobre a Terra — um anjo baleado em um vilarejo por um vigário, que o confundiu com uma espécie de pássaro raro. *A ilha do Dr. Moreau* oferecia um conto sombrio de moralidade genética, a história de terror de um náufrago que encontra um vivisseccionista maluco, cujos experimentos cruéis transformam animais selvagens em "bestas" semi-humanas. E o autoexplicativo *O homem invisível* foi outro clássico que definiu o gênero, tratando sobre os perigos de milagres científicos, bem como seu efeito no frágil ego humano, predisposto ao mal.

Apenas essas obras já bastariam para dar a Wells certa imortalidade literária. Mas, em 1897, ele se superou com uma história muito simples, porém fantástica, que não apenas chamou o Starman a nós, mas inspirou a espécie humana a se lançar para além de nossa atmosfera, iniciando a contagem regressiva para a corrida espacial que viria no século seguinte. Quando começou a escrever essa obra, ele já tinha voltado ao subúrbio — em Woking, onde aprendeu a andar de bicicleta e tinha seus sonhos juvenis de genocídio enquanto assobiava mal. "Eu passeava pelo distrito", lembra Wells, "marcando lugares e pessoas que poderiam ser destruídos pelos meus marcianos". Do assento de sua bicicleta, passando pelas ruelas paroquiais de Surrey, a mente de Wells concebeu o massacre extraterrestre de *A guerra dos mundos*.

WELLS DEU O CRÉDITO DA IDEIA ORIGINAL a seu irmão mais velho, Frank — uma conversa despojada imaginando a hipótese durante uma caminhada em Woking. Mas o romance foi um casamento genial entre um novo gênero literário do século 19 e a astronomia contemporânea.

Vinte anos antes, o tenente-coronel britânico George Tomkyns Chesney havia publicado *A batalha de Dorking*, um aviso profético da invasão britânica por um exército alemão, que obteve uma vitória decisiva na cidade mercantil de Surrey. Escrito como propaganda militar após o fim da Guerra Franco-Prussiana e escalando as preocupações sobre o futuro da Europa, sua história deu a Wells um modelo pronto de "ficção sobre invasões" como pandemônio provincial. Além disso, Dorking ficava a apenas 22 km de Woking.

A segunda influência de Wells foi a especulação na imprensa sobre trazer uma antiga preocupação da espécie humana para o mundo moderno. "Há vida em Marte?" As alegações vinham de um astrônomo italiano, Giovanni Schiaparelli, cujas observações cuidadosas por telescópio o levaram a acreditar que a superfície marciana estava marcada por uma série de canais — *canali*, em italiano. A forma que Schiaparelli usou a palavra *canali* foi interpretada literalmente pelo americano Percival Lowell, que foi além, propondo que essas vias aquáticas tinham sido especificamente projetadas por uma espécie inteligente, de modo a extrair água gelada das calotas polares de Marte para irrigar o terreno árido do planeta. Lowell argumentou que a diferença na gravidade entre aquele planeta e o nosso significava que os marcianos poderiam construir seus canais com três vezes mais eficiência. "É bem possível que os marcianos tenham invenções com as quais ainda nem sonhamos", escreveu Lowell. "Certamente, vemos indicações da existência de seres que estão adiante, e não atrás de nós, na jornada da vida." O debate marciano e os comentários exagerados de Lowell chegaram às manchetes do mundo todo, inclusive do *Evening Standard*, em Londres, que observou, com típica cautela vitoriana: "A possibilidade da presença de habitantes em Marte, diversa, é claro, dos seres humanos, não pode ser negada".

A paranoia sobre segurança nacional, a inquietude europeia, o fim da Inglaterra vitoriana e os debates intensos sobre a vida em Marte. Foi com esse cenário que Wells começou a andar de bicicleta, voltando para casa a fim de escrever *A guerra dos mundos* à base de uma dieta regular de pouco mais que chás e torradas.

Como muitos dos heróis de Wells, o narrador anônimo do livro é um autorretrato levemente disfarçado de um jornalista científico que vive com sua esposa em Woking, no fim da era vitoriana. Após os avisos astronômicos de estranhas luzes surgindo da superfície de Marte, um míssil interplanetário cai sobre a periferia da cidade, em Horsell Common. Os habitantes pensam, inicialmente, se tratar de um meteorito, mas logo observam, aterrorizados, surgirem da cratera monstros ovais e viscosos, do tamanho de ursos, com tentáculos e bocas em formato de V. Os marcianos "frios e impiedosos" de Wells incineram, com um raio de calor, o exército que logo aparece à sua frente, antes de montar uma armada de máquinas trípodes e embarcar em uma campanha de aniquilação total. O narrador escapa por pouco e faz uma lenta jornada a pé até Londres. Quando ele então chega ao seu destino, a cidade está misteriosamente deserta. O som de sinais de socorro incomuns o leva pelo Regent Park até Primrose Hill (lugares pelos quais Wells adorava passear com sua segunda esposa), onde ele encontra os alienígenas derrotados. Não pela força militar dos humanos, mas pelos germes microscópicos da atmosfera da Terra. "Os marcianos — *mortos!* —, exterminados pelas bactérias infecciosas e putrefatas contra as quais seus sistemas não estavam preparados."

A guerra dos mundos surgiu primeiro como uma série em formato de revista e, na sequência, foi publicado como um romance, em janeiro de 1898, custando seis xelins. Foi imediatamente bem recebido e nunca saiu de circulação. Menos de 300 anos antes, Kepler tinha sentido os tremores do Starman em sua fantasia lunar peculiar, *O sonho*, levando sua mãe a ser acusada de "bruxaria". A recepção ao pesadelo marciano de Wells foi prova suficiente da progressão na desenvoltura da humanidade para mergulhar no grande desconhecido que nos esperava no espaço. Na abertura da obra, Wells colocou uma citação sutilmente parafraseada de seu "livro favorito", *A anatomia da melancolia*, o épico compêndio de Robert Burton, um estudioso do século 17. "Mas quem deve habitar nesses mundos se eles são habitados? [...] Somos nós ou são eles Senhores do Mundo [...] E como são todas as coisas feitas para o ser humano?" É contundente que as palavras eram, na verdade, de Johannes Kepler.

A rápida fama internacional do livro deu-se, em grande parte, devido a versões piratas em jornais estrangeiros, deliberadamente violando os direitos autorais de Wells. Foi impresso como a série *Fighters from Mars* (*Lutadores de Marte*) no *Boston Post*, trocando todas as menções de locais em Surrey por substitutos em Massachussetts. O remix extraoficial da obra de Wells em Boston chamou a atenção de certo adolescente em Worcester. Robert Goddard não se assustou com os raios alienígenas destruindo pessoas em Lexington, a apenas 65 km — ele ficou fascinado com a engenhosidade técnica dos veículos marcianos viajando milhões de quilômetros pelo espaço até pousar na Terra. Numa noite de outubro, em 1899, Goddard, com seus 17 anos, teve uma epifania enquanto se sentava nos galhos de uma cerejeira, perdido em suas alucinações de uma espaçonave feita por pessoas, voando em direção a Marte. Antes de ir para a cama, ele escreveu em seu diário: "Eu já era outro menino quando desci da árvore".

Inspirado por Wells, Goddard tornou-se um pioneiro da engenharia aeroespacial no século 20, desenhando o primeiro foguete movido a combustível, que acabou levando o homem ao espaço sideral. Tirar Goddard da equação da história seria o mesmo que excluir o grande salto para a humanidade de Neil Armstrong, da Apollo 11 para a superfície da Lua, e, consequentemente, apagar a balada comemorativa de isolação orbital chamada "Space Oddity". O bastão cósmico passa pelos dedos de H. G. Wells para Robert Goddard, para Ziggy Stardust. De um menino diferente para outro.

QUARENTA ANOS APÓS *A GUERRA DOS MUNDOS*, Wells voltou ao tema da invasão marciana em um de seus últimos romances de ficção científica. *Star-Begotten*, de 1937, foi dedicado a alguém que admirou seu trabalho por toda a sua vida, "meu amigo Winston Spencer Churchill". Em contraste absoluto aos alienígenas com tentáculos e máquinas trípodes de combate de seu livro anterior, os marcianos desta obra adotavam uma ofensiva confidencial, uma guerra fria, enviando raios cósmicos invisíveis pelo espaço para transformar todos os recém-nascidos em superseres, até a espécie humana ser inteiramente substituída. "Isso é a história de uma ideia", escreveu Wells. "Talvez ainda não tenhamos ouvido o fim dessa ideia."

Até o dia de sua morte, em 13 de agosto de 1946, seis semanas antes de seu 80º aniversário, Wells já tinha escrito mais de 150 livros, panfletos e coleções. Entre eles estava um conto, publicado pela primeira vez na revista *The Strand*, em 1902, chamado *O fantasma inexperiente*. Era sobre um homem que encontra um espectro arrependido que só poderia voltar ao mundo dos espíritos caso se lembrasse de uma série especial de gestos manuais que o permitissem passar pelas dimensões. Um ano antes de Wells morrer, a história recebeu uma adaptação mais cômica, tratando de golfe e rivalidades no amor, no compêndio de horror do estúdio Ealing, *Dead of Night* — o filme que levou Fred Hoyle à sua teoria do estado estacionário e, inadvertidamente, gerou o termo *big bang*. A influência de H. G. Wells, por mais sutil que fosse, não tinha limites. George Orwell o saudou da seguinte forma: "Todas as nossas mentes e, por consequência, o mundo físico seriam perceptivelmente diferentes se Wells nunca tivesse existido".

Quando *A guerra dos mundos* foi publicado em janeiro de 1898, a revista *The Spectator* acertou precisamente qual era a fonte de seu fascínio duradouro. "Via de regra, aqueles que vão além dos polos e lidam com assuntos não terrestres acabam por levar seus leitores a outros planetas, ou à Lua. O Sr. Wells não 'desvia o rumo' tanto para ganhar a atenção de seus leitores. Ele traz as criaturas terríveis de outra esfera para cá, para Woking Junction, e as coloca, com toda a sua destreza detestável, nos ambientes mais aconchegantes e familiares."

Foi esse transporte malicioso dos visitantes espaciais para o território inglês, nas ruas de Londres, que mais alarmou e impressionou os leitores; um beliscão calculado no bigode encerado da sociedade vitoriana, provocando um medo infinito e incontrolável de criaturas de outro mundo, trazendo o caos para o centro do império britânico. Um alarme que, anos após ter escrito *A guerra dos mundos*, Wells acreditava que ainda "soava na mente das pessoas, mesmo que baixo".

Com certeza, ainda soava. E logo tocaria na mente do garoto de Bromley mais gloriosamente diferente desde o próprio Wells.

CINCO
A REGIÃO FRIA

Era 1922. Meros 50 anos antes de Ziggy Stardust, e sua tempestade iminente pode ser sentida na leve brisa de admiração cósmica e sedução sensorial que pairava sobre as primeiras páginas do século 20, com rajadas arrepiantes de um vendaval distante, porém inevitável. O admirável mundo novo não tem ideia, mas está se preparando para receber o Starman, pois já tem o automóvel, o avião, o rádio, o sutiã e o conhecimento para produzir uma bomba atômica. A música, que já tinha sido confinada às casas de shows, às igrejas e aos bares, agora pode ser capturada como um pássaro em uma gaiola, graças às ranhuras de um disco fonográfico. Os caminhos e os métodos para Ziggy espalhar seu gospel podem ser rudimentares no momento, mas já estão seguramente a postos. Só faltam alguns passos tecnológicos entre o som de um disco de goma-laca 78 rpm vibrando a buzina de um gramofone de corda e um transistor tocando a Radio Luxembourg.

O processo de gravação em 1922 ainda precisava ser eletrificado apropriadamente. No entanto, numa sexta-feira, 27 de outubro, a Orquestra Sinfônica de Londres se espremeu nos estúdios centrais da

Columbia Gramophone Company em Petty France, Westminster, para gravar o primeiro de uma série de sete discos que, quando agrupados, produziriam uma nova e popular suíte orquestral — antes dos tempos do álbum no formato LP. O condutor da sessão naquele dia em Petty France era o próprio compositor, um homem de 48 anos, fisicamente doente e muito recluso, que trabalhava como professor numa escola para meninas. Era de origem anglo-báltica, com um corte de cabelo tão curto que até sua família o comparava com "alguém recém-saído da prisão". Mesmo assim, esse homem frágil e quase careca iria fundir as vertentes de Beethoven e Wells em uma, dando um novo início ao século para Ziggy, liberando a força melódica com a qual Pitágoras e Kepler tinham sonhado — a harmonia audível das esferas. A suíte se chamava *Os Planetas*. O compositor: Gustav Holst.

QUANDO HOLST COMPÔS A OBRA-PRIMA que o tornou famoso, ele pensava em astrologia, não astronomia — uma obsessão que havia desenvolvido após os 30 anos de idade, tentando achar algum sentido em sua vida, que até então ele considerava um fracasso absoluto. Gustav Theodore von Holst nasceu em Cheltenham, em 21 de setembro de 1874; no mesmo dia, a mais de 100 km de distância, em Bromley, H. G. Wells celebrava seu oitavo aniversário. Gustav era um menino pequeno, asmático e com vista fraca, um ser franzino em comparação ao seu irmão mais jovem, o encorpado Emil. Sua mãe morreu quando Gustav tinha oito anos, deixando os meninos aos cuidados do pai, que rigidamente queria transformar o filho mais velho em um pianista, apesar de este sofrer de neurite, uma inflamação muscular que atormentou Holst até sua morte. Quando compôs *Os Planetas*, a dor era tão intensa que ele não conseguia mais segurar a caneta, apenas escrevia com uma ponta presa ao dedo do meio de sua mão direita.

O jovem Holst tinha sua alma acalentada pela música, pois era algo que a educação traumática de seu pai não atingia. Ele lembrava da primeira vez que ouviu uma composição de Bach como uma experiência extracorpórea, similar à levitação, enquanto agarrava-se à cadeira com medo de cair. Ao se mudar para Londres a fim de estudar no Royal College of Music, Holst se apaixonou pela música de Wagner; uma performance de *Tristão e Isolda* o deixou tão perplexo que perambulou pelas ruas da cidade a noite toda, num estado transcendental, até ver o nascer do sol sobre o rio Tâmisa.

A odisseia da vida de Holst, que morou em Londres no fim do século 19, ecoou as pegadas de Wells, porém com alguns anos de antecedência. Ambos eram fracos, pobres e vegetarianos; estudaram em South Kensington, à sombra do Royal Albert Hall; amavam a música; e foram atraídos pelo novo movimento socialista da Inglaterra. Como Wells, o jovem Holst também participou de reuniões na casa de William Morris em Hammersmith, chegando a conduzir o Hammersmith Socialist Choir (Coral Socialista de Hammersmith). Seus sonhos juvenis de se tornar um pianista de concerto foram frustrados pelo agravamento da neurite, levando o músico a se dedicar à composição e à condução. Sua vaga no Royal College foi estendida por mais um ano, mas Holst decidiu abrir mão de sua bolsa de estudos em 1898, optando por "aprender com a prática" no mundo — um mundo que, naquele momento, tremia de medo com as descrições de raios de calor marcianos no novo livro de H. G. Wells.

O circuito de concertos de Londres na virada do século estava relativamente sóbrio, com exceção de uma performance do festival anual Proms no Queen's Hall. O condutor era Henry Wood, amigo de Holst, que apresentou, naquela noite, uma nova marcha do compositor inglês mais celebrado da época, Edward Elgar. Ao fim da marcha, a plateia simplesmente "ficou de pé e gritou", lembrou Wood. Os músicos se viram incapazes de aquietar os aplausos para continuar a apresentação e acabaram tocando a marcha uma segunda vez. "O resultado foi o mesmo", exclamou Wood. Então tocaram uma terceira vez, tentando desesperadamente restaurar a ordem. Logo, a composição recebeu letras do poeta A. C. Benson, tornando-se a "Ode de Coroação" de Edward VII: "Land of Hope and Glory". No entanto, em outubro de 1901, ficou conhecida apenas como "Pomp and Circumstance March nº 1 in D" ("Marcha de Pompa e Circunstância nº 1 em Ré Maior") — a música destinada a romper o mar de lamentos logo após a morte de Ziggy Stardust no Hammersmith Odeon.

O Hammersmith Odeon ainda não tinha sido construído quando Holst, agora com 30 anos, começou a ensinar música a poucos metros de distância de seu endereço. Ele continuaria como coordenador musical na St. Paul's Girls' School na avenida Brook Green pelo resto de sua vida — de acordo com ele, a chave que permitia sua entrada ao prédio para trabalhar a qualquer hora do dia era um dos dois objetos que mais valorizava. O outro era um diapasão que ele tinha ganhado de um admirador, tendo passado por muitas mãos nos últimos 100 anos desde seu dono original: Ludwig van Beethoven.

O ensino ajudava Holst, mas ele estava fracassando como compositor, com dificuldade de causar impacto em um mundo dominado pelas reflexões pastorais e pelo patriotismo exagerado do recém-nomeado cavaleiro Elgar. "Estou de saco cheio da música, especialmente da minha própria", reclamou. Ao sentir que a depressão de Holst estava piorando, o compositor Henry Balfour Gardiner tentou melhorar os ânimos do amigo. Em 1913, o convidou para passar férias na Espanha com o compositor Arnold Bax e seu irmão escritor, Clifford — Gardiner, inclusive, se ofereceu para pagar a viagem de Holst. Ao embarcarem no trem para a costa, na estação Charing Cross, Holst e Clifford Bax descobriram que tinham um interesse em comum na astrologia: Holst ainda era novato, enquanto Bax era uma autoridade.

Suas muitas conversas durante a viagem ressuscitaram a musa deteriorada de Holt. Ao voltar das férias, ele comprou um fino livreto do astrólogo britânico Alan Leo, chamado *What is a Horoscope and how is it cast?* (*O que é um horóscopo e como é criado?*). Seu conteúdo humilde deu a Holst tudo o que precisava: um modelo pronto para uma suíte orquestral sobre os vários traços de personalidade associados a cada um dos planetas. Mercúrio, Vênus, Marte, Júpiter, Saturno, Urano e Netuno.

Ele tinha encontrado suas esferas. Agora, precisava criar harmonias para elas.

NO FIM DO VERÃO DE 1914, Holst ainda ensinava em Hammersmith, mas passou a morar em Thaxted, um pequeno vilarejo agrícola em Essex. Nesse ambiente idílico, começou a compor *Os Planetas*, cujo ponto de partida era "Marte, o Mensageiro da Guerra". Historicamente, parece óbvio que seu clima deve ter sido influenciado pela Primeira Guerra Mundial, mesmo que de modo subconsciente, embora Holst negasse isso. No entanto, as primeiras gotas de sangue caindo na Bélgica e na Prússia não foram as únicas influências. Para qualquer adulto trabalhador e alfabetizado da sociedade eduardiana no início do século 20 em Londres, a palavra "Marte" associada ao termo "guerra" só significaria uma coisa: os invasores pegajosos e os trípodes indestrutíveis de H. G. Wells.

Enquanto Holst passeava pelos campos e pastos ao redor de Thaxted, não é difícil de imaginar a semente da melodia com ritmo feroz pulsando nos seus ouvidos, criando alucinações de raios de calor marcianos incinerando as cercas vivas da região. "O Mensageiro da Guerra", de Holst, poderia ser uma sinfonia da Primeira Guerra Mundial composta por sangue e balas sobre arame farpado, mas era igualmente apropriada para a invasão marciana de Wells: a aproximação lenta e estrondosa, o cilindro viajando pelo espaço até cair na Terra; o impacto e a batalha que se inicia; a matança impiedosa com um ritmo militar; o momento de desespero dos humanos; o holocausto e a vitória absoluta dos extraterrestres.

Qualquer que fosse a intenção de Holst na época, a influência de *A guerra dos mundos* estava mais próxima de seu vilarejo em Thaxted do que talvez percebesse. A menos de 2 km, em Easton Lodge, a condessa de Warwick estava alugando a casa da reitoria em seu terreno para um companheiro socialista, um autor que tinha acabado de se mudar de Londres. Seus amigos o chamavam de "Bertie". Os dois aniversariantes marcianos de 21 de setembro, Wells e Holst, passaram a ser praticamente vizinhos.

NAS ÚLTIMAS SEMANAS ANTES DO ARMISTÍCIO, na tarde de 29 de setembro de 1918, a obra *Os Planetas* foi revelada em uma apresentação privada no Queen Hall em Londres, já exibindo sua sequência final: a abertura potencialmente inspirada por Wells de "Marte, o Mensageiro da Guerra"; o alívio espaçoso e tranquilo de "Vênus, a Mensageira da Paz"; a divertida "Mercúrio, o Mensageiro Alado"; a saudação real de "Júpiter, o Mensageiro da Alegria" (que, reza a lenda, fazia as faxineiras do local dançarem com seus esfregões nos corredores); a epifania pensativa do segmento favorito de Holst, "Saturno, o Mensageiro da Velhice"; o drama e a discordância de "Urano, o Mágico"; e a tranquilidade gelada e impenetrável de "Netuno, o Místico".

Entre os convidados da estreia, estavam os colegas de suas férias na Espanha, os irmãos Bax, e Henry Wood, o homem que havia conduzido o famoso bis duplo de Elgar no mesmo local. Também estava o crítico Edward Dent, que descreveu *Os Planetas* como "extremamente esquisito", mas "muito vivo". Dos sete segmentos, foi o misterioso "Netuno" que mais o impressionou. "Foi muito místico e exploratório", disse entusiasmado, "com um toque de Beethoven póstumo e uma sensação de ir a um plano inédito."

É indiscutível que "Netuno" soava mais desafiadora para os ouvidos do início do século 20, incluindo um coral feminino — com as garotas do St. Paul reunidas às pressas para aquela performance —, cuja tarefa era terminar a suíte com um *fade out* ao vivo, em tempo real. Em vez de apenas ir abaixando o volume das vozes, Holst instruiu que o coral deveria ficar em uma sala adjacente, e sua porta seria lentamente fechada até que as vozes não fossem mais ouvidas. Sua filha, Imogen, descreveu o recital inaugural de forma vívida, como sendo "a abertura do portal para um mundo desconhecido". Holst compôs *Os Planetas* como uma viagem astrológica pela psique humana. Mas seu impacto foi infinitamente mais cósmico. Quando o mundo ainda estava para colocar um satélite em órbita, Holst, numa sala à prova de som de uma escola para garotas de Hammersmith, usou uma ponta de caneta amarrada ao seu dedo e a linhagem sobrenatural de "Netuno" para levar a humanidade aos limites de nosso sistema solar, tecendo harmonias pelas esferas celestes. Exatamente como Kepler havia sonhado, 300 anos antes.

Os Planetas trouxe a Holst a aclamação que ele buscou por toda a sua vida, não apenas na Inglaterra, mas internacionalmente, na Europa e na América. A Universidade de Michigan em Ann Arbor o convidou para ser seu professor de música, mas ele teve de recusar devido à sua saúde fragilizada. A triste ironia foi que, após desejar tanto o reconhecimento, Holst não conseguiu lidar com seu novo status de compositor popular. Tomou uma má decisão ao permitir que "Júpiter" fosse transformada em um hino chauvinista, com letra de Cecil Spring-Rice: "I Vow to Thee, My Country" ("Juro a ti, meu país"), com um sentimento nacionalista que lhe causou grave arrependimento. Conforme sua reputação crescia, também aumentava sua desconfiança em relação à constante atenção recebida; sua resposta padrão para cartas de fãs pedindo autógrafos era um bilhete datilografado, curto e grosso, informando ao remetente que "Sr. Holst" nunca assinava nada para estranhos.

A música de Holst fez um último e breve retorno ao espaço em 1929, com um lamento esquisito e apropriadamente alienígena no piano, acompanhado pelas palavras de Humbert Wolfe — seu poema sobre a estrela Betelgeuse na constelação Orion, a mais de 600 anos-luz da Terra. Entretanto, quando finalmente ouviu "Betelgeuse" tocada em público, Holst foi atingido cruelmente pelo custo de passar uma vida inteira se agarrando à escuridão desconhecida de campos musicais não humanos. Nessa mesma apresentação, o encerramento ficou com o "Quinteto para Cordas em Dó Maior", de Schubert. Ouvir essa obra-prima clássica quase o destruiu. Na emoção e na humanidade de Schubert, ele reconheceu tudo que sua própria música não tinha. "Ele se sentiu preso em um local frio", lembrou sua filha, "onde seu cérebro ficou adormecido e sua alma, isolada." Holst havia passado tanto tempo compondo nas estrelas que se esqueceu de cair de volta para a Terra. O homem que fez música extraterrestre no século 20 havia praticamente abandonado seu planeta.

Em 23 de maio de 1934, Holst, aos 59 anos, foi internado em um hospital para operar seu estômago. Dois dias após a cirurgia, ele morreu de um infarto do miocárdio. Ralph Vaughan Williams, seu amigo próximo e herdeiro do diapasão de Beethoven, fez um tributo elegante na forma de um prefácio para a biografia que Imogen Holst escreveu sobre seu pai, publicada quatro anos após sua morte. "A arte de Holst foi chamada de fria e desumana. Na verdade, é supra-humana... Sua música chega ao desconhecido, mas nunca perde o contato com a humanidade."

Nas melodias supra-humanas de *Os Planetas* já se encontrava o prelúdio brilhante da dança cósmica do Starman. Música estranha e moderna do espaço sideral, escrita no nascimento da era da música gravada, um formato de mídia que encontrou popularidade em massa. "Marte, o Mensageiro da Guerra" chegaria ao repertório de uma jovem banda *mod* de Londres chamada The Lower Third. Em outro momento, o chamado etéreo de "Netuno" ecoaria pelo auditório ansioso do cinema Odeon, a meras quadras de onde foi composto, pouco antes de o maior pop star de todos os tempos aparecer no palco pela última vez.

Da Primeira Guerra Mundial até a década de 1970. De Gustav Holst a Ziggy Stardust. A essência harmônica do misticismo alienígena nasceu e morreu em Hammersmith.

SEIS
RELÂMPAGO

Era 1932. Apenas 40 anos antes da chegada do Starman. Ele existe, no momento, como um coro de sussurros prestes a se conectarem — não vive mais no subconsciente de um solitário Ludwig, Herbert ou Gustav, mas sutilmente move as línguas e molda os murmúrios de milhares, um eco de pontinhos esperando o DNA correto para se formar na linha coerente chamada Ziggy Stardust. Só faltava o destino levemente bater na lateral do tubo de ensaio, alterando com delicadeza as últimas peças vitais de aparatos genéticos. Mas, primeiro, o destino precisa encontrar tudo isso.

A vida na Inglaterra estava enfraquecida em 1932, sem rumo. "Seriamente fora de rumo", disse H. G. Wells, aos 65 anos, para a rádio BBC e todo o país. "Há alguns anos, os negócios vêm paralisando. Estamos produzindo demais e consumindo pouco. Os que investem não se sentem seguros com os investimentos, e os empregados, de acordo com o censo, não se sentem seguros com seus empregos. Nossa vida política está à deriva, ainda pior que a economia. Temos impostos excessivos, esmagadores, para pagar pela última guerra e se preparar para a próxima..."

Quatro mil anos antes, os babilônios enfrentaram o medo da fome, da guerra e da pobreza ao construir os Zigurates para os deuses. Os seres humanos de 1932, mais barulhentos, mais rápidos, mais inquietos, não eram tão diferentes.

Às 11h30 da manhã, numa segunda-feira da Semana Santa, 28 de março, as portas de um novo templo se abriram para um público boquiaberto na região oeste de Londres; no fim da Fulham Palace Road residia agora uma maravilha arquitetônica de 60 metros de largura, que mais parecia uma nave espacial de granito polido, criada por uma espécie alienígena infinitamente mais sofisticada que nós. Dentro, as paredes do templo eram tão luxuosas quanto qualquer coisa recentemente descoberta no Vale dos Reis do Egito pelo arqueólogo Howard Carter. Colunas e pilastras brilhantes, tons de verde, cinza, malva, prata e várias tinturas metálicas se harmonizavam com laca dourada. Até a atmosfera era divina: 140 mil metros cúbicos de ar puro, filtrados por um sistema complexo de bombeamento que gerava mais de 180 toneladas de ar fresco por hora. O público chamou esse templo de "o moderno dos modernos". A imprensa o chamou de "West London's Wonder Cinema" ("Cinema das Maravilhas do Oeste Londrino"). Para os donos era o Gaumont Palace, Hammersmith Broadway; mais tarde, virou Odeon[3]. Quatro décadas antes de Ziggy Stardust pousar, sua forca já estava pronta.

Os babilônios projetaram seus Zigurates para venerar as estrelas. Os britânicos construíram seu Gaumont Palace para o mesmo propósito. Estrelas brilhando com luz prateada, iluminando a escuridão de um auditório com três mil assentos. Visões gigantescas de perfeição exótica e sensual eram projetadas, maiores que os bondes que transportavam

---

3 No momento da publicação desta edição, em 2022, a casa de shows é chamada de Hammersmith Apollo, ou Eventim Apollo. [N.T.]

a plateia sedenta por alegria até o lugar, buscando escapar por um momento de sua nação em queda. Enquanto os padres babilônios de 2500 d.C. tremiam perante o poder de Ishtar, Marduk e Shamash, os espectadores do cinema em 1932 veneravam Karloff, Dietrich e Garbo.

Ninguém era mais encantadora que Garbo: escandinava, supostamente de carne e osso, vivendo no Olimpo californiano chamado Hollywood, ela tornava-se uma divindade do desejo, zombando da mortalidade ao ser ampliada pelas lentes de um projetor de filme de 35 mm. Percy Hammond, crítico do *New York Herald Tribune*, cometeu o erro de criticar a performance de Garbo em *Grande hotel* e foi inundado por correspondências odiosas de fãs devotos da atriz, forçando o jornalista a publicar um pedido de desculpas. "Quando estiver em uma terra estranha, venere os deuses locais, quaisquer que sejam", ele escreveu.

Os primeiros deuses a agraciar o Hammersmith Gaumont Palace foram certamente menos poderosos que Garbo. Na tela, a mais recente "farsa de Aldwych", *A Night Like This*, estrelando Tom Walls, e o drama de gângster norte-americano *Bad Company*, com Helen Twelvetrees. No palco, uma série variada de "especial de Páscoa" trazia o notório violinista holandês De Groot. Dirigindo-se ao público e aos membros da imprensa naquela segunda-feira, durante o almoço, o prefeito de Hammersmith elogiou a construção britânica, em especial a engenhosidade de seu estilo art déco moderno. Isso foi graças ao arquiteto inglês Robert Cromie, de 44 anos, já famoso por cinemas que tinha feito em Croydon e Epsom, onde foi pioneiro no uso de mobílias de ferro tubular. O Hammersmith Gaumont confirmou seu status como o principal criador de palácios para filmes do país — uma reputação que contradizia seu aprendizado com uma firma especializada na construção de manicômios eduardianos.

Dois anos depois, em 3 de dezembro de 1934, uma segunda-feira, cortaram a fita de inauguração de outro cinema de Cromie, em Tunbridge Wells. Com seu uso inteligente de espaço, posicionando o saguão numa esquina de rua estreita, de modo a não perturbar lojas adjacentes, e uma torre de vidro decorativa de 15 metros de altura, o novo Ritz foi recebido como "o teatro mais luxuoso de Kent". No andar de cima, a atração chamada Florida, "o restaurante e o salão de festas mais sofisticados de Kent".

O complexo do Ritz seduzia o povo da cidade com tamanho "luxo", mas a realidade da vida provinciana de seus frequentadores ficou obviamente representada no filme escolhido para sua inauguração de gala. *Sing as We Go* trazia a queridinha Gracie Fields como uma operária recém-desempregada, alegremente passando pela paralisia econômica do país que Wells havia previsto. *Sing as we go although the skies are grey* (*Cantamos enquanto andamos, apesar do céu cinzento*), Fields cantava, sorrindo. *A song and a smile making life worthwhile* (*Uma canção e um sorriso fazem a vida valer a pena*).

Em 1934, a vida na Inglaterra, sob o regime do primeiro-ministro Ramsay MacDonald — apelidado de "The Boneless Wonder" ("A Maravilha Desossada") por seu punho fraco — não era tão alegre quanto Fields fingia ser. Como Wells havia dito antes: "Claramente, há uma necessidade urgente de controle supremo no mundo para impedir o atraso de nossa máquina econômica". Até 1936, essa necessidade urgente já havia transformado desencanto em desespero, e falta de esperança em puro ódio. Desejando encontrar um inimigo comum, e na falta de um ataque marciano, homens e mulheres, cujos pais haviam lutado na guerra para acabar com todas as guerras, acharam outros alienígenas para atacar.

Em julho daquele ano, o Ritz em Tunbridge Wells apresentou orgulhosamente *Desejo*, divulgado como "o romance sensacional que tomou conta de Londres", estrelando Marlene Dietrich, uma deusa que competia com Garbo. A atriz interpretava uma ladra que enganava um joalheiro de Paris, vivido por um ator nascido em Cheltenham chamado Ernest Cossart — o pseudônimo profissional de Emil Holst, irmão mais novo de Gustav. Enquanto a plateia do lado de dentro assistia a Dietrich em uma serenata com o ator principal Gary Cooper — *the stars looking down from above, seem to sing, you're in love* (*as estrelas nos olhando lá de cima parecem cantar, você está apaixonado*) —, do lado de fora do Ritz, os panfleteiros da União Britânica de Fascistas (UBF) marchavam num som diferente.

Não havia como evitar os apóstolos de Oswald Mosley na cidade, uma ninhada de angariadores liderada pelo Action Press Squad, de Tonbridge, bem como sua filial de Sussex, o Motor Propaganda Squad, de East Grinstead. No fim de junho, a UBF pregou o isolacionismo e o antissemitismo para uma plateia calorosa, a apenas 180 metros do Ritz na Newton Road. Muitas mentes jovens, carentes de algo mais tangível que os sonhos ociosos de Dietrich e Cooper, ou então um jantar que acabaria com seu salário no Florida, optaram por ouvir o discurso da UBF.

Entre eles estava uma jovem de 22 anos, que morava e trabalhava como babá num pequeno hotel familiar do bairro. Batizada Margaret Mary Burns, era mais conhecida como Peggy. Talvez por tédio, ingenuidade ou apenas encanto por seus uniformes, o galanteio de Peggy Burns com os fascistas não durou mais que algumas reuniões e uma marcha com seu primo, de Tunbridge Wells até Tonbridge, passando pela London Road, perto da casa de seus pais. A notícia de sua afiliação política logo chegou ao seu pai, Jimmy, um veterano da Primeira Guerra, que tinha lutado no corpo dos Fuzileiros Reais. "Se você fizer isso de novo, nunca mais volte a esta casa", ele avisou Peggy.

Só podemos imaginar o quanto (ou quão pouco) Peggy absorveu desse breve e esquecido episódio, encerrado após a repreensão de seu pai. É muito provável que seus amiguinhos de botas a encantariam com o jornal oficial do partido, um semanário de oito páginas que trazia o mesmo nome do uniforme adotado pelo movimento, *The Blackshirt* (*A camisa preta*). Talvez os olhos da jovem Peggy passariam pelos alertas para "expulsar os ditadores judeus", o pedido para decidir entre "defender alienígenas ou bretões", os anúncios de botas de cano alto e navalhas John Bull, e as colunas típicas com discurso de ódio de Alexander Bowie, compiladas naquele ano num volume especial da UBF chamado *Bowie's Annual.* No mínimo, ela não escaparia do poder gráfico do logotipo do jornal, recentemente recriado em maio daquele ano para incorporar o símbolo do partido, tão potente quanto uma suástica, que já era usado em *banners*, braçadeiras e pichações antissemíticas na região leste de Londres. Um raio grosso, preto, ziguezagueando dentro de um círculo. A futura insígnia de Ziggy Stardust, inesquecivelmente marcada na mente de 22 anos de Peggy Burns. A mãe de David Bowie.

Os camisas-pretas de Mosley não foram os últimos a utilizar ilustrações de raios no fim da década de 1930 em Londres. Outro similar ao do Starman passou pela escuridão das matinês dos cinemas aos sábados, vibrando sobre o peito de um intrépido jogador de futebol norte-americano, transformado em salvador do universo. Em 1938, a segunda cinessérie inspirada na revista em quadrinhos *Flash Gordon*, de Alex Raymond, chegou às telas do país, estrelando Larry "Buster" Crabbe, medalhista de ouro olímpico de natação. No passado, Gordon tinha lutado contra os planos malignos de Ming, o Impiedoso, no planeta Mongo; agora, *Flash Gordon no Planeta Marte* trazia a ação perigosamente para mais perto de casa. Os marcianos encontrados por Gordon tinham forma humana e eram governados por uma rainha vampiresca, aliada de seu antigo inimigo, Ming. Logo após chegar a Marte, Gordon trocou suas roupas pelo uniforme dos soldados inimigos: uma camiseta justa de manga comprida, com colarinho cravejado e um zigue-zague elétrico desenhado sobre o peito. O Flash Gordon de Crabbe fez mais que salvar o planeta de Ming pela segunda vez — salvou o raio das garras infelizes do fascismo, situando-o na moda marciana.

Em 1938, não havia provas científicas para descartar a proposta fantasiosa de Flash Gordon, onde Marte era ocupada por palácios art déco, naves espaciais ensurdecedoras e pessoas de argila habitando cavernas. Quarenta anos antes de Ziggy, nenhum indivíduo tinha visto sua superfície de tão perto quanto os astrônomos, utilizando as refrações distantes e embaçadas de uma lente de telescópio para distinguir, ou até imaginar, áreas de vegetação e uma atmosfera roxa chamada de "camada violeta". E ninguém parecia apresentar mais conhecimento que o coadjuvante estudioso de Gordon, Dr. Zarkov, que disse: "Já me perguntaram, diversas vezes, se existiria uma chance de o planeta Terra ser visitado, ou até invadido, por pessoas de outro planeta. Quanto à probabilidade, não sei dizer. Mas quanto à possibilidade, a resposta deve ser afirmativa".

Em 30 de outubro de 1938, a tal possibilidade virou realidade. Às 8h da noite, milhões de norte-americanos ouviam o programa de rádio da NBC, *The Charlie McCarthy Show* — McCarthy era o boneco do ventríloquo Edgar Bergen. Os ouvintes que se entediaram rapidamente com Bergen e McCarthy (ou então com Nelson Eddy cantando "Song of the Vagabonds") mudaram de estação, após poucos minutos, para a CBS, na qual ouviram Ramon Raquello e sua orquestra tocando ao vivo do Meridian Room no Park Plaza Hotel, em Nova York. O show foi subitamente interrompido por uma notícia urgente sobre um estranho meteorito que caíra em uma fazenda em Grover's Mill, Nova Jersey. O repórter Carl Phillips narrou os eventos para os ouvintes, ao vivo, conforme aconteciam. "Senhoras e senhores, esta é a coisa mais assustadora que já vi", exclamou Philips, enquanto descrevia, horrorizado, o surgimento de "um monstro" da cratera, que começou a disparar um jato de chamas, destruindo tudo à sua frente. Vinte minutos depois, o locutor da estação descreveu a cena vista do telhado do edifício da CBS, enquanto assistia ao êxodo em massa de Manhattan, e sirenes tocavam, pedindo ao povo para evacuar a cidade. "Os marcianos se aproximam."

Estima-se que, naquela noite, cerca de seis milhões de pessoas ouviram a dramatização contemporânea de *A guerra dos mundos*, de H. G. Wells, interpretada por Orson Welles e o Mercury Theatre — e por volta de um milhão de pessoas perderam o início da apresentação, entendendo o formato de noticiário falso como um evento real. O pânico subsequente entrou para a história das transmissões, embora pesquisas detalhadas sugiram que, na verdade, o mito foi um tanto exagerado. De qualquer forma, houve incidentes comprovados de ouvintes sobrecarregando linhas policiais e ligando para jornais em Nova Jersey para relatar homicídios, ataques com gás e marcianos com lança-chamas. Utilizando apenas palavras, efeitos sonoros e uma persuasão genial, Welles, com o texto de Wells, demonstrou que a raça humana estava pronta e disposta a aceitar a "probabilidade" de uma invasão marciana apresentada por Zarkov já no início do século 20.

Ouvintes casuais que chegaram atrasados à transmissão da CBS naquela noite não receberam qualquer aviso de que estariam ouvindo uma dramatização com roteiro, enquanto a orquestra de Raquello tocava "uma música que nunca perde seu charme". A composição em questão era, em outubro de 1938, um clássico já estabelecido, prestes a ser uma das mais gravadas do século 20. Começou como uma obra instrumental, que veio à mente de um jovem de coração partido chamado Hoagy Carmichael, que estudava Direito e tocava piano jazz. A inspiração surgiu enquanto ele se sentava sozinho, próximo a um *spooning wall* (lugar tipicamente para casais) da Universidade de Bloomington, em Indiana. "As estrelas brilhavam, próximas a mim, e a Estrela do Norte estava baixa, sobre as árvores", ele lembrou. "Olhei para o céu e assobiei."

Com o nome Hoagy Carmichael & His Pals, ele gravou sua melodia de lampejo divino, que tinha o subtítulo espanhol de "Estrellitas", para a gravadora Gennett, de Indiana. Dois anos depois, recebeu uma letra de Mitchell Parish, inspirada pelo título original de Carmichael e com alguns versos sugestivos na abertura. O resultado foi uma canção sobre uma canção; uma ode ao encanto intangível do amor e da música; um devaneio romântico, quase cósmico, na "penumbra roxa do crepúsculo". Uma música apropriada para um Starman. Ou, pelo menos na versão de 1931 por Bing Crosby, apropriada para alguém que faria um dueto com um Starman.

E foi assim que, em 30 de outubro de 1938, em Tunbridge Wells, a solteira Peggy Burns, com 25 anos, preparava-se para o evento da semana seguinte, o primeiro aniversário de seu filho, Terry. Enquanto isso, milhões de norte-americanos do outro lado do Atlântico sentavam-se ao lado de seus rádios, alheios a qualquer ataque alienígena iminente, e escutavam Raquello e sua orquestra tocando uma de suas músicas favoritas: a canção sobre uma canção de Hoagy Carmichael. "Uma música que nunca perde seu charme."

Uma música chamada "Stardust".

SETE
O BOM SOLDADO

As estrelas pareciam excepcionalmente brilhantes sobre as ruas escuras de Hammersmith nos primeiros meses de 1940. Enquanto a *Blitz*[4] só começaria mais tarde, no outono, Londres já se preparava para o ataque aéreo dos nazistas. Em retrospecto, é fácil imaginar a Inglaterra em tempos de guerra se preparando para a vitória, com seus cartazes de *"Keep calm and carry on"* ("Mantenha a calma e siga em frente"). Mas a realidade era mais próxima do pânico do fim dos tempos exibido na versão radiofônica de *A guerra dos mundos* de Welles. A primeira vítima da guerra foi a sanidade mental da nação. Em março de 1940, seis meses após Neville Chamberlain anunciar a declaração de guerra contra a Alemanha, havia mais suicídios em Hammersmith do que caberiam nas páginas do jornal. Mães, maridos, enfermeiras e diretores de empresas

4 Termo mais popular usado para *Blitzkrieg* (algo como "guerra relâmpago", em alemão). Tratava-se de uma estratégia da Alemanha durante a Segunda Guerra Mundial, que reunia um grande número de aviões, tanques e artilharia usados em rápidos ataques-surpresa contra seus oponentes na Europa. [N.E.]

se jogando de sacadas, engolindo comprimidos, cortando punhos, enforcando-se com cintos e fazendo suas últimas preces para o deus do forno a gás. Outros foram consumidos pela cegueira do blecaute: quebraram o pescoço enquanto desciam as escadas, foram esmagados por armários após escorregar tentando instalar cortinas mais escuras, ou atropelados por carros sem faróis em ruas sem iluminação. Antes de qualquer bomba V-1 "Doodlebug" cair em Londres, seus cidadãos já estavam se matando de maneira eficaz, sem qualquer auxílio alemão.

Mesmo assim, os projetores de cinema continuavam funcionando. Os filmes em cartaz na primavera britânica de 1940 quase zombavam de sua plateia que precisava racionar comida e esquivar-se da morte. *Pobre milionária*. *Return to Yesterday*. *Sob a Luz das Estrelas*. *Escape to Happiness*. Em *Ninotchka*, os espectadores não podiam nem depender de sua deusa suprema Garbo para receber um pouco de empatia com o estado do mundo. "Garbo ri!", diziam os pôsteres. Ninguém na Inglaterra estava em condições de se juntar a ela.

Na Páscoa de 1940, o Hammersmith Gaumont Palace celebrou seu oitavo aniversário com a versão cinematográfica do programa de rádio popular *Band Waggon*, de Arthur Askey. Mas era outro filme, mostrado no fim da King Street, no ABC Commodore, que conseguia aliviar o peso da guerra para as pessoas mais frágeis, a ponto de se perderem. A história de uma adolescente deprimida que escapa da existência cinzenta de uma recessão econômica, partindo para um paraíso Technicolor de sapatos brilhantes e alienígenas dançantes. Um tremor premonitório do glam de Hollywood chamado *O mágico de Oz*, com seu desejo de fugir para "*somewhere over the rainbow*" ("algum lugar além do arco-íris"). Trinta e dois anos antes de o Starman chegar à Terra, sua melodia mais famosa já tinha efeito contagioso.

A vida não era um mar de rosas para Peggy Burns e sua família em Tunbridge Wells, região apelidada de "Doodlebug Alley", pela facilidade de ser atacada pelas bombas "Doodlebug". Confiando o bebê Terry aos cuidados de seus pais, Peggy se juntou à frente de trabalho feminina como maquinista de pequenos guindastes na mesma fábrica em Hayes, Middlesex, que futuramente faria discos para o selo Parlophone, da EMI. Nesse meio-tempo, ela engravidou de um colega de trabalho, dando à luz uma menina, Myra, em agosto de 1943. O pai tinha concordado em se casar com Peggy, mas desapareceu. O estigma de ter outra criança fora do casamento foi um fardo excessivo para os Burns. Com apenas dez meses de idade, Myra foi levada para adoção e nunca mais foi vista. Mesmo assim, na loteria da vida durante a guerra, Peggy Burns conseguiu ser uma das mais sortudas. Apenas o acaso salvou sua vida — e os genes do Starman — de estar entre as 37 pessoas mortas quando uma "Doodlebug" atingiu a fábrica em Hayes durante os últimos meses frenéticos de bombardeamentos nazistas.

Enquanto Londres sofria com a *Blitzkrieg*, o estresse da guerra continuava levando pessoas desesperadas a cometer atos desesperados, tão terríveis para a espécie humana quanto qualquer explosivo lançado pela Luftwaffe. Certa noite, em abril de 1944, uma mulher terminou seu turno no Ministério de Transporte de Guerra, na Berkeley Square, onde estava envolvida nas preparações para o Dia D. Voltando para casa durante o blecaute, ela foi encurralada por quatro homens. Suas roupas eram de civis, mas o sotaque deles do sul dos Estados Unidos entregava que provavelmente eram desertores do exército. Eles assaltaram a mulher e a chutaram até deixá-la inconsciente, largada na rua, sangrando. Ela estava grávida e inevitavelmente sofreu um aborto. Quem teve a tarefa indesejável de relatar o ocorrido ao marido da vítima foi sua amiga Sonia Brownell, que se tornaria a futura segunda esposa de George Orwell. O marido da mulher atacada estava distante, atuando com o Corpo Educacional do Exército em Gibraltar. Muitos anos depois, esse crime estarrecedor e violento o inspirou a escrever um romance que, posteriormente, receberia uma adaptação dramática no cinema rechaçada pela Coroa britânica por sua influência negativa sobre os jovens da década de 1970. O ataque à esposa de Anthony Burgess, autor de *Laranja mecânica*: uma molécula odiosa, porém vital, no DNA delicado de Ziggy Stardust.

"O QUE VOCÊ FEZ DURANTE A GUERRA, ZIGGY?"

Podemos perguntar.

O coro heroico da "Nona" de Beethoven agitava os *banners* com suásticas do Reich na State Opera House, em Berlim, para o prazer de Hitler. Os palcos sagrados japoneses de estranheza *kabuki* foram queimados por bombardeios norte-americanos. Trechos de "Júpiter", de Holst, mantinham os ânimos tensos na BBC, enquanto, a algumas quadras dali, o idoso H. G. Wells vigiava o Regent Park. O American Forces Network apoiava os soldados com o conforto doce de Artie Shaw e sua orquestra, com cornetas tocando "Stardust", de Hoagy Carmichael. Judy Garland caiu de Oz para Camp Roberts, Califórnia, para cantar a melodia em formato de Starman chamada "Over the Rainbow" para militares prestes a entrar no inferno pelo Oceano Pacífico. E a mãe de David Bowie suava sobre um pequeno guindaste em Middlesex, tentando não ser bombardeada.

No norte da África, o irmão mais jovem de Peggy Burns, chamado Jimmy, em homenagem ao seu pai, tinha lutado com o regimento dos Lothians Yeomanry. Ele esteve ao lado do 8º Exército do Marechal Montgomery antes de ser enviado à Itália, onde recebeu uma Medalha de Conduta Distinta por sua atuação na batalha de Monte Cassino. Em meio a seus colegas "Desert Rats", que também tinham sofrido para se aclimatizar ao deserto castigante do Saara, estava um esbelto atirador de elite de Yorkshire, com 30 e poucos anos, chamado apenas "John". Nascido Haywood Stenton Jones, em Doncaster, 1912, era o segundo filho de um sapateiro chamado Robert e sua esposa, Zillah, que morreu quando o garoto tinha apenas quatro anos.

Quando a Inglaterra entrou em guerra com a Alemanha em 1939, John Jones tinha 26 anos e trabalhava como balconista para a caridade infantil do Dr. Barnardo. Vivia em um apartamento ao lado do Regent's Canal, em Camden, com sua esposa, uma cantora de clubes noturnos chamada Hilda, e uma filha, que nasceu de seu caso com uma enfermeira que tinha conhecido durante uma viagem a negócios em Birmingham. A década de 1930 teve diversas decepções para Jones, enquanto ele torrava a herança de três mil libras esterlinas deixada por seus pais tentando realizar seu sonho de se tornar um empreendedor do showbiz. Cego por amor, ele perdeu dois terços do dinheiro bancando uma tentativa desastrosa de colocar sua nova esposa no teatro. A família Jones apostou o que sobrou em um piano-bar no distrito londrino de Fitzrovia, onde George Orwell frequentemente ia para beber. Se o próprio Orwell supostamente entrasse no clube Boop-A-Doop, no qual Hilda se apresentava como o personagem exótico "Cherie, the Viennese Nightingale", nem isso seria o bastante para fazer o negócio dar certo. Forçado a trabalhar como porteiro de hotel para pagar as contas, John Jones aliviava sua sensação humilhante de fracasso com álcool, o que lhe rendeu uma úlcera no estômago. Ele encontrou um novo propósito para sua vida com o emprego na área da caridade do Dr. Barnardo, em 1935, o impedindo de arruinar sua saúde de vez. De forma similar, a invasão de Hitler à Polônia, em 1939, acabou salvando-o do problema de um casamento irrecuperável. Quando Jones foi dispensado após a vitória na Europa, voltou para seu lar, onde sua esposa contou que havia encontrado um novo amante. Eles não discutiram. Apenas tomaram a decisão pragmática de investir, juntos, suas economias feitas durante a guerra. Compraram uma casa em Brixton e concordaram em ter um divórcio amistoso, no qual Hilda ficou com a custódia da sua filha de oito anos, Annette, nascida de outra mulher.

Enquanto isso, John Jones voltava a trabalhar como oficial de promoção para o Dr. Barnardo. Na primavera de 1946, os negócios o levaram para o sul da cidade, em Tunbridge Wells. Solteiro novamente, ele ainda tinha um magnetismo inato para o entretenimento, aquela mesma coisa que o fez perder suas economias pré-guerra. Jones poderia ter jantado sozinho em qualquer lugar da cidade. Mas ele decidiu gastar com o glamour ilusório do restaurante Florida, no andar de cima do cinema Ritz.

Mentes espetaculares como Kepler, Newton e Einstein já tentaram esclarecer e compreender o mecanismo do Universo. Mas alguém sabe mesmo que segredos maliciosos fornecem o poder para seu funcionamento obscuro? Que sinais cósmicos inspiram o momento exato em que uma estrela decide explodir ou que outra se forma? O destino acaba de dar sua última batida no tubo de ensaio do Starman. A humanidade já esperou o bastante. A preparação estava completa. A solução química estava pronta. John Jones sentou-se à sua mesa no Florida e olhou do menu para a garçonete, uma jovem cuja beleza não entregava sua idade, 32, nem o fato de ter dois filhos.

John Jones conheceu Peggy Burns. O pai de David Bowie conheceu a mãe de David Bowie. O espaço e o tempo se encontram para formar Ziggy.

DURANTE SEU NAMORO CRITICAMENTE ÍNTIMO, no fim de março e começo de abril, os projetores do Ritz exibiram obras de ostentação. *O sétimo véu*, um drama romântico da Inglaterra, tinha Ann Todd como uma pianista de concerto, propensa ao suicídio, até ser curada por um processo radical de hipnoterapia usando a música de Beethoven. E *A taverna de Duffy*, uma versão decepcionante e cheia de estrelas de uma obra para o rádio, onde Bing Crosby parodiava a música "Swinging on a Star", que ele fez no ano anterior para *O bom pastor* — ganhador do Oscar de melhor filme. Essas eram as correntes de amor, luxúria, Ludwig van, insanidade, suicídio e raios lunares flutuando no ar entre Burns e Jones, nove meses antes de nascer o precioso fruto de sua união.

No final de 1946, John se mudou com Peggy e seu filho de nove anos, Terry Burns, para a casa número 40 da Stansfield Road, que havia comprado em parceria com sua primeira esposa — mas seu divórcio só estaria concluído após mais um ano. Ou seja, pela terceira vez, Peggy teve um filho fora do casamento. Porém, pela primeira vez, o pai estava finalmente ao seu lado, zelando pela família.

Os primeiros dias de 1947 foram cruéis. Um inverno severo resultou em uma crise nacional de combustível, na qual o governo se viu forçado a tomar controle das minas de carvão. A escassez de carvão era tão grave que precisaram parar a produção na fábrica da EMI em Hayes, o antigo local de trabalho de Peggy. Para piorar a paralisação de Londres, os motoristas de caminhão decidiram entrar em uma greve extraoficial, causando atrasos na entrega de correspondências e carcaças de animais — o que dificultou a vida das donas de casa, que ainda lidavam com o racionamento de comida.

Na tarde de 7 de janeiro, caiu neve sobre a cidade. Em Hammersmith, queixos batendo procuravam no Gaumont Palace um lugar para se aquecer enquanto assistiam a *Sonhos dourados* — "Uma vida de entretenimento supremo em um desfile Technicolor de música!". Em Westminster, um táxi deslizou no gelo e matou uma mãe que empurrava o carrinho com seu filho; em Stockwell, um homem de 87 anos escorregou e quase morreu ao desembarcar de um ônibus de dois andares.

As ruas ainda estavam cobertas de lodo na manhã de 8 de janeiro. Logo após as 9h da manhã, um homem musculoso, mascarado por um lenço azul, assaltou um banco na Gloucester Road. Ele escapou com 163 libras e as manchas de um tinteiro arremessado por um caixa valente do banco. Quase ao mesmo tempo, do outro lado do rio, em Brixton, nascia o filho de Peggy e John, na Stansfield Road. Chamaram-no David Robert Jones.

Depois do nascimento, a parteira, claramente supersticiosa, falou algo inesperado. "Esta criança já esteve na Terra antes", disse a Peggy. "Seus olhos estão cheios de sabedoria."

A parteira estava certa. Ele já tinha mesmo. As ideias que ainda iriam brilhar nos olhos sábios de David Jones, nascido em Brixton, eram de uma antiga origem universal. Mas ele, e apenas ele, uniria essas ideias na forma de prazeres novos, extáticos e selvagens, uma forma pura de ser.

OITO
O SOM

Era 1947. Vinte e cinco anos antes do surgimento de Ziggy Stardust, cujo destino humano estava finalmente escolhido no menino David Jones, uma tela em branco. Uma tela que agora precisava ser preparada e moldada pelos deuses do acaso e da circunstância até ficar no formato de um Starman. Em 1947, esses deuses já estavam ao seu lado.

Naquela quarta-feira de janeiro, quando chegou a Brixton, os olhos sábios do jovem Bowie olharam para o mundo pela primeira vez com seus sonhos recém-nascidos de dominação. Enquanto isso, a mais de 6 mil km, outro fantasista da classe trabalhadora estava perdido entre música, cortes de cabelo, calças chamativas e visões de relâmpagos no dia de seu 12º aniversário em Tupelo, Mississippi. Mais um dos meninos diferentes da história. Um que teve a concepção tão sísmica que fez seu pai perder a consciência logo após o clímax. Cujo nascimento foi tão bíblico que supostamente havia um brilho azulado no céu, ao redor da lua. Que nasceu 35 minutos após um irmão gêmeo natimorto, chamado Jesse Garon. Que posteriormente pensou: "Se meu irmão gêmeo tivesse vivido, será que o mundo aguentaria dois de nós?". Que sempre soube que o planeta Terra só tinha espaço para um Elvis Presley.

Aos 12 anos, Elvis já tocava seu primeiro violão, um presente de seu aniversário anterior — um pouco decepcionante, a princípio. Ele tinha pedido uma bicicleta, que era um luxo além do alcance financeiro de seus pais, um casal temente a Deus. Sua mãe bebia excessivamente e o pai não era confiável, tendo perdido três anos cruciais do crescimento do filho enquanto colhia algodão com outros presidiários, cumprindo pena por falsificar um cheque que havia recebido em troca de um porco. Na ausência do pai, Elvis buscou um modelo a seguir e o encontrou nas revistas em quadrinhos de um menino chamado Billy Batson, que falava a palavra mágica "Shazam!" e se transformava no super-herói adulto Capitão Marvel. Seus olhos jovens ficaram especialmente impressionados com a roupa de Marvel: botas de ouro, uma capa branca e um macacão vermelho marcado por um raio dourado.

Relâmpagos de ouro logo se juntaram ao som do trovão sobre a estrada entre a casa de sua família em Tupelo e o conjunto residencial Shake Rag, ocupado por residentes negros, que superavam os desafios diários com um som constante de rhythm and blues. Para esse menino prestes a entrar na adolescência, suas breves saídas para Shake Rag ofereciam um refúgio da realidade entediante, como uma terra de Oz privada, com música alienígena. As profanidades gritadas em *juke joints*[5] esfumaçados e as vozes lubrificadas por licor de cantores em varandas, cantando sobre tudo de ruim que lhes aconteceria desde que saíram da cama. Elvis viu e ouviu tudo aquilo que não entrava na cabeça de pessoas cegas e ensurdecidas pela cor da pele alheia. Ele percebeu que aquele som diferente de Shake

5 O termo *juke joint* se refere a estabelecimentos informais para música, dança, jogos e bebidas, geralmente operados e frequentados por afro-americanos nos Estados Unidos. [N.T.]

Rag era a mesma tempestade primitiva que Beethoven havia liberado um século antes — agora, em pleno delta do Mississippi, durante o calor pós--guerra, surgia o som que configurou o metrônomo para o resto de sua vida. O gênio de Beethoven foi necessário para inventar o rock 'n' roll, mas foi a voz de Elvis que finalmente assinou sua certidão de nascimento.

Seguindo a sua vocação de primeiro superstar do rock 'n' roll, o Elvis adolescente entendeu que era seu dever se destacar da multidão — na música pop, a qualidade das canções era tão importante quanto as calças. No caso dele, calças pretas folgadas com um traço rosa na lateral. Quando sua família se mudou para Memphis, ele foi tentado por ternos zoot, calças cor-de-rosa, camisas largas, sapatos de camurça brancos, costeletas, topetes pompadour e cortes de cabelo *ducktail*, como usavam os homens negros mais elegantes de Beale Street. Elvis, o primeiro grande astro estiloso do pop, reconstruiu seu vestuário de forma apropriada. Nos corredores da Humes High School, ele era o único jovem vestindo rosa, com seu topete pompadour, andando em meio a um mar de cabelos curtos e olhares de reprovação. Até sua forma de andar chamava atenção. "Parecia que ele estava prestes a sacar uma arma", lembrou um de seus amigos da escola. "Era esquisito." Então, Elvis enganou a sociedade careta com sua estranheza de quadris, lábios, algodão e brilhantina obscurecendo as linhas entre preto e branco, macho e fêmea.

"Eu não soo como ninguém."

Foi isso que Elvis, aos 18 anos, disse a Marion Keisker, gerente do Memphis Recording Service, quando chegou à sua recepção, no número 706 da Union Avenue, numa úmida tarde de sábado de 18 de julho de 1953. O estúdio também era a central da Sun Records, o novo empreendimento de Sam Phillips, famoso produtor de R&B que oferecia ao público a chance de gravar um disco de 78 rpm em acetato por apenas quatro dólares. Seu slogan: "Gravamos qualquer coisa, em qualquer lugar, a qualquer hora".

Reza a lenda do rock que Elvis foi até lá para gravar um disco de presente para o aniversário de sua mãe — embora ainda faltassem dez meses para a data. Provavelmente o que ele queria era se ouvir numa gravação. Após Keisker o colocar na frente do microfone, Elvis começou a tocar o mesmo violão que carregava desde os 11 anos e, então, cantou: *Whether skies are grey or blue, any place on Earth will do* (*Seja o céu cinzento ou azul, qualquer lugar na Terra serve*). Elvis estava certo. Ele não soava como ninguém. Não deste planeta.

As duas músicas que Elvis gravou naquele dia, "My Happiness" e "That's When your Heartaches Begin", eram baladas. Keisker ficou com uma cópia das músicas e fez uma anotação no registro do estúdio: "Bom cantor de baladas. Guardar". Na segunda-feira seguinte, Elvis voltou ao seu trabalho, cortando metal numa oficina de maquinista, e esperou. E esperou.

Enquanto o destino deixava Elvis aguardando, Sam Phillips continuava sendo um gênio instintivo para garimpar o ouro negro do R&B nos primeiros singles da Sun: Rufus Thomas ("Bear Cat", "Tiger Man"); Little Junior Parker ("Feelin' Good", "Mystery Train"); e o conjunto de presidiários da Tennessee State Penitentiary, chamado The Prisonaires ("Just Walkin' in the Rain"). Só de vez em quando é que seu toque de Midas não funcionava. No começo de 1954, ele apostou no cantor branco de country Doug Poindexter e sua música ao estilo Hank Williams, "Now She Cares no More". O disco foi um fracasso, mas surgiu uma fagulha de potencial no coautor da canção, Scotty Moore, guitarrista da banda que apoiava Poindexter, a The Starlite Wranglers. Phillips sentiu que Moore queria criar músicas novas. Moore sentiu que Phillips tinha uma ambição com a Sun de acabar com as barreiras raciais da indústria fonográfica norte-americana do início da década de 1950. Phillips supostamente confidenciou a Keisker: "Se eu achasse um homem branco com o som e o jeito de um *negro*, eu ganharia um bilhão de dólares".

Foi uma discussão dessas num sábado, 3 de julho de 1954 — 19 anos antes da morte de Ziggy Stardust —, que fez Keisker lembrar Phillips do "bom cantor de baladas" com cabelo incomum, que já tinha tentado entrar para a gravadora três vezes, sem sucesso. Moore ficou intrigado e perguntou a Keisker se ela ainda tinha seus dados. Tinha, mas havia escrito o nome dele errado. "Elvis Pressley." Moore riu. "Parece nome de ficção científica."

Phillips ainda não conseguia decidir. Ele percebeu que "tinha algo especial" na voz do jovem Presley, mas não sabia exatamente onde a colocar. Talvez, como Keisker sugeriu, Moore poderia ajudá-lo a encontrar a resposta. Nas primeiras horas da terça-feira, 6 de julho, ele encontrou.

Moore tinha ligado para Elvis, convidando-o para se juntar a ele e Bill Black, baixista dos Starlite Wranglers, num ensaio de teste no estúdio de Phillips, agendado para segunda-feira, 5 de julho, às 7h da noite. Tiveram dificuldade para encontrar uma música que os três conhecessem. Escolheram "I Love You Because", balada country de Ernest Tubbs, e a tocaram por horas, porém sem impressionar Phillips, que ouvia da sala de controle. Perto da meia-noite, o trio fez uma pausa, pensando se deveriam encerrar as atividades e voltar no dia seguinte. Até que Elvis ficou de pé com seu violão e começou a cantar...

A MAIS DE 6 MIL KM DE DISTÂNCIA, o sol já tinha nascido sobre Clarence Road, em Bromley, para onde David Jones e sua família tinham se mudado. Talvez, naquele exato momento, o menino de sete anos tenha se mexido na cama e aberto os olhos — no exato momento em que Elvis abriu sua boca. Os dois filhos de 8 de janeiro, acordando a meio mundo de distância, um fisicamente, outro espiritualmente.

Em Bromley, David Jones bocejou.

Em Memphis, Elvis cantou.

Well, that's all right, mama...

O CÉREBRO DE PHILLIPS PRATICAMENTE pegava fogo de tão impressionado. O menino branco das baladas estava cantando uma de suas músicas favoritas dos *juke joints*, "That's All Right", de Arthur "Big Boy" Crudup. Gravada em 1946, tinha sido recentemente relançada como um dos primeiros singles num formato novo: 45 rpm, o vinil compacto de sete polegadas, o recipiente sagrado da perfeição pop, marcando a morte dos discos de goma-laca de 78 rpm, que já tinham carregado os sons de Holst e Hoagy Carmichael. O disco compacto foi lançado no início de 1949 pela gravadora RCA Victor, cuja marca registrada era um relâmpago na ponta da letra "A" de seu nome. Para distinguir o disco de Crudup da série genérica "blues and rhythm" da companhia, ele foi prensado em um vinil colorido, com a cor "cerise", que mais parecia um "vermelho pegando fogo".

Quando Elvis começou a cantar "That's All Right", Moore e Black o seguiram e tocaram juntos. Phillips pediu que parassem, pois queria ligar os microfones e gravar apropriadamente. Algumas tomadas depois, eles ouviram o que tinham feito. Ninguém sabia exatamente o que estavam escutando, apenas sabiam que era "diferente", "excitante", "cru" e "rasgado". Era um rapaz branco cantando o blues dos negros, apoiado por um guitarrista do country e as batidas rítmicas de um baixo. Um coquetel racial tão audacioso para 1954 que Moore brincou, nervoso: "Vão nos expulsar da cidade". Na noite seguinte, a inspiração divina os atingiu novamente, dessa vez acelerando uma versão negra ao estilo R&B de uma música country branca — "Blue Moon of Kentucky", de Bill Monroe. Phillips ficou eufórico. "Nossa, isso é *diferente*. É uma *música pop*!"

Sun Records, lançamento 209. "That's All Right"/"Blue Moon of Kentucky". Por "Elvis Presley, Scotty e Bill". O *big bang* da singularidade que o século 20 viria a conhecer como rock 'n' roll.

Em Memphis, a fama de Elvis foi imediata. Três noites após a gravação espontânea de "That's All Right", um DJ da rádio local chamado "Daddy-O" Phillips estava tocando repetidamente um acetato de pré-lançamento, gerando tantos pedidos que ele convidou Elvis à estação para sua primeira entrevista ao vivo. Os ouvintes incrédulos da rádio *WHBQ* perceberam que a voz que eles ouviam era de um rapaz branco.

O trio voltou para a Sun no mês seguinte, e Elvis revelou um pouco mais de sua proeza vocal de outro mundo com a gravação de "Blue Moon", de Rodgers e Hart: distorcida por sua laringe sobrenatural, virou um sinal de alerta humano, atravessando as profundezas do cosmos, um calafrio congelante de solidão, implorando por um abraço alienígena, alguém que dissesse "Você não está sozinho". Nos shows, Scotty Moore e Bill Black passaram a ser os "Blue Moon Boys". Para as plateias sulistas que os viram pela primeira vez no verão de 1954, eles poderiam muito bem ter vindo do espaço. Não era só a música, que ainda pulava por um campo minado inclassificável de "raça" e "folk", "blues" e "pop". Era o espetáculo de Elvis, mexendo seus joelhos e o quadril, exibindo seu topete, fazendo caras e bocas, cantando "mama", causando tremor com seu corpo e suas calças.

A visão chocante de Elvis Presley, o corpo, gerou uma pane evolucionária. Uma completa deserção dos sentidos femininos. Um barbarismo adolescente benigno. Uma transfixação sexual até então nunca vista. Um desejo insaciável de celebrar a vida, o agora. Após Elvis, a via expressa do Starman para a humanidade ficou óbvia. Não era o teatro nem a sinfonia, a literatura, a poesia, a pintura ou o cinema. Apenas a música pop. Alta, gritante, arrebentando assentos, fervendo ventres, quebrando costelas, dissolvendo corações. Música pop em seu êxtase inescrutável.

Em maio de 1955, o êxtase de Elvis virou anarquia quando a plateia do Gator Bowl, em Jacksonville, Flórida, começou um tumulto violento. E foi culpa dele. "Garotas", anunciou, "vejo todas vocês no meu camarim depois." A maioria das 14 mil criaturas histéricas levou o convite a sério. Quando ele finalmente conseguiu se proteger com uma barricada no seu camarim, elas já tinham rasgado pedaços de sua jaqueta e sua camisa, além de ter removido completamente seu cinto, suas botas e meias. Mesmo protegido por três policiais, as garotas continuavam a aparecer por uma janela, como uma praga de zumbis. Quando Elvis enfim escapou, encontrou seu carro compreensivelmente vandalizado pelas cicatrizes do desejo: nomes e números de telefone riscados na lataria, e o para-brisas coberto por uma camada grossa de batom. Essas coisas aconteciam na Flórida. Um estado na América. Um restaurante acima de um cinema em Tunbridge Wells. Onde quadris levam jovens a fazer arruaça. Onde genes estrelados colidem.

E onde a música pop floresce do desespero.

A manchete no jornal *The Miami Herald* dizia: "VOCÊ CONHECE ESTE HOMEM?". A foto que a acompanhava era de um cadáver. Ele tinha pulado da janela de seu quarto de hotel após deliberadamente destruir todos os meios de identificá-lo. A única pista que deixou foi um bilhete manuscrito: "*I walk a lonely street*" ("Eu ando por uma rua solitária").

A história chamou a atenção de Tommy Durden, um cantor e compositor de Gainesville, que viu nessa "rua solitária" o núcleo de, como ele descreveu, "um bom blues". Durden levou a ideia à sua amiga Mae Axton, uma compositora de country em Jacksonville que havia presenciado o tumulto no Gator Bowl. Ela estava no camarim com o Coronel Tom Parker, o empresário que logo levaria a carreira de Elvis a um nível inédito e agonizante de exploração. Durden e Axton precisaram de menos de meia hora para criar "Heartbreak Hotel".

Sam Phillips sempre tinha imaginado um valor de um bilhão de dólares para um homem branco que tivesse "o som e o jeito de um negro". Quando finalmente o encontrou, ele o vendeu por 35 mil dólares, mais um extra de 5 mil em *royalties*. Após cinco discos com a Sun, Elvis foi comprado pela RCA Victor, a gravadora que criou o single de 45 rpm, a terra prometida de Ziggy Stardust.

Sua estreia na RCA faria pela América e pelo ocidente o que "That's All Right" já havia feito por Memphis e pelo sul dos EUA. O *big bang* já tinha acontecido na Sun — porém, para os olhos e ouvidos do resto do mundo, o rock 'n' roll só nasceu mesmo em janeiro de 1956, com os cantos eróticos de "baby" por uma voz cheia de desejo, com 21 anos, tão solitária que poderia morrer. RCA Victor 47-6420. "Heartbreak Hotel", por Elvis Presley.

Rock 'n' roll nascido do suicídio.

Do outro lado do Atlântico, a Inglaterra já estava sem racionamento, governada por Anthony Eden, Jimmy Porter e o fantasma de Ruth Ellis. O país tentava encontrar suas próprias aventuras rítmicas. Naquele momento, ainda precisava se contentar com os sopros cobertos por surdinas do jazz tradicional; o ricochete de tábuas de lavar roupa do *skiffle*[6]; e a voz de Bill Haley, um ex-cantor country dos EUA, de 30 anos, com um terno xadrez, gravata-borboleta e uma mecha *kiss-curl* sobre seu rosto. Tecnicamente, "Rock Around the Clock" era, de acordo com sua gravadora, uma música de "foxtrote". Entretanto, quando Haley & his Comets a levaram à primeira posição das paradas em novembro de 1955, botaram um dilúvio de cimento nos alicerces do rock 'n' roll. Em abril de 1956, Lionel Crane, jornalista exagerado do *Daily Mirror*, avisou seus leitores que outro "Ídolo da Era do Rock" estava rapidamente se direcionando ao seu continente. "Acabei de escapar de um furacão chamado Elvis Presley!" A perfeição de "Heartbreak Hotel" explodiu nas paradas britânicas semanas depois. O alienígena havia pousado — não de Marte, mas de Memphis. A Inglaterra se rendeu na hora.

6 *Skiffle* era um tipo de música influenciada por jazz e folk, bem popular entre os jovens ingleses na década de 1950. Uma de suas particularidades era o uso de instrumentos improvisados, como garrafas, cabos de vassouras e tábuas de lavar roupa. [N.E.]

Enquanto os leitores do *Mirror* se preparavam para o Furacão Pelvis e o hino de Lonely Street, uma dupla de empresários australianos alugou um café-bar de dois andares na Old Compton Street de Londres. Eles mantiveram o nome de seus donos anteriores, dois irmãos de sobrenome Irani: "The 2 I's". Mais barato que a maioria dos concorrentes produtores de expressos no Soho, o The 2 I's começou a atrair adolescentes desocupados, que procuravam um local escondido, no subsolo, para tomar uma Coca-Cola, bater os pés no chão de fórmica ao som do mais recente sucesso de *skiffle* ou rock 'n' roll na jukebox e, às vezes, tocar um violão e cantar, distorcendo suas vogais britânicas o melhor possível para pegar aquele sotaque de caipira norte-americano.

Entre esses jovens, estava um menino de 19 anos, de Bermondsey, recém-saído da Marinha, onde tinha sido hipnotizado por uma das primeiras aparições de Elvis na TV norte-americana, enquanto estava embarcado em Nova York. Tommy Hicks não parecia ser do rock 'n' roll — tinha o visual de uma criança pobre de um romance de Dickens. Um pouco de cabelo sobre uma cara sorridente e encantadora, sempre disposta a falar "*gor blimey*!"[7]. Todavia, na atmosfera do 2 I's, que facilmente se impressionava, a forma com que Hicks tentou imitar o som de Memphis gerou admiração entre seus companheiros jovens.

Em setembro, Hicks já havia sido capturado do 2 I's pela gravadora Deca Records, teve seu nome mudado para Tommy Steele e foi até o estúdio em West Hampstead para gravar seu single de estreia, "Rock with the Caveman". Provavelmente uma tese darwiniana concisa sobre as origens primitivas do rock 'n' roll: *The British museum's got my head/Most unfortunate 'cause I ain't dead* (*O museu britânico está com minha cabeça/uma pena, porque não estou morto*).

7 Forma coloquial de dizer algo como "Deus me livre!". [N.T.]

Ou, possivelmente, não era nada disso. De qualquer forma, Steele alcançou o top 20. O primeiro astro do rock 'n' roll britânico. "O Elvis Presley inglês."

Seu sucesso repentino exigia rapidamente um segundo single. Steele fez "Doomsday Rock" às pressas, uma bobagem arbitrária sobre o fim do mundo; uma versão crua, em miniatura, de "Five Years", do Ziggy. O single foi um fracasso, mas Steele não tinha mais como ser impedido, fechando 1956 como a atração principal de um show de variedades que rodou o país inteiro, incluindo "os comediantes loucos da televisão", Mike e Bernie Winters, e um "mago galês dos teclados" chamado "Thunderclap" Jones. No começo de dezembro, o trovão deste último nome encontrou um raio quando a turnê passou alguns dias no Finsbury Park Empire, em Londres. Na plateia de seu fim de semana de encerramento estava David Jones, de Bromley, aos nove anos de idade. Ele foi à apresentação com seu pai e a prima de 14 anos, Kristina. Foi o primeiro show de rock do garoto. Uma premonição de uma lenda futura, a imagem e o som de coisas que estavam por vir. Um espelho na forma de Tommy Hicks, um garoto de Londres, ao sul do rio, que também mudou seu nome, se reinventou e renasceu como um deus adolescente.

Steele tocou algumas composições originais, mas a maioria do seu show de 25 minutos foi composto de versões dos pioneiros norte-americanos do rock 'n' roll. Seu único sucesso a chegar na primeira posição veio no ano novo, tirando "Singing the Blues", de Guy Mitchell, originário de Detroit, do topo das paradas britânicas, com sua própria versão da canção. "Talvez, algum dia, Tommy cante músicas tão inglesas quanto o sotaque com o qual ele fala, ou quanto seu sorriso", refletiu o jornalista Colin MacInnes, que logo seria autor do romance *Absolute Beginners.* "Se isso acontecer, ouviremos de novo, pela primeira vez desde o declínio dos *music halls*, músicas que falam sobre nosso próprio mundo."

Músicas sobre nosso mundo, e possivelmente outras, eletrificaram a mente de David Jones enquanto ele saía do Finsbury Park naquela noite. Seu pai, o sonhador do Boop-A-Doop de anos passados, conseguiu levar a família aos bastidores, onde David pegou a assinatura de Steele em seu caderno de autógrafos. Voltando a Bromley, ele conversou com sua prima sobre suas músicas favoritas de Steele. David amava aquela sobre o cão de caça. Kristina contou que era uma música de Elvis Presley. Ela tinha o disco.

Voltando à casa da família Jones, David observou, enfeitiçado, Kristina tocar para ele sua cópia de "Hound Dog", enquanto se remexia ao ritmo da música. Ele nunca tinha visto a garota tão possuída fisicamente. E nem tinha como culpá-la. A bateria de pelotão de fuzilamento. O solo de guitarra afiado como uma navalha. E aquela voz, um rugido selvagem, uma tempestade de sexo. "Aquilo me impressionou mesmo", ele lembrou. "O poder da música."

Como a alquimia de "Shazam!" transformando Billy Batson no Capitão Marvel. Ou Elvis Presley no Memphis Flash. Ou Tommy Hicks em Tommy Steele. "O poder da música." Numa noite de inverno em 1956, em Bromley, o jovem de nove anos David Jones ouviu o chamado do destino pela primeira vez, dizendo-lhe para se tornar Ziggy Stardust.

NOVE
O MEDO

Nos primeiros meses de 1956, Elvis se contorcia em TVs americanas, a caminho de sua imortalidade. Enquanto isso, em Memphis, Sam Phillips, agora 40 mil dólares mais rico, olhava para o futuro, precisando com urgência de um substituto para expandir seu império da Sun Records. A esperança prosperou em dois artistas recentemente contratados: o caipira Carl Perkins e o durão perturbador de cadeias Johnny Cash. Isso sem falar do fluxo constante de jovens inocentes que batiam à porta da Sun acreditando ser "o próximo Elvis".

Entre eles, estava um jovem de 20 anos, que tinha largado sua escola cristã e gostava de destruir pianos, chamado Jerry Lee Lewis. Seu pai, um fazendeiro pobre de Ferriday, Louisiana, vendeu cerca de 400 ovos do galinheiro da família, para juntar dinheiro para uma viagem de quase 500 km a Memphis. Chegando na Sun sem horário marcado, sua esperança foi arruinada ao descobrir que o lendário Phillips não estava na cidade. Para não perder a viagem, Lewis gravou uma fita teste para o produtor Jack Clement, por via das dúvidas, cantando "tudo" o que ele podia lembrar. Blues, gospel e uma música popular sobre um crepúsculo roxo chamada "Stardust".

Clement gostou de Lewis, mas o mandou embora e pediu ao rapaz para voltar com uma composição original de rock 'n' roll. Um mês depois, ele retornou e juntou-se ao elenco da Sun como um astro — Jerry Lee Lewis & his Pumping Piano — e como o pianista de sessões da gravadora, emprestando seu fogo distinto para Perkins, Cash e um disco inovador do compositor recluso de Indiana, Ray Scott. Alguns anos antes, Scott estava em um cinema *drive-in* quando percebeu um objeto estranho, "aceso, no formato de um charuto", voando rapidamente sobre o horizonte — história que alimentou uma canção sobre "homenzinhos verdes" pousando na Terra em um óvni para ensinar os humanos a dançar: *They were three-foot high, hit a few bars/Started rock and roll all the way from Mars* (*Eles tinham um metro e meio de altura, tocaram um pouco/Começaram o rock and roll lá de Marte*). A gravadora Sun passou a demo de Scott para o caminhoneiro (e vocalista) Billy Lee Riley, nascido no Arkansas, que logo deu um formato rockabilly à canção, acrescentando ao conceito o nome de sua banda de apoio, Little Green Men, e vestindo ternos de baeta verde no palco.

E foi assim que, em fevereiro de 1957, 15 anos antes de Ziggy, os elementos de música pop e visitantes do espaço sideral foram fundidos na gravação 260 da Sun Records. Billy Riley & his Little Green Men. "Flyin' Saucers Rock & Roll."

QUANDO DAVID JONES NASCEU, em 8 de janeiro de 1947, o termo *flying saucer*[8] ainda não existia. Surgiria apenas seis meses depois. O piloto norte-americano Kenneth Arnold, de 32 anos, relatou ter visto diversos objetos "de aparência peculiar" voando sobre o Mount Rainier, ao sul de Seattle, Washington. Na tarde de 24 de junho, Arnold estava sozinho em

8 Em tradução literal, *flying saucer* é um "pires voador". No Brasil, o termo mais comumente utilizado é "disco voador". [N.T.]

um avião de dois assentos quando viu nove objetos voadores não identificados, numa configuração em formato de cunha, todos aparentemente sem caudas, passando pelo céu com uma velocidade assustadoramente alta. Quando depôs para o FBI e para repórteres sobre o incidente, Arnold descreveu os objetos como "semelhantes a discos". A imprensa simplificou o nome para as manchetes, e então nasceu o "disco voador".

Apenas duas semanas após o ocorrido com Arnold, em 8 de julho, a primeira página do *Roswell Daily Record*, do Novo México, dizia: "RAAF CAPTURA DISCO VOADOR EM RANCHO DA REGIÃO DE ROSWELL". Uma declaração oficial do departamento de inteligência do Roswell Army Air Field (Segmento Aéreo do Exército de Roswell) anunciou que eles haviam "obtido posse de um disco voador" caído sobre um rancho da área. De acordo com o jornal, "nenhum detalhe da estrutura ou da aparência do disco foi revelado". No dia seguinte, o mesmo jornal relatou que tudo havia sido um alarme falso — o "disco" era, na verdade, um balão meteorológico. Mesmo assim, as sementes da conspiração de óvnis mais famosa do século já estavam plantadas: o Exército dos EUA teria recuperado uma nave interplanetária com seus tripulantes. Acreditavam que, exatamente seis meses após David Bowie nascer, em Brixton, um verdadeiro Starman caíra sobre a Terra, num rancho em Roswell, Novo México.

Boatos envolvendo discos voadores eram sintoma de um período que já sentia os efeitos do início da Guerra Fria, bem como o choque e o temor em relação ao poder atômico. Uma era mais do que pronta para reacender o pânico iniciado por Welles, por meio de Wells, havia menos de dez anos. Os primeiros sustos com a paranoia de invasão na imprensa levaram a filmes histéricos de baixo orçamento, gravados em *sets* de filmagem de Hollywood no início da década de 1950. Entre os primeiros e melhores filmes de discos voadores estava *O dia em que a Terra parou*, um apelo político por pacifismo global antinuclear, mascarado como um drama de ficção científica. Klaatu, um alienígena humanoide, e seu robô de quatro metros de altura, chamado Gort, chegam a Washington, D.C., num gigante disco voador prateado. Ao desembarcar, Klaatu anuncia: “Viemos te visitar, em paz”, mas logo recebe tiros da Guarda Nacional. Ele sobrevive, escapando da custódia do governo, e volta ao seu planeta após dar um aviso austero à humanidade: caso não parem de progredir em direção a uma guerra atômica, serão destruídos por sua polícia espacial.

Klaatu, um missionário extraterrestre benigno que tenta salvar a Terra de si própria, era uma espécie de Ziggy em forma bruta. Interpretado pelo ator Michael Rennie, tinha um par fabuloso de maçãs do rosto, quase tão felinas quanto as de Bowie. O filme também era uma das exceções à regra das ficções científicas hollywoodianas da década de 1950, que geralmente continham um ataque infinito de monstros pegajosos interplanetários querendo dominar o mundo — o clima perfeito para a versão cinematográfica de *A guerra dos mundos*, do produtor George Pal, em 1953, na qual marcianos atacavam uma América que temia os comunistas, enquanto os trípodes de Wells eram trocados por discos voadores em formato de arraia.

Na Inglaterra, o primeiro-ministro Winston Churchill, velho amigo de Wells, ficava cada vez mais agitado por histórias recorrentes de óvnis na imprensa. Ele já estava ciente do fenômeno desde 1944, quando, durante os últimos meses da guerra, um piloto da Força Aérea Real registrou o primeiro relatório militar oficial de um disco metálico voador. Assim como ocorreria com todos os avistamentos militares futuros, Churchill ordenou silêncio oficial sobre o assunto, por medo de desestabilizar o moral nacional, ainda em clima de vitória. No entanto, em 1952, quando o filme hollywoodiano de baixo orçamento *Voo para Marte* chegou aos cinemas britânicos, novos relatórios de óvnis sobre a Casa Branca já atravessavam o Atlântico para a imprensa britânica. A inquietude de Winston com o tema foi séria o bastante para ele contatar o seu Ministério do Ar: “O que é esse monte de coisas sobre discos voadores?”, exigiu saber. “O que pode significar? O que é verdade?”

O ministério lhe garantiu que um relatório de inteligência completo já tinha sido feito e que "todos os incidentes relatados podiam ser explicados". Mas nem todos podiam. No verão de 1956, meses após Churchill se aposentar, um incidente ocorreu no espaço aéreo britânico e mudou para sempre a posição do Ministério da Defesa sobre discos voadores.

Segunda-feira, 13 de agosto. Em Bromley, David Jones, aos nove anos, aproveitava suas férias escolares. Na América, o incontrolável Elvis Presley cantava e dançava a caminho de seu terceiro sucesso na primeira posição, com "Hound Dog". Em Londres, Tommy Hicks ainda cantava para sua pequena plateia no Soho, no porão do 2 I's. Em Hammersmith, o projetor do Gaumont Palace mostrava a história de *Jedda*, a garota aborígene "tão selvagem quanto a terra que ela amava". E, logo após as 5h da tarde, na sala de controle de tráfico aéreo da Força Aérea Real em Lakenheath, Suffolk, o sargento técnico Forrest Perkins iniciava seu turno da noite como supervisor.

Com o passar das horas, Perkins atendeu uma ligação de outra base da Força Aérea, em Norfolk, avisando que havia um objeto misterioso indo em sua direção, tão extraordinariamente rápido que foi apenas descrito como "um borrão de luz". Logo, o objeto apareceu no radar de Lakenheath. Perkins monitorou seu comportamento estranho pelos 30 minutos seguintes: um ponto estático por períodos de cinco minutos; depois se movia em linhas retas, a constantes 1 mil km/h; aí parava por alguns minutos e voltava a se mexer. Os mesmos movimentos foram rastreados por bases próximas, em Bentwaters e Neatishead. Ao avaliar o risco apresentado pelo óvni, tomaram a decisão de enviar, de improviso, um avião de combate modelo "de Havilland Venom" para tentar interceptá-lo.

Perkins guiou o Venom até o objeto, parado no momento. A 800 metros do contato, o piloto se comunicou por rádio: "Minhas armas estão miradas nele". Segundos depois, o radar de Lakenheath mostrou que o óvni tinha misteriosamente se transportado para trás do Venom e, agora, seguia o avião — nas palavras de Perkins, era "como se estivesse colado nele". O piloto passou os dez minutos seguintes tentando, em vão, se livrar do objeto não identificado na sua cola, usando uma série de mergulhos e *loops*. Perkins relatou que, pelo tom do piloto no rádio, dava para perceber que ele "estava ficando preocupado, entusiasmado e com certo medo".

Com combustível baixo, o piloto anunciou no rádio que precisava voltar à base. Perkins o observou no radar de Lakenheath, seguido de perto pelo óvni por alguns quilômetros, até que este parou, voltando à sua posição estática. "Vi algo", disse o piloto, "mas não tenho a menor ideia do que era".

O envio de um segundo avião de combate foi improvisado para tentar interceptar o óvni. Antes de ter uma chance de se aproximar do alvo, o motor do avião inexplicavelmente começou a ter problemas. O segundo piloto também foi forçado a voltar à base. Minutos depois, o objeto saiu do alcance do radar e não foi mais visto

No dia seguinte, oficiais de alto nível do Ministério da Defesa foram, preocupados, até as bases da Força Aérea, questionando os pilotos, a equipe e os técnicos de radar envolvidos, lembrando-os de sua obrigação de silêncio absoluto por 30 anos, conforme o Official Secrets Act (Ato de Segredos Oficiais). Livros de registro foram extraídos do local, analisados por peritos e nunca mais vistos. Documentos relevantes foram "acidentalmente destruídos". Havia uma câmera montada sobre a arma do primeiro Venom — o seu vídeo, de baixa qualidade, foi removido e enviado ao quartel-general do Ministério da Defesa, em Whitehall. Outro artefato que desapareceu.

Em 1966, dez anos após o "Incidente de Lakenheath-Bentwaters" — seu nome oficial nos anais da ufologia —, o físico norte-americano Dr. Edward Condon, da Universidade do Colorado, notoriamente cético quanto a discos voadores, aceitou o pedido do governo dos EUA para realizar um relatório científico detalhado sobre o fenômeno óvni, examinando diversos casos, de todo o mundo. Por motivos de segurança, os nomes de locais foram modificados, e Lakenheath virou "Greenwich". O comitê de Condon analisou todos os dados, incluindo o depoimento de Perkins. A conclusão do documento, publicado em 1969 como *Estudo científico dos objetos voadores não identificados*, foi o trecho mais espetacular de seu relatório, que majoritariamente dispensava os relatos de óvnis. "Embora explicações convencionais ou naturais não possam ser descartadas, a probabilidade disso parece ser baixa nesse caso, enquanto a perspectiva de haver pelo menos um verdadeiro óvni parece ser relativamente alta", Condon escreveu.

As pessoas que viveram para falar dos eventos de 13 de agosto de 1956, após qualquer embargo estipulado pelo Ministério da Defesa, não tinham dúvidas de que, em Lakenheath, Condon tinha razão. Pelo menos um verdadeiro óvni. "Desde aquele dia, nenhuma aeronave foi capaz de exibir a mesma forma de voo que aquele objeto", protestou o tenente de voo Freddie Wimbledon, controlador-chefe naquela noite na base da Força Aérea Real em Neatishead. Ele concluiu: "Somos tão arrogantes a ponto de achar que somos a única forma de vida inteligente no espaço?".

Na manhã de 14 de agosto de 1956, poucas horas depois de um ponto inexplicável desaparecer da tela de um radar em Lakenheath, David Jones acordou em Bromley; um garoto de nove anos que, em poucos meses, teria seus sentidos irreversivelmente ofuscados pela luz diabólica do rock 'n' roll. No momento, ainda não sabia nada sobre Tommy Steele ou Elvis Presley. E, como o restante do povo britânico, não viu nada na imprensa sobre o borrão de luz não identificado que assustou e confundiu as maiores mentes da Força Aérea Real, a 160 km de distância, sobre East Anglia, enquanto ele dormia.

O Starman só apareceria dali a 16 anos. O menino David ainda precisava montá-lo. Mas o governo de Vossa Majestade já estava pronto. Eles sabiam de algo, e o menino, não. Sabiam que, a partir de 13 de agosto de 1956, Ziggy Stardust poderia pousar a qualquer momento.

DEZ
O PROFESSOR

David Jones não era como os outros garotos. Os meninos da sua idade brincavam de caubóis e indígenas e seguiam as aventuras de *Dan Dare, Pilot of the Future* nas revistas em quadrinhos da Eagle. Os meninos da sua idade não anunciavam, repentinamente, "acho que estou morrendo" e se deitavam, imóveis, por horas, tentando convencer seus pais de um *rigor mortis*. Os meninos da sua idade não tinham humor melodramático. Não eram misteriosos. Não eram, segundo o próprio David adulto, "levemente cafonas". Não eram nada como o messias alienígena do pop em hibernação.

Até o seu gosto musical era, a princípio, uma exceção à regra. Antes de descobrir o rock 'n' roll, sua mãe o encorajava a fazer o ritual nacional do almoço de domingo, ouvindo *Family Favourites*, da BBC Light Programme. Aromas de cozinha passavam pela mobília aos sons de "With a Song in my Heart" e aos tons cristalinos e confortantes de Jean Metcalfe, a queridinha do Exército. Mas os ouvidos de David não se interessavam pelo conforto — eles queriam incômodo. Estranheza musical. Escondidos nessa arca moralmente casta e aparentemente segura de sons agradáveis, estavam os cavalos troianos de música cósmica dançante. As Notas Esquisitas. O tipo de nota que penetrava a melodia de "Inchworm" e "Tubby the Tuba", de Danny Kaye, ou então a preferida de sua mãe, "O, For the Wings of a Dove", a ária de Mendelssohn, interpretada pelo famoso jovem soprano Master Ernest Lough. Notas que não viajavam em linha reta, mas ziguezagueavam, como se saíssem de seu caminho pretendido. Eram os sons estranhos da infância de David Jones. Daí vieram as visões, ainda mais esquisitas.

Na terça-feira, 2 de junho de 1953, pouco antes de Elvis Presley chegar às portas do Memphis Recording Services e tirar o mundo de seu eixo, cerca de 20 milhões de ingleses passaram boa parte de seu dia olhando para uma pequena janela elíptica dentro de uma caixa de madeira, observando uma nova dimensão de majestade monocromática. Devido, em boa parte, à antecipação pública pelo evento, o espetáculo da coroação da rainha Elizabeth II gerou a compra de mais de um milhão de televisões para salas de estar de casas britânicas, um item que, até então, era um luxo para a classe média.

Um desses monolitos catódicos pousou na sala dos Jones, que agora moravam em Bickley, ao sul de Bromley. Como outras milhões de famílias que sucumbiram à febre da coroação, nas semanas seguintes ao evento, os Jones se ajustaram à vida com seu novo invasor caro no canto da sala de estar. Nos dias de semana, às 4h da tarde, era hora de *Watch with Mother*, com as aventuras de Andy Pandy e, o favorito de David, The Flowerpot Men. À noite, conversas políticas sérias apareciam no *The Voice of the People*, e David Attenborough apresentava a história natural de modo informativo em *Animal Patterns.* Sábados eram dedicados aos esportes, até a hora do chá, com *Children's Hour*, estrelando Sooty e Sweep. Às 8h15 da noite de sábado, o novo seriado de suspense, chamado *The Quartermass Experiment.*

Com apenas seis anos de idade, David já deveria estar na cama quando esse programa começava. Exceto que, de acordo com suas declarações posteriores, talvez, naquele primeiro sábado, ele tenha silenciosamente descido as escadas, na ponta dos pés, e assistido ao programa por trás do sofá sem seus pais notarem. Seus ouvidos, já captando as escalas da esquisitice, teriam se derretido ao som da música de abertura. E sua mente jovem teria se inchado com fascínio ao ver a história se desenrolar, contando sobre o primeiro voo com tripulação humana ao espaço sideral e uma falha inexplicável que derrubara a nave sobre uma rua residencial, similar à sua própria, no sul de Londres, restando apenas um de seus três tripulantes vivos.

Se isso, de fato, aconteceu, então às 8h50 da noite, em Bromley, o garoto David voltaria à sua cama, "duro de medo", perturbado por tudo que tinha visto e ouvido — um cientista chamado Quartermass, coisas estranhas caindo do espaço nos subúrbios de Londres, repórteres falando sobre "incidentes de discos voadores", pessoas com placas declarando o fim do mundo e o ataque de amortecer os sentidos que era a música-tema. Simultaneamente, em Memphis, onde era quase 3h da tarde, Elvis teria acabado de entrar no estúdio da Union Avenue 706, matando tempo na fila até poder falar com a gerente Marion Keisker: "Eu não soo como ninguém".

No sábado, 18 de julho de 1953, as estrelas se alinharam entre o Tennessee e Londres, quando os dois meninos de 8 de janeiro viraram suas respectivas esquinas. As estrelas se alinharam, bem como os planetas. A música marcada na cabeça de David pela abertura de *The Quartermass Experiment* era uma obra antiga de música clássica. Uma gravação recente da famosa suíte astrológica de Gustav Holst. Sua abertura Wellsiana furiosa: "Marte, o Mensageiro da Guerra".

O PRIMEIRO SERIADO *QUARTERMASS* era literalmente um experimento de mídia dramático, ainda tentando encontrar seu território no clima pós-guerra de "rádio com imagens", transmitido diretamente dos estúdios do Alexandra Palace. Um experimento muito parecido com o que foi descrito em seu prólogo narrado: "Uma operação concebida para descobrir alguma verdade desconhecida", que nasceu tanto por uma omissão administrativa quanto pela genialidade de seu criador ousado, Nigel Kneale.

Com todas as mãos da BBC preparando a programação ao redor da coroação, eles não perceberam que havia um buraco na grade de sábado à noite, por seis semanas, do meio de julho até o fim de agosto. Com extrema urgência, o chefe do departamento dramático pediu aos seus roteiristas para criar algo, "qualquer coisa!", para preencher o espaço em aberto. Por sorte, o departamento já havia contratado Kneale, um escritor de 31 anos, de Lancashire-Manx, ex-estudante da Academia Real de Arte Dramática e que já tinha publicado uma coletânea de contos premiada.

A resposta de Kneale veio na forma do projeto de ficção científica *Bring Something Back...!* Sua premissa ambiciosa de voos espaciais tripulados parecia um pouco exagerada para 1953 — ano em que os humanos haviam acabado de conquistar o topo do Monte Everest, mas não tinham lançado sequer um *frisbee* além da atmosfera da Terra. A BBC ficou igualmente entusiasmada e desesperada. Kneale recebeu permissão para desenvolver a série de seis partes, que logo teve uma mudança de título em função do nome dado ao cientista central, um professor respeitável cuja autoridade deveria incitar total confiança na plateia. Ele escolheu Bernard como seu prenome, em homenagem ao chefe do Jodrell Bank Observatory, o astrônomo Bernard Lovell. O sobrenome veio por acaso, enquanto folheava uma lista telefônica de Londres e viu o nome de uma mercearia da região leste. Quartermass.

O primeiro drama original de ficção científica na TV do Reino Unido, *The Quartermass Experiment* era único e desafiadoramente britânico. Resistindo à moda de armas de raios e discos voadores da Hollywood contemporânea, Kneale conseguiu captar um pouco da confusão do tipo "marcianos em Surrey" que H. G. Wells havia criado, misturada com uma dose generosa de *Frankenstein*, de Mary Shelley. O professor Bernard Quartermass é chefe do British Experimental Rocket Group (Grupo Britânico de Foguetes Experimentais), que lança três astronautas ao espaço, de uma base na Austrália. Em órbita, perdem contato com a torre de controle, que teme a possibilidade de a tripulação estar perdida para sempre. Para seu alívio, o foguete ressurge nas telas de radar, longe de onde deveria estar, caindo de volta à Terra. Ele desaba sobre uma rua residencial ao oeste de Wimbledon Common, onde Quartermass, a polícia e a imprensa curiosa aparecem para resgatar a equipe. Quartermass fica horrorizado ao descobrir que apenas um dos três pilotos sobreviveu — os demais desapareceram misteriosamente. A verdade horripilante é que os três pilotos foram unidos em apenas um ser por uma presença extraterrestre desconhecida, que gradualmente se transforma em um monstro espacial tenebroso e assassino.

H. G. Wells invocou uma invasão alienígena do nada, numa época que nenhum cientista era capaz de provar que tal ataque seria impossível; de forma similar, Kneale conseguiu, após meio século, demonstrar conceitos semelhantes de mistério cósmico e preencheu os espaços com terror. Só oito anos depois é que Yuri Gagarin seria o primeiro ser humano no espaço. No verão de 1953, ainda havia medo e preocupação científica legítima com o que poderia ocorrer com o corpo humano fora da atmosfera de nosso planeta.

Quartermass voltou às telas da TV em outubro de 1955. David agora já tinha oito anos, e sua família finalmente estava instalada no número quatro da Plaistow Grove, uma casa com dois andares e dois subsolos, próxima o suficiente dos trens que passavam pela estação Sundridge Park para fazê-la vibrar. Dois anos mais velho, dois anos mais misterioso, as memórias de David sobre *Quartermass II*, ainda vibrando com o terror de "Marte", de Holst, devem ter sido gravadas de forma ainda mais profunda em sua mente. Entre as duas séries, Kneale havia se confirmado como um dramaturgo televisivo sem igual, graças à sua adaptação de *1984*, de George Orwell, para a BBC — um pouco de seu ar distópico também foi parar em *Quartermass II*. Dessa vez, o professor envolve-se na exposição de fatos ocultados pelo governo, abrangendo um complexo industrial futurista que havia tomado conta da cidade litorânea de Winnerden Flats. A fábrica estaria, supostamente, desenvolvendo algum tipo novo de comida sintética — mas, na verdade, seus silos gigantes estariam armazenando uma espécie alienígena no processo de colonizar o planeta Terra, alimentados e mantidos por seres humanos que eles controlavam mentalmente, como zumbis. Mais uma vez, Kneale perversamente jogou uma ameaça cósmica inimaginável no colo dos cidadãos comuns da Inglaterra provinciana. Em uma de suas cenas mais memoráveis, uma família da classe operária comete o erro fatal de fazer um piquenique perto da fábrica de alienígenas e se encontra à mercê dos guardas zumbis. "Olha aqui, camarada", diz o pai magricela, sem perceber sua morte iminente nas mãos do mal interplanetário. "Pare de nos empurrar, ou vou escrever sobre isso para o jornal!"

Em seu quarto episódio, transmitido no sábado, às 8h da noite, a BBC já sentia que era necessário avisar seus espectadores de que, na opinião da corporação, o programa "não é apropriado para crianças ou pessoas que tenham uma disposição nervosa". O verdadeiro horror de *Quartermass II* não estava nos alienígenas — vistos brevemente, por uma abertura no silo, como um composto borbulhante e amorfo de toxinas espaciais —, mas no inimigo onipotente e oculto, cujo espectro se esgueirava pelas ruas de Whitehall. A trama de Kneale colocava funcionários públicos sob a influência dos alienígenas, disfarçando a ameaça de outro mundo como uma figura de autoridade, o homem do ministério, o típico trabalhador de casaco e pasta que todos viam transitando entre Londres e seus subúrbios a qualquer dia da semana. Aos olhos de um menino de oito anos em Bromley, a coisa que veio do espaço poderia ser igualzinha ao seu pai.

Ainda se passariam três anos até os mundos de David Jones e Bernard Quartermass, fato e fantasia, menino e homem, entrarem em colisão novamente. Para David, foram os anos de batismo rock 'n' roll, uma reação em cadeia de uma epifania sonora após outra.

1956: o pontapé inicial, com Tommy Steel, no Finsbury Park Empire, e a prima Kristina dançando loucamente com "Hound Dog", de Elvis Presley.

1957: David completou 10 anos e ouviu "Deus". "Long Tall Sally", de Little Richard, lançado em janeiro, mas foi seu lado B, "Tutti Frutti", que causou o maior impacto em sua mente — como ele descreveu, tinha "energia, cor e uma ousadia absurda". Sua descoberta de Little Richard se aprofundou quando um militar dos EUA doou sua coleção de discos para o escritório do Dr. Barnardo, da qual John Jones selecionou alguns títulos de rock 'n' roll para seu filho. Entre eles estava um single 45 rpm de "The Girl Can't Help it", de Richard, que só seria lançado na Inglaterra um mês depois. Isso estimulou a fé de David em seu ídolo do rock 'n' roll — que ele ainda nem tinha visto. "Eu tinha ouvido Deus", ele recordou, "agora eu precisava vê-lo." Ele teve a chance em fevereiro, quando o primeiro filme de Richard, *Ritmo alucinante*, estreou no Gaumont, no fim da Bromley High Street, perto do local onde H. G. Wells nasceu. O novo Deus de David era um maravilhoso Elvis negro, com topete pompadour e um sorriso de estrela, trajando um terno prateado exagerado, brincando com o piano, ocasionalmente colocando sua perna sobre as teclas, e cercado por quatro discípulos tocando saxofone. Era uma visão tão divina quanto o som que a acompanhava. Uma nova percepção, um novo sonho formado na cabeça de David, com dez anos de idade. "Ser um dos saxofonistas da banda de Little Richard."

1958: aos 11 anos, as portas da percepção de David foram novamente escancaradas, com a guitarra metálica e dançante de Chuck Berry. "Sweet Little Sixteen" chegou ao top 20 do Reino Unido no fim da primavera, cativando David e seus melhores amigos, George

Underwood e Geoff MacCormack. Infelizmente, o single seguinte de Berry, "Johnny B. Goode" — uma música tão extraordinária que viria a se juntar a Beethoven no espaço como a única canção de rock no Disco de Ouro da Voyager —, não chegou às paradas britânicas. No seu lado B, estava o primeiro presságio físico do som de Ziggy Stardust, uma música que Berry compôs durante uma jam antes de um show, com um riff que se recusava a sair de sua cabeça. "Criei uma música com uma letra sobre um salão de danças que ficava aberto até mais tarde", explicou. "Já tinham feito uma música sobre tocar até o amanhecer, então fiz uma sobre tocar até a lua descer, que é a mesma coisa." A primeira música do futuro repertório do Starman chegou à Inglaterra silenciosamente, em maio de 1958. O lado B do London Records 45-HLM8629. O "som maluco" de "Around & Around", de Chuck Berry.

No verão de 1958, o pop do Reino Unido sofreu sua primeira invasão alienígena, na forma de "Purple Pop Eater", música sobre um monstro de um olho e um chifre, de autoria de Sheb Wooley. Ela ainda estava presente nas paradas em agosto, quando David se juntou ao acampamento de escoteiros anual de Bromley, na Ilha de Wight. Ele insistiu em levar seu ukulele, assim como o gutbucket[9] que John Jones havia carinhosamente construído para ele. Espada e escudo para sua primeira performance em público, naquele acampamento de verão, quando ele e seu melhor amigo George tocaram algumas de suas músicas favoritas de *skiffle*, incluindo "Gamblin' Man" e "Putting on the Style", sucessos de Lonnie Donegan. Aos 11 anos, o recipiente de Ziggy já tinha encontrado sua voz para cantar. *Putting on the agony, putting on the style, that's what all the young folks are doing all the while...* (*Mostrando agonia, mostrando estilo, é o que os jovens fazem, o tempo todo...*)

9 Instrumento de corda rudimentar que utiliza uma caixa ou um balde de metal como ressonador, soando similar a um baixo. [N.T.]

Para o cientista mais famoso da TV, passaram-se três anos entre *Quartermass II* e seu retorno, na semana de Natal em 1958, *Quartermass and the Pit*, que aproximou a ciência da ficção. "O tempo alcançou Quartermass", concordou Kneale, notando que, desde a primeira aparição do personagem, "fomos levados a uma verdadeira Era Espacial". Em outubro do ano anterior, a Rússia tinha lançado o primeiro satélite do mundo, a esfera de alumínio com quatro antenas chamada Sputnik I. Nas palavras de Reg Turnill, da BBC, o Sputnik "funcionou como o tiro de largada na corrida entre os soviéticos e os americanos para colocar o homem na Lua". Também funcionou como uma sentença de morte prematura para a carreira imediata do herói de David, Little Richard. Já atormentado por alucinações de anjos e asas de aviões em chamas durante um voo entre shows na Austrália, Richard interpretou o lançamento do Sputnik como "uma grande bola de fogo" no céu — uma ordem do Todo-Poderoso para largar o rock 'n' roll e virar pastor.

A terceira série *Quartermass* foi a mais esperta, a mais sombria e a mais filosoficamente profunda história de invasão alienígena até então, auxiliada por um orçamento de produção mais polpudo e uma nova música tema: a fanfarra alarmante de "Mutations", de Trevor Duncan, substituindo a obra de Holst. Essa mudança não afetaria David — que já tinha comprado uma versão barata em LP de *Os Planetas*, então poderia ouvir "Marte" quando quisesse.

A história de *Quartermass and the Pit* inicia-se com uma escavação no metrô de Londres, estação de Kightsbridge, onde o trabalho é interrompido quando os operários descobrem um crânio estranho e primitivo. Análises revelam que ele tem cinco milhões de anos, mais antigo que a história humana. Quartermass é chamado para ajudar assim que a investigação arqueológica encontra um cilindro gigante enterrado, como uma bomba que não detonou. É revelado que, na verdade, tratava-se de uma antiga nave espacial de Marte, marcada com símbolos cabalísticos e contendo os cadáveres de criaturas insectoides, similares a lagostas, com três pernas — uma sutil referência antropológica aos marcianos trípodes de H. G. Wells. O professor percebe, aos poucos, as implicações abomináveis dos conteúdos da cápsula. Milhões de anos atrás, a raça inerentemente agressiva de marcianos exterminou boa parte de sua própria espécie, executando quaisquer seres com defeitos e mutações. Efetivamente, destruíram seu próprio mundo antes de tentar colonizar outro. O segredo sombrio da evolução humana — *nós* somos os marcianos. O último episódio foi ao ar na segunda-feira, 26 de janeiro de 1959. Na cena final, Quartermass fala com a população britânica por meio de uma palestra explanatória na TV. "Toda guerra, caça às bruxas, briga por raça ou exclusão devem nos servir como um lembrete e como um alerta", enfatizou Quartermass. "NÓS SOMOS OS MARCIANOS! Se não conseguirmos controlar a herança que mora dentro de nós, seremos o *segundo* planeta a morrer."

O pequeno David. Apenas 12 anos de idade. Com a cabeça cheia de Little Richard, saxofones e *skiffle*. Sentado na sua sala de estar em Bromley, no meio das mesmas ruas suburbanas onde H. G. Wells, com a mesma idade, fantasiava sobre genocídio. Uma cópia de *Os Planetas*, de Holst, em seu quarto e um rosto na TV falando que ele, David Robert Jones, era um marciano.

O programa acabou por volta das 8h35 da noite. A aproximadamente 22 km, no Riverside Studios da BBC, o ator André Morell, da série *Quartermass*, e o restante do elenco se parabenizavam por uma transmissão bem-sucedida. Enquanto algumas cenas de ação tinham sido gravadas anteriormente, por necessidade, a maioria da série foi atuada ao vivo, conforme era transmitida, incluindo o culminante discurso sobre marcianos. Para chegar em casa, os atores e técnicos que não tinham o próprio transporte precisavam andar até a estação de metrô mais próxima. Alguns minutos a pé pela rua Queen Caroline até Hammersmith Broadway, passando pelo cinema Gaumont Palace.

ONZE
MATEUS!

Ela já era Peggy Jones havia um bom tempo, mas seu primeiro filho ainda tinha seu nome de solteira, Burns. Após três anos de serviço nacional com a Força Aérea Real, Terry Burns voltou para casa algumas semanas antes do Natal, época em que *Quartermass* estreou sua terceira série, em 1958. Em Plaistow Grove, descobriu que seu irmão caçula tinha mudado: antes, ficava hipnotizado pelo programa *Watch with Mother*; agora, era um apóstolo alerta do rock 'n' roll, sedento por conhecimento, habilidoso com desenho e pintura, e obcecado por tudo que era dos EUA. David Jones era uma escultura juvenil, já exibindo sua futura forma adulta, porém ainda suscetível a mudanças inspiradas pela sabedoria dos 21 anos de alguém que tinha viajado pelo mundo. Ou, pelo menos, por Malta e pelo norte da África.

Foi assim que, durante aquela frágil passagem para a adolescência, Terry Burns delicadamente moldou a argila maleável da juventude. Com os sons de jazz moderno. John Coltrane, Eric Dolphy e Charlie Parker. E com a bíblia dos beats.

Em julho de 1947, quando David era apenas um bebê, e a América dava suas primeiras olhadas desconfiadas nos discos voadores de Kenneth Arnold, um jovem de 25 anos, chamado Jack Kerouac, já tinha largado os estudos na Columbia University e sido dispensado da Marinha. Kerouac pegou caronas de Nova York até Denver para visitar seu amigo Neal Cassady — um poeta liberal, viciado em drogas, bissexual e praticante de pequenos delitos. Ele fez viagens similares pelo país nos anos seguintes, pegando carona até Los Angeles e San Francisco, e passando pela fronteira com o México, tanto com Cassady quanto com outras pessoas do mesmo estilo — de mente particularmente aberta —, incluindo boêmios malandros, como o poeta Allen Ginsberg e o romancista William Burroughs. O conjunto dessas viagens formou a narrativa autobiográfica de *On the Road*, o revolucionário segundo romance de Kerouac, publicado em 1957 nos Estados Unidos e, no ano seguinte, no Reino Unido.

David, já adulto, recordou: "Eu gostava da escola até completar 12 anos. Tenho um irmão mais velho, que sempre lia muito mais que eu. Ele me fez ler *On the Road*, de Jack Kerouac. A partir dali, deixei de frequentar tanto a escola". Nas páginas de Kerouac, o garoto de Bromley ficou frenética, diabólica e angelicamente embriagado com seu elenco de personagens exóticos: o pseudônimo Sal Paradise (Kerouac), Dean Moriarty (Cassady) e Carlo Marx (Ginsberg). Novos devaneios escapistas lapidavam a mente do menino, transformando-a na mente do Starman. O próprio Ziggy diria à imprensa norte-americana que a leitura de *On the Road* foi "a coisa mais importante que aconteceu comigo". Ele não estava só.

No fim da década de 1950, muitos corações ingleses juvenis eram tentados pelos Estados Unidos do faz de conta. Quem seria um David Jones quando você poderia ser um Sal Paradise? Quem seria um Reg Smith quando você poderia ser um Marty Wilde? Ou um Ron Wycherley quando poderia ser um Billy Fury?

E quem seria um zé-ninguém de Isleworth quando poderia ser alguém de Hollywood?

Ele disse que vinha de Hollywood e que seu nome era Vince Taylor. O café-bar 2 I's, agora "mundialmente famoso", nunca tinha visto nada igual. Seu cabelo era tipo o de Elvis Presley, ele falava "*crazy, man*!" ("doideira, mano!") com um sotaque americano, e suas roupas eram visivelmente *made in America*. Era pra valer. Quando ele dançava, seus membros sacudiam para todo lado, como uma marionete manipulada por quatro pessoas em direções opostas. Quando ele cantava, era desafinado e fora do tempo. Mas nada disso importava. Vince Taylor era a encarnação de tudo que era legal nos anos 1950. Uma dádiva abençoada dos deuses do rock 'n' roll.

Não levou muito tempo até o bafafá em torno desse alienígena americano no coração do Soho lhe render um contrato com uma gravadora. Chamando sua banda de apoio de The Playboys, lançou seu primeiro single em novembro de 1958, com duas covers de faixas originalmente feitas para a gravadora Sun, de Sam Phillips: "I Like Love", de Roy Orbison, e "Right Behind you Baby", de Ray Scott. Não teve impacto algum. As músicas eram boas, mas sua performance vocal, não. Ainda assim, ninguém podia negar o efeito contagioso que Vince tinha sobre a plateia. Quando os Playboys apareceram num show de sábado de manhã no cinema Gaumont em Shepherd's Bush, os donos precisaram chamar a polícia para acalmar as pessoas histéricas que praticamente arrancavam seus assentos, na mais pura Taylormania.

Ele esperava injetar aquele dinamismo da sua presença de palco na sua próxima gravação, a autoral "Brand New Cadillac" — uma música épica na qual Vince desesperadamente acelera seu Ford, tentando alcançar sua garota, que acaba desaparecendo no horizonte em seu novo conversível. O lado B era a balada "Pledging my Love", popularizada pelo trágico *bluesman* Johnny Ace, que acidentalmente se matou em uma rodada catastrófica de roleta-russa; quase um suicídio rock 'n' roll. Lançado em abril de 1959, o single foi alfinetado por Keith Fordyce, crítico do *New Musical Express* e futuro apresentador de *Ready Steady Go!* — aos seus ouvidos desatentos, a música "não tinha diferencial algum". "Brand New Cadillac" foi amaldiçoada com o mesmo tipo de recepção fria em outros lugares, passou longe das paradas e acabou no abismo do pop esquecível.

Embora ainda sem sucessos, Vince fascinava a imprensa com histórias da vida que tinha deixado para trás nos EUA. Ele contou que tinha passado pelo Exército, assim como Elvis Presley — que, na época, cumpria o serviço militar obrigatório em Friedberg, na Alemanha. Disse ainda que tinha sido membro de uma gangue de carros *hot-rod* em Los Angeles, chamada The Roadmasters. Que quase foi mortalmente ferido numa briga com facas, igual a James Dean em *Juventude transviada*. Que, após sofrer uma surra, foi gentilmente recebido como hóspede por uma pessoa desconhecida, que o permitiu passar três dias em sua casa enquanto ele reavaliava sua vida, chegando à conclusão de que deveria viajar para a Inglaterra e virar um astro do rock. Vince Taylor sempre tinha uma excelente história para contar.

Só que não havia um Vince Taylor. Ele realmente tinha crescido em Hollywood, mas não era americano. Era britânico, nascido em julho de 1939, em Isleworth, oeste londrino, antes de sua família se mudar para a Califórnia quando ele tinha apenas sete anos. E seu nome não era Vince Taylor. Ele pegou "Vince" do personagem de Elvis em *Jailhouse Rock*, e "Taylor" do ator Robert Taylor, estrela de *Quo Vadis* e *Ivanhoé, o vingador do rei*. Seu nome verdadeiro era Brian Holden. Vince era só um personagem, inteiramente criado pelo Brian de 18 anos, numa tentativa intrépida, porém fadada ao fracasso, de conquistar o rock 'n' roll na Inglaterra. Uma invenção que cantava e dançava, concebida por uma mente frágil e modesta...

Vince Taylor não existia oficialmente — nem David Bowie até 5 de abril de 1960. O menino que seria Ziggy tinha passado os primeiros 13 anos de sua vida sem uma certidão de nascimento. Nascido fora do casamento, ele não constava nos registros locais, até precisar de um passaporte para uma viagem que sua família faria à França.

Ao entrar na adolescência, o mundo de David já intercalava rock 'n' roll e morte. No ano anterior, Buddy Holly tinha morrido em um desastre aéreo ao lado de Ritchie Valens e The Big Bopper. Na primavera de 1960, seus espectros foram unidos ao de Eddie Cochran, morto no seu ápice, aos 21 anos, num acidente de carro enquanto fazia turnê pela Inglaterra. A voz de Cochran, uma mensagem do além gravada em vinil preto, assombraria os ouvidos de David na cabine de audição da loja de departamento Medhurst, em Bromley High Street, onde ele passava a maioria de suas tardes após a escola, investindo toda a sua mesada e seu charme juvenil em descontos especiais dados pela garota de 17 anos que trabalhava lá. Dois meses após sua morte, Cochran chegou ao topo das paradas britânicas de singles com o balanço clarividente, similar a "Queen Bitch", da música "Three Steps to Heaven". Pagou o maior preço de todos, mas finalmente havia chegado ao topo. A três passos da Terra, Ziggy prestou atenção.

Enquanto toda uma nação de roqueiros venerava Cochran, ninguém prestava muita atenção à decadência de Vince Taylor & The Playboys, com integrantes da banda frequentemente mudando. Seu terceiro e quarto singles os afastaram ainda mais do radar pop, incapazes de competir com as batidas britânicas mais fortes de Johnny Kidd & The Pirates ou Cliff Richard & The Shadows. Até o fim de 1960, a Inglaterra já tinha visto e ouvido o suficiente de Vince Taylor, apagando sua breve existência da terra da rainha. Atravessando o canal, os franceses, famintos por rebeldia, ficaram felizes em receber o roqueiro rejeitado.

Em Paris, Brian Holden recomeçou seu ato, agora roubando a mesma aparência diabólica de "Príncipe do Couro" de Gene Vincent, o ídolo americano de "Be-Bop-A-Lula" que, por pouco, não morreu no acidente de Cochran. Ao contrário dos ingleses, os franceses não tinham imunidade ao vírus Vince Taylor. Jogando-se no chão de clubes noturnos parisienses, com sua jaqueta de couro e medalhão gigante; luvas pretas chacoalhando uma corrente de bicicleta; as pernas tremendo com espasmos, como se sua coluna fosse feita de roldanas; gritando, fazendo caras e bocas enquanto cantava sucessos americanos populares. Taylor era tudo o que os franceses acreditavam que o rock 'n' roll deveria ser. Um amálgama caricato de beleza e atitude, como se tivesse saído do roteiro de um filme B de Hollywood.

Contratado pela gravadora de Eddie Barclay, Vince Taylor tornou-se o americano falsificado que dividia o espaço com algumas das maiores estrelas francesas. Entre elas estava o belga Jacques Brel, que se mudaria para a Barclay após ter feito seu nome na Phillips com uma série de álbuns que transbordavam amor, solidão, doença, o demônio e a morte — incluindo sua própria, em "La Mort" ("My Death"), de 1959. O terceiro álbum de Brel para a Barclay, gravado ao vivo em 1964, no Olympia, em Paris, também traria sua ode aos marinheiros bêbados, às prostitutas e aos peixes do porto em "Amsterdam".

Nos seus primeiros meses na Barclay, Vince fez meia dúzia de singles, todos covers batidos de Elvis, Chuck Berry, Little Richard, Jerry Lee Lewis, Johnny Kidd e Eddie Cochran. Na França, parecia que seu truque finalmente tinha dado certo. A gravadora foi esperta ao explorar sua imagem em uma série de vídeos para os populares cine-jukeboxes Scopitone, nos quais Vince interpretava seu papel de malandro libertino de couro, pulando sobre mesas de sinuca e segurando sua corrente com uma cara de "vem aqui". Nas entrevistas, ele timidamente tentava minimizar a violência. "Minha performance no palco é uma performance", afirmava. "Na rua, no resto da minha vida, sou como qualquer outro. Sou uma pessoa normal." Mas os fãs de Vince não estavam interessados no normal.

Em novembro de 1961, ele seria a atração principal do terceiro Paris Festival of Rock, no Palais Des Sports. Antes de Vince sequer subir ao palco, a plateia de três mil pessoas já estava em tumulto. Catorze militares foram feridos, e uma garota ficou em estado grave, enquanto os fãs franceses espontaneamente destruíam mais de dois mil assentos em um ato de exorcismo explosivo de anarquia adolescente. Após o local ser esvaziado, Vince saiu brevemente de seu camarim e andou pelo local demolido, ainda vestindo suas roupas de couro pretas. Fotógrafos capturaram sua expressão: seus olhos vidrados, enquanto pegava destroços em suas mãos. Brian Holden queria convencer o país de que ele era um *bad boy* do rock 'n' roll. Correntes de bicicleta, estilhaços de vidro. *If you're looking for trouble, you've come to the right place* (*Se você quer encrenca, veio ao lugar certo*). Essa era sua recompensa. Farpas de madeira e metal retorcido. Espólios de guerra para a mentira lendária que era Vince Taylor.

Em Bromley, Terry continuava a alimentar, aos poucos, o apetite de David pelos lados mais selvagens do jazz americano e da literatura beat, especialmente durante visitas a lojas de discos e café-bares no West End de Londres, aos fins de semana. O fascínio pela performance apenas cresceu após ele assistir ao novo musical composto e estrelado por Anthony Newley, no Queen's Theatre: *Stop the World, I Want to Get Off*. Único homem de um elenco majoritariamente feminino, Newley misturava canto, comédia e elementos de mímica em seu papel principal — Littlechap, o palhaço *cockney*,[10] que conseguiu ter sucesso às custas do amor e da felicidade, terminando seu ato com o equivalente de uma balada de suicídio rock 'n' roll: "What Kind of Fool am I?".

10 *Cockney* se refere a moradores da região East End de Londres, que tipicamente têm sotaque e dialeto próprios.[N.T.]

No Natal de 1961, David finalmente ganhou o saxofone que tanto desejava. Um Grafton branco, de acrílico, com chaves douradas. Sozinho em seu quarto, ele treinava com seu novo amigo, ainda desafinado, sonhando com Little Richard e viagens ao Oeste com Sal e Dean. No entanto, sua aparência ainda era de um adolescente comum. O tempo e o espaço haviam escolhido David Jones para ser Ziggy Stardust. Agora, apenas dez anos antes de sua estreia, era o momento de marcá-lo. A circuncisão extraterrestre. Um rito de passagem, de humano para alienígena, do qual não haveria volta.

Seu nome era Carol, e David gostava dela. Seu melhor amigo, George, sentia o mesmo. George convidou Carol para ir ao clube de jovens na sexta-feira. Carol aceitou. George ficou empolgado. David ficou com ciúmes.

Na noite do encontro, David ligou para George, do nada, para dizer que Carol havia pedido para cancelar o encontro. David estava mentindo. George acreditou nele. Carol esperou no clube de jovens, em vão.

Na manhã de segunda-feira, David pegou o ônibus para o Bromley Technical College e, alegremente, contou aos seus amigos que estava saindo com Carol. George percebeu que tinha sido enganado. Quando chegaram à escola, George agarrou David no playground e deu um soco na sua cara, acertando o lado esquerdo de sua cabeça como um raio.

O negócio estava feito.

George queria apenas retribuir o malfeito de David, mas percebeu imediatamente que havia batido mais forte do que deveria. Tão forte que o diretor da escola pôs David em seu carro e o levou até a sala de emergência do Farnborough Hospital, enquanto ele segurava seu rosto, agonizando.

Dois dias depois, ele foi levado a especialistas no Moorfields Eye Hospital, em Londres. David havia sofrido danos irreversíveis no músculo esfíncter de seu olho esquerdo, deixando sua pupila permanentemente dilatada. Ele ainda conseguia enxergar, mas passaria o resto da vida com pupilas de tamanhos diferentes, uma condição chamada anisocoria. Seu olho direito era azul, mas a pupila dilatada de seu olho esquerdo fazia a íris ao redor parecer verde. Aos 15 anos, David Jones passou a ter olhos de cores diferentes. O garoto que *seria* passou a ser o garoto que *só podia* ser Ziggy.

Com a marca pronta, os trajetos de David e Ziggy se movimentaram em alta velocidade para uma encruzilhada. Ele aproveitou para se dedicar ao saxofone durante a recuperação do incidente — do qual sua amizade com George saiu surpreendentemente inabalada. Pesquisando cópias antigas da revista *Melody Maker*, David encontrou o telefone de Ronnie Ross, um famoso líder de bandas de jazz, que vivia a 10 km, em Orpington. Ele bajulou Ross e o convenceu a ser seu tutor — aos sábados de manhã, tinha aulas básicas sobre sopro e controle de respiração. Terry ficou impressionado, tanto pelo progresso de seu meio-irmão no sax, quanto pela sua paixão por Charlie Parker, pioneiro do bebop, bem como álbuns de jazz mais modernos. Em particular, *Oh Yeah*, de Charles Mingus, lançado em 1962, mas que soava "muito 2001" aos ouvidos de David, em especial "Ecclusiastics", com seus gritos eloquentes, e "Wham Bam Thank You Ma'am" ("Pá, pum, obrigado, moça!"), uma frase que Mingus atribuiu ao baterista Max Roach. "Estou tentando tocar a verdade, o que realmente sou", disse Mingus na contracapa do disco. "Mas isso é difícil, porque mudo o tempo todo." A pupa adolescente de Ziggy se mexeu em solidariedade.

Um batismo mais incendiário aguardava David em outubro, quando ele viu "Deus" em pessoa: Little Richard, de volta às linhas de frente do rock, após seu breve colapso mental inspirado pelo satélite Sputnik. No meio do show no Woolwich Granada, Richard ficou em pé sobre o piano; de repente, começou a segurar seu peito, com o rosto se contorcendo de dor. A banda parou de tocar. Richard caiu no chão. O mestre de cerimônias foi ao palco, pegou o microfone e perguntou se havia um médico na casa. David tinha certeza de que estava vendo a morte de Deus. Pouco tempo depois, Richard estava de volta, colocando uma perna sobre o piano com estilo e um sorriso do tamanho de Saturno. A encenação de morte era parte do show de Richard.

O tempo pegou um cigarro e delicadamente colocou-o na boca jovem de David.

O rock 'n' roll britânico de 1962 continuava ligado ao chão pelo canto tirolês de Frank Ifield, pelas batidas de Joe Brown e seus Bruvvers e pelas Telecasters limpas dos Shadows. A única poeira cósmica a cair naquele ano veio na forma do filme anglo-americano *It's Trad, Dad!*, uma coleção de artistas pop daquele período. Gene Vincent, com sua roupa de couro branco (parecendo um Vince Taylor em negativo), fez uma serenata com sua estranha e dissonante "Spaceship to Mars"; os Tornados apresentaram os estalos interestelares e o som gélido de "Telstar", a primeira (e provavelmente última) música em homenagem a um satélite de comunicação a ter chegado ao número um nas paradas.

O criador de "Telstar" era o excêntrico Joe Meek, de Gloucestershire, famoso por trabalhar em seu estúdio caseiro, localizado acima de uma loja de produtos de couro na Holloway Road, em Londres. O espaço sideral estava no topo das suas paixões, que incluíam sessões de espiritismo; Buddy Holly; e uma luxúria doentia pelo baixista adolescente dos Tornados, um rapaz loiro chamado Heinz Burt. Dois anos antes, Meek havia produzido um álbum conceitual sobre vida extraterrestre, *I Hear A New World*. Ele e seu parceiro de composição, Geoff Goddard, também eram observadores de óvnis no tempo livre — a fonte de inspiração para sua música maravilhosamente esquisita e de fracasso comercial, "Sky Men", um protótipo caipira de "Starman".

À medida que "Telstar" descia pelas paradas em novembro, as composições de Meek, dos Tornados e até dos Shadows estavam ficando para trás na história do pop, pois uma canção chamada "Love Me Do" astuciosamente atingia o top 20. David foi o primeiro garoto em sua turma a comprar uma cópia da estreia dos Beatles — o som de gaita da música foi uma das várias sementes instaladas no seu subconsciente estelar para uso futuro. Uma outra veio na segunda vez que ele viu Little Richard, por meio da imagem esquisita e do som precioso da banda de abertura: The Rolling Stones, um grupo de rapazes londrinos que tocavam blues. Mais sementes vieram com a loja de discos de jazz Dobell's, na Charing Cross Road; com John Lee Hooker; e com o primeiro álbum da nova sensação do folk americano, Bob Dylan. Sementes que foram facilmente plantadas e floresceram com a percepção de que as habilidades de David com o saxofone não estavam no nível de um músico de jazz. Ele nunca seria um John Coltrane ou um Roland Kirk. Mas poderia, como confessou posteriormente, "fingir bem no rock 'n' roll".

Então, David fingiu. Sua pretensão inicial era tocar saxofone e cantar na banda de covers de seu amigo George — o danificador de olhos —, chamada The Konrads. Logo, ele começou a experimentar nomes artísticos. "David Day", "Alexis Jay", "Luther Jay". Tentou, em vão, convencer a banda a mudar sua imagem, trocando os smokings arrumadinhos por um tema de caubói, parecido com o que Joe Meek fazia em uma de suas bandas instrumentais, The Outlaws. Ele até sugeriu que se chamassem The Ghost Riders para poder adotar o nome Jim Bowie, herói do Álamo. Mas os Konrads já estavam felizes com sua aparência e nome.

Após se desentender com a banda de George, David tentou tocar R&B americano com a The Hooker Brothers. Até que a The Hooker Brothers virou The Bow Street Runners; depois, passou a ser Dave's Reds & Blues, com o jovem David no centro do palco, em frente ao microfone, dando nome à banda. Assim como Mingus, ele mudou de ideia novamente e pensou em adotar o nome Tom Jones, em homenagem ao herói de Henry Fielding — na época, o *outro* Tom Jones, o cantor, ainda se chamava Tommy Scott e tentava evitar as cantadas de seu primeiro produtor, Joe Meek. Temporariamente derrotado, David Jones decidiu se chamar apenas Davie Jones, e sua banda, The King Bees.

Foi com Davie Jones with The King Bees que finalmente ouviu sua voz adolescente gravada, por toda a eternidade, nos sulcos de um disco preto de sete polegadas. A tenacidade de David ao ter enviado vários pedidos de investimento profissional valeu a pena quando ele chamou a atenção do produtor de pop chamado Leslie Conn, de 34 anos. Em junho de 1964, Conn fechou um contrato com a The King Bees por meio da Vocalion, subsidiária da gravadora Decca. A estreia em vinil do quase-Starman foi “Liza Jane”, adaptada livremente de uma música de folk tradicional americano, mas cujos créditos foram para Conn como brincadeira. David cantou, tocou saxofone e provou, acima de tudo, que ele não mentiu quando disse que conseguia fingir rock ’n’ roll, esbanjando desejo por sua mulher com um sotaque falso de Memphis e tocando seu próprio sax sedutor. “Liza Jane” era uma música sobre luxúria e gritaria, sobre garotas e loucura (*she drives me insane!/ ela me deixa louco!*). Mas era, principalmente, sobre um garoto de 17 anos do Bromley, que ganhou sua chance de convencer o mundo de que tinha um potencial tão divino quanto Little Richard. Tudo isso apesar das fotos que tiraram para a imprensa, nas quais David aparecia vestindo um colete de couro e botas de caça, parecendo angustiantemente um Tommy Steele fantasiado de Robin Hood.

Um mês após o lançamento do single, David já tinha abandonado os King Bees por causa de seu fracasso comercial ou de sua “Mingusite” aguda. Ele foi para outro grupo de Conn, chamado The Mannish Boys. Também largou o emprego que tinha durante o dia, como artista júnior de colagens na Nevundy-Hurst, uma gráfica comercial em Mayfair — David trabalhava lá desde que saíra da escola com um certificado básico em Arte. Com um pouco de apoio financeiro de seu pai, David buscou Conn para mais oportunidades de ganhar dinheiro. Por acaso, ele tinha um trabalho em mente, algo que exigiria pouco das habilidades artísticas de David: pintar as paredes de seu escritório na Denmark Street.

Quando David chegou ao local, percebeu que seu chefe não era bobo a ponto de confiar o serviço apenas para ele. Conn tinha chamado outro de seus jovens ansiosos por trabalho, um garoto baixinho de 18 anos, vindo de Hackney, que se chamava King Mod.

"Olá", disse David. "Quem é você?"

"Sou um cantor", respondeu o outro garoto.

"Ah, é? Eu também."

Os barulhos de tinta estalavam entre eles.

"Você é um *mod*?", perguntou David.

"Sim, eu sou King Mod."

Zap!

"Seus sapatos são vagabundos", comentou o menino.

"Ah é?"

"É."

TLEC!

"Bem, você é baixinho", disse David.

O ar continuou tenso até que finalmente esfriou, mostrando o estranho e frágil início de uma nova amizade. Quando Conn retornou ao seu escritório, David e King Mod já tinham abaixado seus pincéis e ido embora, deixando para trás uma primeira demão malfeita.

A banda The Mannish Boys ofereceu a David apenas uma satisfação levemente maior que a decoração de interiores. Incapaz de mover o som dela para além dos limites restritos do R&B, ele preferiu concentrar-se em sua imagem, liderando a banda ao seu estilo: um dândi cabeludo de Carnaby Street, líder da organização fictícia chamada "International League for the Preservation of Animal Filament" ("Liga Internacional da Preservação de Filamentos Animais"). "A ideia é preservar músicos pop e todos que têm cabelos compridos", disse ao

Evening Standard. "Está na hora de nos unirmos e defendermos nossos cachos." Aos 17 anos, ele já estava se tornando um mestre em fingir.

A BBC mordeu a isca e convidou David e seus cachos, seu melhor amigo George e os membros desgrenhados do Mannish Boys para discutir o tema no programa *Tonight* com Cliff Michelmore. A "Liga" tinha mudado seu nome para "Society for the Prevention of Cruelty to Long-Haired Men" ("Sociedade Pela Prevenção de Crueldades Contra Homens Cabeludos"). "Acho que somos bem tolerantes", David contou a Michelmore. "Porém, nos últimos dois anos, temos recebido comentários como 'Oi, querida', e 'Posso carregar sua bolsa'. Acho que chegou a hora de isso parar."

Era a primeira entrevista de David para a TV nacional, e ele estava falando de algo que nem existia. Sequer mencionou The Mannish Boys, com quem gravou um single antes de a banda acabar. Uma cover da balada soul "I Pity the Fool", de Bobby Bland, lançada para praticamente ninguém em março de 1965. Pelo menos seu lado B trazia a primeira composição original de "Davie Jones" a aparecer num disco, uma música beatnik dançante chamada "Take my Tip", que incluía a expressão *playing with the spider* na letra. Ele a cantou duas vezes, mas errou na segunda, trocando *spider* por *bider*. Por falta de tempo, acabaram usando essa versão. Mas não importava. *Spider*, palavra elegante com um impacto preciso. Com mais algum tempo, David Jones aprenderia a cantá-la corretamente.

Em maio de 1965, Bob Dylan chegou ao Savoy Hotel, em Londres. Ele fazia uma turnê pela Inglaterra, enquanto era seguido pelo documentarista D. A. Pennebaker, além de uma alemã loira e estranha que cantava como um fagote com escorbuto. Ele também estava no top 10 britânico naquele mês, "procurando um amigo" com seu single "All I Really Want to Do", enquanto David Jones estava "procurando por uma banda" nos anúncios de jornais e no Tin Pan Alley, ao norte do Savoy Hotel. Já em algum lugar dos bares mais úmidos do Soho, o homem que nasceu como

Brian Holden estava procurando pelo restante de sua sanidade, raspando o fundo do tacho que ele havia chamado de Vince Taylor.

Vince deixou sua banda de apoio para trás, numa manhã de segunda-feira em Paris. Disse que precisava cruzar o canal para exigir um pagamento extraordinário de seu agente em Londres e sumiu por quatro dias. Tempo o bastante para recuperar as 200 libras que lhe eram devidas. Tempo o bastante para entrar de penetra numa festa de Dylan e tomar ácido pela primeira vez.

Quando voltou a Paris, na sexta à noite, Vince havia torrado a maior parte do dinheiro num pacote de LSD, metade do qual já tinha consumido. Cambaleando de volta ao hotel da banda, eles mal o reconheceram e não conseguiam entendê-lo. Sujo, com a barba por fazer, ele carregava um rolo de alguma coisa roxa sob um braço e uma garrafa de vinho rosé Mateus na outra mão. Quando percebeu os olhos que o encaravam, tentou se explicar.

"Vocês acham que eu sou Vince Taylor, né?"

Silêncio constrangedor.

"Bem, não sou. Meu nome é Mateus."

Nem um pio.

"Sou o filho de Deus."

Após uma pausa dramática, o baterista Bobbie Woodman tentou, com calma, tocar no assunto do dinheiro. Vince, ou talvez Brian, ou até Mateus, tirou de seus bolsos as poucas notas que haviam sobrado, além de um isqueiro.

"É só isso que vocês querem. Dinheiro! A raiz de todo o mal."

Ele queimou o montante.

Na manhã seguinte, Vince Taylor ressurgiu de seu quarto, barbeado e de topete feito, o que tranquilizou sua banda. Pelo menos até chegarem ao clube La Locomotive, onde iriam tocar no sábado à noite. Vince viu um pôster do lado de fora com um anúncio para seu show. Ele calmamente andou até o cartaz, tirou uma canetinha do bolso, riscou o nome Vince Taylor e escreveu "MATEUS".

Woodman e o resto da banda ainda se agarravam à mínima esperança de que poderiam fazer o show sem incidentes. Começaram com sua introdução padrão, o riff que abria "C'mon Everybody", de Eddie Cochran, aumentando a tensão até a entrada de seu líder. Quando Taylor finalmente surgiu na lateral do palco, estava carregando uma jarra de água. Ele nunca chegou ao microfone. Em vez disso, andou pela plateia, batizando as pessoas presentes com gotas de sua jarra.

"Deus te abençoe. Eu sou Mateus. O filho de Deus."

Vince Taylor seguiu pregando nas ruas de Pigalle, espalhando o gospel de Mateus pelo centro da cidade, atravessando o rio Sena até as vias boêmias do Rive Gauche. Sua banda só o viu novamente após 24 horas. Quando voltou ao hotel, ele disse que pegariam um avião para a Califórnia.

"Deus é o piloto e vai nos levar a Hollywood."

No dia seguinte, o que restava de Brian Holden deixou Paris, sob os cuidados da irmã, em direção a uma clínica psiquiátrica na Inglaterra. Justamente onde Ziggy Stardust precisava dele para realizar sua última façanha de influência messiânica.

No verão de 1965, o 2 I's do Soho não era mais o lugar favorito dos músicos jovens e desesperados de Londres. Os *mods* mais espertos e as saias mais curtas se mudaram para um café italiano na Denmark Street, numa região que era o núcleo de editoras pop, agentes e escritórios, chamada "Tin Pan Alley". La Gioconda era o nome do café e tinha se tornado o lugar mais legal para uma banda se formar, a qualquer momento, sobre qualquer mesa, em meio ao vapor de alguns expressos. Foi lá que um grupo de beat chamado The Lower Third, originário de Margate, chegou para procurar um cantor e encontrou um tal de David Jones, ex-The Mannish Boys. E foi lá que, no mesmo verão de 1965, no qual surgiram "Help!" e "Mr. Tambourine Man", David Jones teve seu encontro, ao acaso, com Vince Taylor, ex-Brian Holden.

Como David contou diversas vezes, Taylor ainda estava sofrendo com o seu incidente "Mateus" — vestindo um robe branco e sandálias, como um profeta bíblico. Ele disse que era o filho de Deus. David não sentiu medo, apenas fascínio. O mesmo fascínio que logo o faria apreciar uma cópia do livro *Strange People*, de Frank Edwards, um compêndio de histórias verídicas de pessoas "que confundiram o mundo", incluindo deformidades vitorianas, lunáticos e até certo xará do século 19, um David Jones de Indiana, que nunca precisava dormir e vivia normalmente. Vince Taylor era tão esquisito quanto qualquer pessoa no livro de Edwards, e cada palavra que saía de sua boca parecia um sino tocando completamente desafinado. Era muito interessante para David. "Eu gostaria de acabar assim", ele pensou. "Completamente louco."

Eles conversaram no La Gioconda sobre Deus, a reconstrução da cidade perdida de Atlântida e discos voadores, antes de subirem juntos a Charing Cross Road. Era a hora do rush, e a aparência de Taylor atraía olhares austeros dos trabalhadores que iam para o metrô Tottenham Court Road. Perto da estação, Vince pediu a David que se sentasse com ele na calçada; ele puxou um mapa-múndi gasto e o colocou no chão, sem se importar com todos os pés cansados andando ao seu redor. Tirou ainda uma lupa e começou a analisar o mapa em detalhes, apontando para vários locais.

"Tem dinheiro enterrado aqui", Vince falou a David, passando seus dedos pelo mapa.

"E os óvnis vão pousar aqui..."

Um dedo tocou sobre o Ártico.

"...aqui e aqui."

O adolescente David se alimentou dos delírios de um astro do rock 'n' roll, deteriorado pelas drogas, que acreditava ser o messias. Que acreditava que alienígenas iriam pousar a qualquer dia. "Vou me lembrar disto", ele pensou. "Isto é bom demais." E assim acabou o gospel de Vince Taylor. E assim começou, conscientemente, o trabalho de parto de Ziggy Stardust.

COM A NOVA BANDA DE DAVID, The Lower Third, veio um novo empresário, Ralph Holton, que o convenceu a cortar seu controverso cabelo comprido, deixando-o mais próximo do estilo *mod.* Shel Talmy, mestre da arte pop, produtor de sucessos de bandas como The Kinks e The Who, concordou em gravar seu terceiro single, apoiado pela The Lower Third — a banda ficou irritada ao ver que todo o crédito foi para "Davy Jones". "You've Got a Habit of Leaving" e seu lado B, "Baby Loves that Way", eram composições originais de Jones, já tocadas em todos os shows da banda, que também incluíam canções conhecidas, como "Chim Chim Cheree", do filme *Mary Poppins.* E tocavam uma música que David amava desde a primeira vez que a tinha ouvido, aos seis anos, sentado em seu sofá: "Marte, o Mensageiro da Guerra", de Gustav Holst. A abertura de *Quartermass.*

Horton tinha grandes esperanças para Davy Jones & The Lower Third, mas sabia que colocá-los na pista rápida do pop exigiria investimento extra de um empresário parceiro. Primeiro, ele convidou Kenneth Pitt, um agente do teatro que tinha feito a publicidade da recente passagem de Bob Dylan pelo Reino Unido. Pitt educadamente recusou o convite, devido a compromissos com seu trabalho, mas foi gentil ao dar um conselho a Horton. Talvez eles ainda não soubessem, mas já havia um jovem cantor de Manchester chamado Davy Jones, que estava atraindo ótimas resenhas na Broadway com sua performance no musical *Oliver!*, interpretando o personagem Artful Dodger. Pitt sugeriu que talvez fosse melhor que a banda The Lower Third escolhesse outro nome para seu cantor.

Dois dias depois, Pitt recebeu uma carta de Horton, transbordando gratidão. "Devo dizer que adorei nossa reunião aquele dia, e foi um prazer ter sido apresentado a você." A mensagem continuava: "Tomei a liberdade de lhe escrever, informando que já mudei o nome de Davie...".

Em algum lugar distante no espaço sideral, uma tempestade de poeira, uma nevasca gasosa e uma nova estrela pontuaram a escuridão.

"...para David Bowie."

COMO CRIAR UM STARMAN

Da esquerda à direita: O rosto espacial ancestral do teatro *kabuki* japonês.

Uma crise migratória interplanetária aguarda os cidadãos de Surrey no romance *A guerra dos mundos*, de H. G. Wells.

Little Richard, o "Deus" do David adolescente, faz uma pose com a perna em *Sabes o que Quero*.

Da esquerda à direita: Professor Bernard Quatermass (interpretado por André Morell) se prepara para o pior.

Antes do fatídico incidente "Mateus", Vince Taylor aparece com roupas de couro.

Esperando para pegar uma carona numa "*Gemini Spaceship*", The Legendary Stardust Cowboy.

Da esquerda à direita: Andy Warhol descasca, lentamente.

O invencível Iggy Pop.

Alex (interpretado por Malcolm McDowell) e seus drugues inspiram o vestuário de Ziggy, no filme *Laranja mecânica*, de Stanley Kubrick.

LITTLE
ICHARD

STARDUST

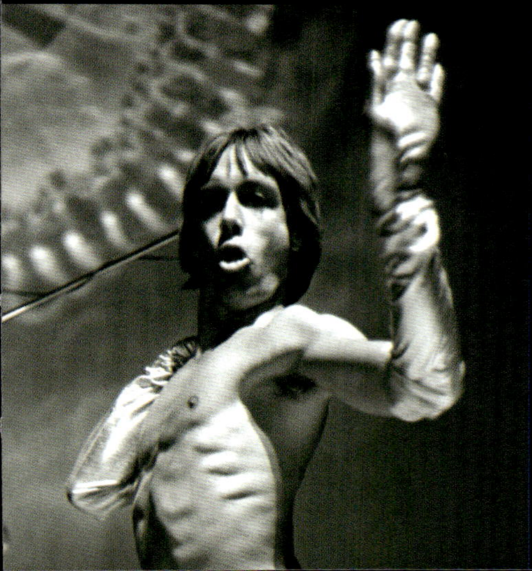

© Getty Images

© Getty Images

MODA DRAMÁTICA DE PROPORÇÕES CÓSMICAS, PARTE 1

A coleção Freddie Burretti. Esquerda, acima: Jaqueta *art* déco original, com o chapéu combinando, maio de 1972. **Direita, acima:** O Starman Technicolor e seu Spider decolam no programa da Ayshea, junho de 1972. **Esquerda, abaixo:** Ziggy exibe orgulhosamente o design de Freddie no palco, em Cleveland, setembro de 1972. **Direita, abaixo:** Terno Burretti, azul-gelo, no clipe promocional de "Life On Mars?", dirigido por Mick Rock, junho de 1973.

Página anterior: A sorte está lançada. Com seu novo cabelo vermelho, Ziggy se prepara para invadir a Terra: 1972 d.C., em casa, no Haddon Hall. Retrato por Mick Rock.

Acima: “Sou gay e sempre fui”, Ziggy sai do armário, enquanto toma uma xícara de chá, no escritório que o gerencia, na Regent Street, janeiro de 1972.

© Mick Rock/Retna

© Mick Rock/Retna

Acima: A Profaníssima Trindade. O empresário da MainMan, Tony DeFries (ao fundo), ri enquanto Ziggy, Iggy e Lou ensinam como fazer festa de verdade no hotel Dorchester, em Londres, 16 de julho de 1972.

Abaixo: O Jimmy Dean de Marte encontra a Marilyn de Vênus. Cyrinda Foxe, bomba sensual de Nova York, com Ziggy, em foto que remete à obra *Nighthawks*, em Los Angeles, outubro de 1972.

Mick Rock/Retna

***Aquela* foto.** Ziggy se posiciona entre as coxas suaves do melhor guitarrista da Terra, Mick Ronson, Oxford Town Hall, 17 de junho de 1972.

© Barrie Wentzell

“Um brinde a isso e à passagem do tempo.” Ziggy faz um brinde à morte certa, em sua última jornada para casa, de Paris a Londres, 4 de maio de 1973.

© Barrie Wentzell

© Barrie Wentzell

MODA DRAMÁTICA DE PROPORÇÕES CÓSMICAS, PARTE 2
Fileira de cima: Designs de Kansai Yamamoto, inspirados pelo *kabuki*, para a turnê *Aladdin Sane*, em 1973. Quimono de seda (esquerda) e traje de vinil preto, "*Spring Rain*" (direita).
Esquerda, abaixo: Pegando o brilho de Elvis, nos anos 1970, e levando as borlas longe demais.
Direita, abaixo: O primeiro traje minimalista de Yamamoto para Ziggy, com um "coelhinho" estampado.

Acima: Ziggy faz pose com a mais recente moda do tricô marciano; um traje de lã feito por Yamamoto.

Abaixo: "Me dê suas mãos!" Os jovens tentam, em vão, agarrar seu messias alienígena.

ROCK & ROLL
HERE TO

Acima: Heil, Ziggy! Pensando em se entregar ao glam rock, na estreia do filme *Hitler – Os Últimos 10 Dias*, Londres, 7 de maio de 1973.

Páginas anteriores: O tempo fuma seu último cigarro. O Starman, condenado, vai aos bastidores do Hammersmith Odeon, pronto para encarar o suicídio rock 'n' roll, 3 de julho de 1973.

VELÓRIO NO CAFÉ ROYAL, 4 de julho de 1973.
Acima: Com o ato concluído, David Bowie assume seu trono, entre o guarda-costas, Stuey George, e sua esposa, Angie.
Abaixo: Uma calmaria na conversa com Lou e Mick Jagger permite que a ficha finalmente caia: Ziggy Stardust tinha morrido.

DOZE
VINIL

David Bowie. O rapaz de 19 anos começou 1966 com uma troca de pele, mais perto de Ziggy Stardust. O quebra-cabeça evolucionário do Starman ainda estava incompleto, uma confusão desconexa de buracos e peças ausentes, mas as beiradas estavam lentamente tomando forma. Uma imagem de aparência similar a Vince Taylor, extraindo pedaços de um mosaico bricabraque contendo Elvis Presley, Little Richard, *On the Road*, *Quartermass*, marcianos, Mingus, saxofones, descobertas sexuais, frustração suburbana e a dissonância sinfônica de *Os Planetas*, de Holst, bem como outro favorito da música clássica, *A Sagração da Primavera*, de Stravinsky.

Ele lançou seu primeiro single como David Bowie em janeiro, uma música inclinada ao *mod* chamada “Can’t Help Thinking About me”. Uma bela e honesta declaração de missão, que tratava de remorso adolescente e saudade infantil, de cortar laços familiares e de buscar novas realidades, enterrando o corpo de David Jones sob o corpo de David Bowie. Ao reconhecer que ainda havia “um longo caminho pela frente”, e na esperança cega de que iria “conseguir por conta própria”,

"Can't Help Thinking About me" era também um pedido de ajuda, no útero cavernoso do tempo, cujo eco em formato de Ziggy não seria ouvido por mais seis anos.

Pensando sobre si próprio, David ainda não tinha certeza de quem era esse "*me*" do título. Em uma entrevista à *Melody Maker* para promover o single, ele fez referência ao seu novo fascínio com o budismo tibetano, a religião de Kerouac, que escrutinava e destruía toda a filosofia ocidental sobre a individualidade. Não existia um "David Bowie", nem mesmo um "David Jones". Já começando a enjoar do rock 'n' roll, também falou sobre seus planos de escrever musicais e sua maior ambição: atuar. "Eu gostaria de interpretar personagens. Acho que se tornar outra pessoa dá muito trabalho."

As paradas da primavera de 1966 continuariam sem influência do nome David Bowie, assim como foi com Davie Jones; o top 10 era uma fortaleza, preenchida por The Rolling Stones, The Walker Brothers, The Kinks e The Yardbirds, com seu pop artístico da música "Shapes of Things", inspirada por H. G. Wells. David esperava revidar com uma nova banda de apoio, The Buzz, que se juntou a ele em abril para uma residência no clube Marquee, em Londres.

The Bowie Showboat era uma brecha na programação de domingo à tarde, diretamente inspirada pelo *Spontaneous Underground*, que acontecia no domingo à noite e trazia o Pink Floyd, uma banda experimental que usava elaboradas projeções de líquidos e outras máquinas de luzes estranhas. O líder da banda, Syd Barrett, era assustadoramente distante, com maquiagem, esmalte de unha e camisas esquisitas em contraste com um sotaque inesperadamente suave. Ao longo daquele ano, David seguiu o progresso do Pink Floyd de perto, do Marquee ao refúgio psicodélico do clube de óvnis, deixando sua imaginação voar com as canções "Interstellar Overdrive" e "Astronomy Domine", enfeitiçado por Syd cantando *Neptune, Titan, stars can frighten* (*Netuno, Titã, estrelas podem assustar*), em meio a uma cacofonia de acordes holstianos.

Em comparação, *The Bowie Showboat* dava às plateias um tipo diferente de experimento pop: parte show de rock, parte cabaré, mesclando músicas originais com sucessos das paradas, além de algumas coisas interessantes do West End, como "What Kind of Fool am I?", de Anthony Newley. Na segunda semana, Ralph Horton, que empresariava David, trouxe Kenneth Pitt ao show, o agente que tinha ajudado a mudar o nome de Jones para Bowie. Como Horton já esperava, Pitt ficou estupefato com o que viu — tanto pela teatralidade de David quanto pela sua voz. Foi o bastante para reconsiderar a proposta de se tornar parceiro na empreitada. Ele não só aceitou como foi além de empresariar Bowie, tornando-se um mentor e alguém em quem se podia confiar.

O apartamento de Pitt em Marylebone imediatamente ofereceu a David outro refúgio para sua inspiração, um oásis de itens colecionáveis e livros antigos da era vitoriana. Um dos primeiros volumes que ele tirou da estante de Pitt foi *O pequeno príncipe*, clássico da literatura infantil. Escrito por Antoine de Saint-Exupéry, conta a história de um piloto que sofre um acidente sobre o deserto do Saara, onde encontra um menino sábio e encantador, vindo de um asteroide distante. A fábula termina com o triste príncipe voltando à sua casa nas estrelas sob a condição de deixar seu corpo perecer — um ato similar a um suicídio extraterrestre.

David continuava incapaz de ver seu destino óbvio, distraído por outros personagens que viviam em sua mente, exigindo imortalidade na forma de música. O garoto no corpo de um homem chamado Uncle Arthur, que adorava ler revistas em quadrinhos e era o queridinho da mamãe. O soldado velho e amargo que perde seu amor para o líder da "Rubber Band". As crianças inocentes de "There is a Happy Land", emprestadas do romance homônimo de Keith Waterhouse. O assassino de crianças, encharcado de chuva, em "Please Mr. Gravedigger". E seu irresistível primeiro "messias", um profeta canibal de um futuro superpopuloso onde o infanticídio não seria considerado crime, em "We are Hungry Men".

Essa encenação musical oferecia um santuário criativo, longe do mundo do R&B e do pop que ele já tinha experimentado e no qual, até então, havia fracassado. Uma exceção semiautobiográfica era "The London Boys", a melhor música dessa fase de Bowie — e uma das melhores de toda a sua carreira: uma balada que crescia lentamente, fazendo pouco-caso da promessa vazia dos clubes da cidade pelos olhos de um *mod* jovem e solitário, vítima do ciclo vicioso de drogas e amigos falsos do Soho. A Ascensão e a Queda de David Jones, narrada por sua reencarnação mais velha e mais sábia. "The London Boys" já era popular em seus shows, e David imaginou que tinha potencial para ser um single. Infelizmente, sua nova gravadora, outra subsidiária da Decca, chamada Deram, não queria arriscar nenhuma controvérsia com sua letra que mencionava "pílulas" de anfetamina. Como consolação, concordaram em lançar a música como o lado B de "Rubber Band", uma aposta mais segura, com seus trompetes alegres.

No começo de novembro, Pitt foi a Nova York para uma viagem de negócios. Um de seus objetivos era aumentar o interesse norte-americano em David, tanto como artista quanto como compositor de aluguel. David lhe desejou boa sorte na viagem, mas estava com inveja, imaginando quando chegaria a sua vez de finalmente visitar a terra prometida de Sal Paradise, Elvis Presley e Little Richard. Para um garoto do Bromley que mal tinha viajado, a América, particularmente Nova York, parecia uma fantasia inatingível. Ele admitiu isso em outra música nova, "Did you Ever Have a Dream", sobre a facilidade que tinha de sonhar com passeios em Manhattan enquanto dormia no subúrbio vizinho de Bromley, o querido e glamoroso Penge.

NINGUÉM EM NOVA YORK SONHAVA com Penge. Ninguém em Nova York sequer sabia onde ficava Penge nem se importava com isso. Andy Warhol certamente não queria saber — só sabia onde Pittsburgh ficava porque tinha nascido lá, mas estava mais feliz em Manhattan, sonhando com Marilyn Monroe, Jackie O, latas de sopa Campbell, caixas de detergente Brillo, garrafas de Coca-Cola, Bloomingdale's, o restaurante Elaine, cadeiras elétricas, homens desejados, garotos maravilhosos, sapatos de salto alto, tinta e cola. Andy Warhol, deus da pop art, criado espontaneamente do vapor eslovaco-americano que um dia foi Andrew Warchola. Aquele cuja maior obra de arte foi ele mesmo: cabelo prateado, óculos de sol, passeando pela vida como um catatônico, sem nunca estar totalmente no ambiente em que parecia estar, sempre apegado à superfície da realidade. O artista que não tinha um estúdio, mas uma "fábrica", a Factory, no quarto andar de um armazém na Midtown nova-iorquina, que antigamente reformava estofados. O socialite que colecionava amigos como ornamentos, chamando-os de "superstars". A herdeira Edie Sedgwick, que abalou a juventude da época. "Baby Jane" Holzer, a modelo da Vogue com cabelo desalinhado. E a aparição sexual loira conhecida apenas como Nico.

Nico veio da Alemanha e falava, como alguns já descreveram, como um computador tentando imitar Greta Garbo, um lamento enevoado de vogais longas que se arrastavam pelo tempo. Ela também cantava assim: um fagote com escorbuto. Antes de ir a Nova York, Nico estava em Londres, onde passou o verão de 1965 — o mesmo que destruiu Vince Taylor com ácido —, afundando suas presas em Bob Dylan. Aos 27 anos, ela já tinha aparecido em filmes europeus, como *A doce vida*, de Fellini; enrolado baseados com Brian Jones dos Rolling Stones; e gravado um single fracassado de música folk com o empresário dos Stones, Andrew Loog Oldham, para o seu novo selo, o Immediate. Nico disse a Warhol que sua próxima prioridade era gravar a música com que Bob a presenteara em Londres, chamada "I'll Keep it with Mine".

Warhol via a arte no pop, mas nunca tinha pensado em sujar suas mãos com a indústria fonográfica. Ele amava grupos femininos, especialmente "He Hit Me (and it Felt Like a Kiss)", de The Crystals, e sua favorita, "Sally Go Round the Roses", de The Jaynetts. Também usava música pop em seus filmes *underground* de 16 mm. O exemplo mais recente, de março de 1965, era *Vinyl*, uma adaptação livre de *Laranja mecânica*, o romance de Anthony Burgess sobre violência adolescente, publicado pela primeira vez em 1962. A trilha sonora de *Vinyl* incluía The Rolling Stones, The Kinks e Martha & The Vandellas. Warhol e seu diretor Paul Morrissey foram os primeiros a misturar rock 'n' roll com delinquência — já estavam sete anos à frente.

De todas as pessoas que passavam um tempo na Factory, Paul Morrissey era o maior fã de Nico. Ela era, em suas palavras, "a criatura mais linda que já existiu". Ele acreditava que Nico seria uma superstar se pudesse liderar uma banda de rock 'n' roll. Warhol concordava que, pelo menos fisicamente, ela era estonteante: as bochechas glaciais de Dietrich; os lábios carnudos irresistivelmente sensuais de Bardot; modelo ideal para um dos seus "*stillies*", curtas-metragens de 16 mm que funcionavam, basicamente, como retratos em movimento de pessoas que frequentavam a Factory, bem como celebridades que visitavam o local, de Salvador Dalí a Allen Ginsberg. Sua descoberta de Nico coincidiu com uma oferta do produtor da Broadway Michael Myerberg, que queria o apoio da Factory para uma nova discoteca, instalada em um hangar de aviões desocupado no bairro do Queens. Morrissey interveio para aconselhar Myeberg, avisando que o local era longe demais de Manhattan e que só valeria a pena para Warhol se ele pudesse apresentar seu próprio grupo de rock 'n' roll no clube. Myeberg concordou — sem saber que Warhol ainda não tinha um grupo.

Morrissey, que já estava animado para contratar uma banda para Nico, agora tinha a missão de encontrar um grupo que merecesse a marca registrada Warhol. Não precisou procurar por muito tempo.

Cerca de uma semana após a proposta de Myerberg, ele foi contatado por sua amiga cineasta Barbara Rubin. Ela precisava de ajuda para gravar vídeos de uma banda da qual era próxima, atualmente residente num clube beatnik de Greenwich Village. Isolado numa área duvidosa da West 3rd Street, a melhor época do Café Bizarre já tinha acabado havia muito tempo. Em 1965, era uma armadilha gótica para turistas, com empregados que pareciam Morticia Addams e lâmpadas cobertas com meias-calças — lá, todo dia era Halloween. A última vez que tinha recebido uma atração interessante foi em 1963, com Herman Blount, o "pianista cósmico" e filósofo, de 50 anos, que preparou o território para Ziggy Stardust, chamando-se de "Sun Ra", dizendo a todos que veio de Saturno e vestindo roupas de faraós egípcios com um toque futurista. Se Blount fosse 30 anos mais jovem e aprendesse a tocar músicas de rock de três minutos, em vez de suas jams abstratas de dez minutos, ele poderia receber toda a glória do Starman.

Em qualquer outro momento, Morrissey não se daria ao trabalho de descer até o Café Bizarre com Rubin e o amigo em comum dos dois, Gerard Malanga, um assistente de Warhol e ator que havia interpretado o equivalente do papel de "Alex" em *Vinyl*. No entanto, como ele precisava achar um grupo para Nico, não tinha nada a perder entrando no local.

A banda que Rubin estava elogiando era um quarteto, liderado por um homem de cabelos cacheados e cara fechada, com seus 21 anos, cantando sobre chicotes, navalhas e a sensação de injetar heroína — às vezes, ele nem usava palavras, só fazia barulhos como "*shhhh*". Ao lado dele estava um guitarrista soturno e um sósia de Richard III, vestindo um suéter de gola cacharrel e um colar de strass, fazendo caos sonoro com sua viola[11] elétrica. Sua baterista não podia tocar bateria, porque o lugar era uma casa de música folk, então batia num pandeiro; parecia um Beatle esquecido pelo tempo, possivelmente um homem, possivelmente uma mulher — Morrissey não tinha certeza. Ele só sabia

11 Neste caso, "viola" se refere ao instrumento similar ao violino. [N.T.]

que, graças a Rubin, tinha evitado semanas caçando talentos, pois a banda dos sonhos de Andy estava ali, na sua frente. Até o nome ressoava uma perfeição warholiana.

The Velvet Underground.

O CANTOR DE CARA FECHADA E CABELOS CACHEADOS era Lou Reed, que nasceu no Brooklyn, mas se mudou para Freeport, em Long Island, pouco antes da adolescência. Lou gravou seu primeiro disco, como membro de um grupo de doo-wop, enquanto ainda estava no ensino médio — isso aterrorizou seus pais, um casal careta da classe média. Em poucas palavras, ele descreveu a situação: "Eu representava algo alienígena para eles". Seus pais estavam nervosos com o afeto de Lou pelo rock 'n' roll, seus amigos indesejáveis e seu comportamento, que eles definiam, em sua mente conservadora, como "homossexual". Mandaram-no a um psiquiatra. A "cura" recomendada para o garoto de 17 anos foi terapia de eletrochoque por oito semanas, num hospital psiquiátrico local. Não "curou" ele de nada.

Estudando inglês na Syracuse University, Lou se encantou com o feitiço rítmico e libertador do jazz moderno e com a influência de guru de seu professor de escrita criativa — o poeta paranoico Delmore Schwartz, outra vítima do eletrochoque. "O homem mais infeliz que conheci na minha vida", disse Lou. "Era o mais esperto também." O destino ainda o colocou no mesmo campus que Jim Tucker, de Long Island, irmão mais velho da baterista andrógina Maureen "Moe" Tucker e amigo do guitarrista Sterling Morrison — ambos viriam a fazer parte do Velvet Underground.

Ao concluir seu curso, Lou voltou para casa e achou trabalho compondo cópias baratas dos últimos sucessos do rock para a gravadora Pickwick Records, de Long Island. Acorrentado até a alma ao pop de linha de produção, ele decidiu abraçar o absurdo, criando seu hostil mendigo de metrô parasita que tocava músicas bobas atribuídas a bandas que não existiam, compostas por ele mesmo. A obra-prima trash de Lou foi o pastiche enlouquecido de "The Ostrich", uma cópia de "Then He Kissed Me" (The Crystals), lançada pelo nome fictício The Primitives. O produtor da gravação, Terry Philips, achou que tinha uma boa chance de chegar às paradas. Mas precisavam primeiro contratar um grupo de jovens músicos desesperados para fazer uma versão "verdadeira" dos Primitives, de modo a conseguir promover a banda. Philips encontrou seu primeiro voluntário numa festa no centro de Manhattan. Um jovem galês de 22 anos, com cabelo ao estilo Beatles, chamado John Cale.

Cale foi treinado no piano e no violino clássico. Em 1963, se mudou de Londres para Nova York para estudar composição vanguardista com seus heróis John Cage — um teorista experimental conhecido por sua obra "4'33"", que contém 4 minutos e 33 segundos de silêncio absoluto — e o pioneiro minimalista La Monte Young. No papel, parecia que o aprendizado de Lou em rock 'n' roll descartável e o radicalismo de Cale não eram uma combinação óbvia. Porém, quando se encontraram no primeiro ensaio dos Primitives, algo deu certo. Cale ficou impressionado quando Lou lhe contou que "The Ostrich" era moleza de tocar na guitarra, pois todas as cordas eram afinadas na mesma nota. Não era algo incomum no rock — um dos ídolos de Lou, Bo Diddley, fez sua carreira com a "afinação aberta" —, e Cale reconheceu que isso compartilhava uma metodologia minimalista com seus próprios professores vanguardistas.

Eles logo esqueceram os Primitives e mudaram-se para um apartamento no Lower East Side de Nova York. Compondo, ensaiando, experimentando — Cale agora amplificava sua viola com um captador elétrico — e criando a base do que seria sua própria banda, cujo nome foi inspirado por um livro que um amigo encontrara no chão de uma rua ali perto. *The Velvet Underground* era o título da pesquisa provocadora do jornalista Michael Leigh, tratando sobre desvios sexuais na América contemporânea, desde trocas de esposas nos subúrbios até bestialidade e sadomasoquismo. Eles não gostaram muito do livro, embora Lou já tivesse uma música de tema parecido, a pervertida "Venus in Furs", inspirada em outra obra, de Leopold von Sacher-Masoch. Mas o título, especialmente a palavra "Underground", resumia a terra de ninguém que era o som de Lou, com seu rock beatnik, e de Cale, propenso ao caótico e ao não convencional.

No verão de 1965, Cale fez uma de suas viagens esporádicas a Londres, levando consigo a primeira demo de sua banda. Ele não tinha muita experiência na área, mas tentou gerar interesse na gravação, empurrando uma cópia para a cantora pop Marianne Faithfull, na esperança de que ela acabasse nas mãos de seu mentor, Andrew Loog Oldham, empresário dos Rolling Stones. Cale lembra que Faithfull fechou a porta na sua cara; irônico, considerando que o tio-bisavô da cantora era ninguém menos que Leopold von Sacher-Masoch. A música "Venus in Furs" estava na fita.

Uma vez em Londres, Cale poderia, ao menos, conferir as tendências pop da cidade, que estavam em constante processo de mutação. Ele adquiriu os últimos sons de bandas *mod*, desde "Anyway, Anyhow, Anywhere", do The Who, até "What'cha Gonna Do About It?", a estreia da banda The Small Faces, cujo cantor, Steve Marriott, era cliente frequente no La Gioconda e amigo de David Jones. Ambas as gravações estavam na boca do povo: um presságio encorajador de que os Velvets se dirigiam pelo caminho certo. De volta a Nova York, Cale insistiu em tocar as músicas diversas vezes para seu colega de banda. "Puta merda, Lou!", Cale o provocou. "Temos que conseguir um contrato logo. Eles estão nos alcançando."

The Velvet Underground encontrou sua formação definitiva com Morrison e Tucker poucas semanas antes de sua residência no Café Bizarre. Sua amiga e superfã Barbara Rubin agia como um panfleto humano na cidade. Ed Sanders, cantor da banda local de hippies anarquistas obscenos The Fugs, foi uma das pessoas que ela arrastou para o show. Conhecido mútuo dela e de Warhol, que, assim como Nico, seria filmado na Factory para um dos *stillies*, Sanders ficou impressionado com aquela repetitividade monótona e com o óbvio potencial de Lou para o estrelato. Em seguida, Rubin trouxe Gerard Malanga — no meio do show, ele ficou de pé e começou a dançar com um chicote na frente do palco. Lou o convidou para fazer o mesmo ato na próxima apresentação. Na vez seguinte, Malanga e Rubin vieram com Paul Morrissey. Seu caminho de veludo até Warhol estava quase completo, só precisava da aprovação do próprio Imperador Andy.

Alguns dias antes do Natal de 1965, o pacato Café Bizarre foi abençoado com uma visita rara de Vossa Warholneza e uma comitiva da Factory, que incluía Morrissey, Malanga, Rubin e Edie Sedgwick. Também presente estava Nico, que lembraria daquilo como "o momento mais lindo da minha vida". Morrissey fez a astuta sugestão de que, como ela precisava de uma banda, talvez permitiriam que cantasse com eles. Warhol viu Malanga repetir sua dança com o chicote, extasiado pelo barulho e por aquela beleza grotesca. Ele concordou: The Velvet Underground deveria ser a banda de rock da Factory. Mas havia uma ressalva, impassível de negociação. Morrissey estava preocupado com a "falta de carisma" de Lou Reed, então pressionou Warhol a insistir que Nico entrasse para a banda. Se eles aceitassem, ele seria seu empresário, lhes compraria novos equipamentos, pagaria seu aluguel e forneceria um local gratuito para ensaios, na Factory. Se recusassem, a oferta seria retirada — Lou e Cale continuariam sua existência precária como traficantes de drogas, ou então alugando seus corpos como modelos fotográficos para revistas duvidosas sobre crimes, que lhes ofereciam uma taxa fixa para posar como estupradores, assassinos e molestadores. Na verdade, nem chegava a ser uma escolha.

A oferta original de Myerberg para a discoteca no Queens já tinha sido cancelada. Em vez disso, Warhol começou a integrar o grupo, agora com Nico, ao seu *happening* multimídia em Nova York, chamado *Andy Warhol, Up-Tight*. Em abril, mudou seu nome para *The Exploding Plastic Inevitable*, agora situado no The Don, na East Village. Os Velvets e Nico tocavam ao vivo, num palco com luzes de estrobo piscando e projeções de filmes (incluindo *Vinyl*), enquanto Malanga e outra estrela da Factory, Mary Woronov, faziam seu ato sadomasoquista, com botas de couro e chicotes. Em maio, atraída pelo nome de Warhol, a MGM Records assinou um contrato com a banda, como um quinteto. "Mas eles não queriam o Velvet Underground", relatou Cale. "Achavam que tinham mais chance de vender discos com Nico, a loira arrasa-quarteirões — mais do que teriam com quatro indivíduos irascíveis tentando fazer música barulhenta e cacófona."

A suspeita de Cale tinha motivo. Após gravar a maioria de seu disco de estreia no verão de 1966, a MGM escolheu duas das três faixas com Nico nos vocais para lançar um single promocional: "All Tomorrow's Parties" e "I'll Be your Mirror". Ao adiar a data de lançamento do álbum, os medos de Cale foram confirmados: a gravadora insistiu que precisava de "mais Nico". A resposta rebelde de Lou foi compor "Sunday Morning", uma música digna dos vocais de Nico, mas cantada por ele. A tensão no grupo só piorou com as aventuras românticas da beldade europeia, criando um bagunçado triângulo amoroso: primeiro com Lou, depois com Cale. "Chega dessa merda de drama!", Lou esbravejou. "Sim, ela fica linda fotografada em preto e branco com o contraste no máximo, mas eu não aguento mais!"

Com "Sunday Morning" sendo adicionada de última hora, o disco estava pronto no fim de outubro — só faltava a capa. O problema era que o design de Warhol, uma banana pop art que poderia ser fisicamente descascada para revelar uma fruta rosa abaixo da casca amarela, era tão complexo que exigiu a construção de máquinas especiais para sua produção, adiando ainda mais o lançamento. Com sua banda quase se separando e temporariamente paralisada, Warhol tentou focar o futuro, considerando se, como seu amigo e ator Denis Deegan havia sugerido, eles poderiam levar o *Exploding Plastic Inevitable* à Europa. Por sorte, no início de novembro, um amigo apresentou Deegan a um empresário de artistas pop que tinha acabado de chegar a Nova York a negócios. Seu nome era Kenneth Pitt.

A convite de Deegan, Pitt foi até o armazém na East 47th Street, pegou o elevador antigo — e notoriamente lento — até o quarto andar e entrou naquela terra mágica coberta de papel-alumínio chamada Factory. Lá, ele conheceu Warhol e disse que estaria disposto a ajudar na promoção de seus eventos em Londres. Antes de ir embora, Pitt também encontrou Lou e recebeu uma cópia adiantada do disco de estreia de sua banda, uma prensagem de teste, ainda sem capa, trazendo apenas um adesivo com a assinatura de Warhol. Pitt agradeceu e cuidadosamente guardou o disco em sua bagagem, que passou outro mês sendo batida e jogada por funcionários de aeroportos, passando pela Austrália e Singapura, até chegar a Londres. Muito provavelmente, era a primeira cópia de *The Velvet Underground & Nico* no Reino Unido. Propriedade de Kenneth Pitt. Um presente para David Bowie.

Pitt voltou no meio de dezembro, com a Inglaterra congelando, ouvindo o conforto da temporada de festas que era "Green, Green Grass of Home", de Tom Jones. O single "Rubber Band" de David tinha sido lançado recentemente e foi bem recebido pela crítica, mas vendeu pouco. Conforme o pedido, Pitt trouxe da América algumas revistas em quadrinhos do Batman para David — uma preferência de leitura que ele compartilhava com o fictício "Uncle Arthur". Pitt também trouxe alguns discos com "coisas esquisitas" que ele achou que David gostaria. Um deles era o segundo álbum dos Fugs, contendo um texto de seu autor beatnik favorito, Allen Ginsberg. Era "música ótima para beber e ficar chapado", de acordo com David, especialmente o blues de mau gosto "Dirty Old Man", cujo título explicava bem seu personagem principal — e que David logo aprenderia a tocar ao vivo.

O outro era o disco sem capa, mas com o adesivo de Warhol. A primeira faixa, "Sunday Morning", não causou boas impressões. Daí veio a marcha delinquente de "I'm Waiting for the Man", o relato de Lou indo ao Harlem para comprar drogas.

"Lexington, 125."

Enquanto a música martelava até seu primeiro refrão, David foi tomado por uma falta de ar eufórica. Tudo que ele já tinha sentido, mas ainda não sabia, sobre o rock 'n' roll na idade de 19 anos trepanou seu crânio simultaneamente. Raios prateados voando pelo céu diretamente para seus tímpanos. Milhares de "vá se foder" trovejando em seus pensamentos. Uma galáxia inédita de possibilidades infinitas, todos os parâmetros anteriores completamente explodidos.

Hey, white boy...

O corpo de David Bowie ainda estava geograficamente perto de Penge. Todavia, com o doce gosto de *The Velvet Underground & Nico*, sua alma havia encontrado um lar, em Nova York.

TREZE
A SOLIDÃO

Os circuitos dentro da cabeça de David Bowie derreteram-se com "I'm Waiting for the Man". Enquanto isso, cerca de 45 km ao norte da casa de seus pais, que ele ainda chamava de lar, outro nova-iorquino estava no processo de derreter todo o conhecimento humano sobre o nosso Universo, por meio de um filme gravado em Hertfordshire. A MGM, mesma corporação multinacional que havia contratado os Velvets, estava investindo 10 milhões e meio de dólares num projeto que iria ocupar a maioria do espaço de seus estúdios em Borehamwood. Seu diretor era Stanley Kubrick, 38 anos, e já considerado por muitos de seus colegas como um gênio do cinema. Alguns também diriam que ele era insuportável, insensível e, possivelmente, insano.

Criado no Bronx, Kubrick começou sua carreira, ainda adolescente, como fotógrafo profissional, documentando o cotidiano pós-guerra de nova-iorquinos para a revista *Look*. Quando não estava tirando fotos de Frank Sinatra, *showgirls* e engraxates, explorava seu intelecto precoce jogando xadrez na Washington Square, a uma quadra do local que futuramente seria o Café Bizarre. Quando os beatniks invadiram Greenwich Village, ele já era conhecido no cinema, um mestre de suspenses criminais de baixo orçamento, dramas de época e, com *Spartacus*, lançado em 1960, filmes épicos de espada e sandália com atores famosos. Pouco à vontade em Hollywood, quando chegou a hora de gravar sua adaptação de *Lolita*, a obra incendiária de Vladimir Nabokov, ele mudou a produção para a Inglaterra e decidiu morar lá com sua família, nos arredores de Londres, próximo aos sets de filmagem do estúdio, em Borehamwood. Em seguida, dirigiu *Dr. Fantástico*, sua obra-prima satírica sobre a aniquilação nuclear da Guerra Fria, com o subtítulo *Como eu parei de me preocupar e aprendi a amar a bomba*. Quando a mídia popular americana o criticou por suas piadas "antipatriotas" com os procedimentos militares norte-americanos, isso apenas realçou o santuário intelectual e a liberdade artística que havia encontrado no exílio.

Após *Dr. Fantástico*, Kubrick não tinha ideias concretas para seu próximo trabalho, apenas uma noção de que queria fazer "o famoso filme de ficção científica bom de verdade", baseado na sua crença de que, até então, ninguém o tinha feito. Para alcançar seu objetivo, ele precisava de um colaborador. Foi por isso que, em abril de 1964, Kubrick convidou o autor inglês de ficção científica Arthur C. Clarke, à época morando no Sri Lanka, para visitá-lo em Nova York, onde ainda tinha um apartamento, no Upper East Side.

Sua primeira reunião ocorreu durante um almoço no Trader Vic's, o restaurante no porão do Plaza Hotel, ao lado do Central Park, onde Andy Warhol jantava ocasionalmente. "Não ria", Kubrick disse a Clarke, "mas eu sou fascinado pela possibilidade de extraterrestres". Clarke não riu. Só ficou intrigado pela paixão de Kubrick e impressionado com seu conhecimento. Aos dez anos de idade, ele havia sido um dos milhões que ouviu, ao vivo, a transmissão de *A guerra dos mundos* feita por Orson Welles, e ainda conseguia recitar seu discurso de abertura, memorizado em sua mente.

Como ponto de partida para um filme original sobre contato com extraterrestres, Clarke ofereceu a Kubrick meia dúzia de seus contos já publicados. O diretor escolheu *The Sentinel*. Escrito em 1948, contava a história de uma futura exploração da Lua, quando astronautas descobrem uma estrutura estranha em formato de pirâmide, um "alarme de incêndio" deixado por uma espécie alienígena, há milhões de anos, para alertá-los quando a vida na Terra tivesse evoluído o suficiente e fosse possível viajar ao espaço. Nos meses seguintes, Clarke permaneceu em Nova York, no santuário boêmio do Chelsea Hotel — que já tinha sido casa para Bob Dylan, Nico e Jack Kerouac —, trabalhando no esboço do roteiro que ele e Kubrick anunciariam como *Journey Beyond the Stars* (*Jornada Além das Estrelas*).

Passando por constantes mudanças durante a produção, o núcleo da história pegou a premissa do "alarme de incêndio" alienígena, trocando a pirâmide por um monolito preto, retangular e liso. O roteiro também trazia designs meticulosamente detalhados — tudo, desde unidades de animação suspensa até lavabos na gravidade zero — e exigia técnicas de câmera inovadoras para construir uma visão cientificamente precisa do futuro da humanidade no espaço, conforme possível. Quando as filmagens começaram, no fim de dezembro de 1965, suas especulações eram muito mais numerosas que os dados concretos de pouco mais de 20 voos tripulados que os programas espaciais norte-americano e soviético tinham feito até então — cada lado da Guerra Fria havia realizado apenas uma atividade extraveicular no espaço. A escala dos sets de filmagem e dos efeitos especiais logo excederam o orçamento e atrasaram a produção. As primeiras informações eram de que *Journey Beyond the Stars* chegaria aos cinemas no Natal de 1966 — uma ambição risível. Enquanto David Bowie estava em Bromley, hipnotizado por "I'm Waiting for the Man", Kubrick ainda estava filmando, aprimorando sua obra e deliberando sobre a forma final dela.

O seu maior problema ainda era como mostrar, no clímax do filme, o contato entre humanos e alienígenas, sem utilizar clichês de ficção científica como monstros pegajosos e esbugalhados. Clarke buscou ajuda, marcando uma reunião informal com o cosmólogo Carl Sagan, nascido no Brooklyn, o homem que futuramente colocaria Beethoven e Chuck Berry no espaço, no Disco de Ouro da Voyager. O conselho de Sagan para Kubrick foi bem direto. Qualquer tentativa explícita de demonstrar vida extraterrestre "inevitavelmente traria consigo algum elemento falso". Seria muito melhor, de acordo com Sagan, "sugerir" em vez de "mostrar" tal presença alienígena. Também havia a questão do título, que simplesmente não fazia sentido conforme as regras da física. "Um filme sobre um lugar 'além das estrelas' teria de mostrar apenas uma tela branca por duas horas", brincou Sagan. "Só Andy Warhol conseguiria fazer um filme assim."

Kubrick, porém, perseverou com seu departamento de arte, tentando criar alienígenas convincentes, desde "gárgulas de borracha" até formas gasosas feitas de pontinhos. Apesar disso, para o alívio de Sagan, ele mudou o título, refletindo o tema homérico do roteiro sobre peregrinação, exploração e aventura: *2001: uma odisseia no espaço*.

O David Bowie de 20 anos de idade iniciou o ano novo com grandes expectativas — *1967: uma odisseia de sucesso*? Enquanto Londres seguia em constante mudança, a primeira canção do David pós-adolescência foi um salto demente, mais perto da Alemanha do que de Carnaby Street. Como se já soubesse que seu futuro estava em escrever músicas sobre uma criatura estranha de um mundo diferente, mas recebeu essa informação de um cigano bêbado que soluçou e arrotou na hora de dar os detalhes da premonição. Como se tudo que ele sentiu enquanto ouvia The Velvet Underground tivesse sido apagado de sua mente e substituído por uma tigela gigante de geleia e sorvete, batizada com a substância que fez Vince Taylor acreditar que era o filho de Deus. Que outra forma haveria de explicar a bobeira absurda de "The Laughing Gnome"?

Pelo menos era uma música pegajosa. E engraçada, se você gosta de trocadilhos. Mas ela mostrava todas as falhas de uma divisão entre o lado cósmico que crescia na cabeça de David e os sons esquisitos que ele estava gravando. Então ele cantou "The Laughing Gnome", enquanto a jukebox de sua mente afogava seus *hahahas* com os Velvets e os Fugs, e seus *hihihis* com o Pink Floyd de Syd Barrett, com a feitiçaria canhota da Jimi Hendrix Experience e com o Cream, um trio formado pelo ex-Yardbird Eric Clapton que começou o ano chegando perto do top 10 com "I Feel Free", canção que tocava o sino da liberdade, já preparado para a chegada de Ziggy.

No fim de fevereiro, quando o primeiro grande sucesso do Cream ainda estava nas paradas, a banda tocou no Court Hotel, em Bromley. David convidou Terry para ir ao show, esperando convencer seu irmão a gostar de algo que não fosse um de seus artistas favoritos de jazz bebop. Porém, quando o Cream começou a apresentação, ele percebeu que Terry passou a se balançar e gemer, como se a música estivesse o atacando fisicamente. Ele ficou pior no decorrer do show — tão ruim que David precisou levá-lo para respirar ar fresco. Terry se agarrou a David até chegarem ao estacionamento, onde ele caiu no chão, gritando. Ele descreveu o asfalto se abrindo sob seus pés, enquanto um anel de fogo o rodeava, como se chamas estivessem subindo do inferno. David sabia que isso não era resultado de bebida nem uma *bad trip*. Ele já tinha visto o olhar da esquizofrenia em Vince Taylor. Agora, via a mesma coisa nos olhos de seu pobre meio-irmão, assustado e tremendo, caído no chão gelado da Coninston Road diante de todos. Lá, em público, o grande segredo da família de David, que nunca era mencionado nem discutido. O traço de insanidade que passava pelos genes da família Burns, de sua mãe, Peggy. Uma linha sanguínea condenada à lobotomia, terapia de choque e mortes prematuras agora destruía Terry. David imaginou: quanto isso o destruiria?

Terry Burns não era o único se afogando com a nuvem de loucura que envolveu Londres naquele mês. O mundo pop ficou boquiaberto com o suicídio rock 'n' roll de Joe Meek, produtor de "Telstar". Uma combinação insuportável de fracasso nas paradas, paranoia, ameaças por conta de sua homossexualidade (ilegal na época), abuso de drogas, falência iminente e, talvez, sessões de espiritismo em excesso — tudo isso o levou a assassinar a proprietária do imóvel que ele alugava momentos antes de botar um furo em sua própria cabeça. A data, 3 de fevereiro, também era o oitavo aniversário de morte de seu ídolo, Buddy Holly. O último disco de Meek a ser lançado foi um single da banda *mod* de Londres chamada The Riot Squad, cujo cantor, Keith Gladman, foi tão afetado pela tragédia que decidiu largar o grupo. Os outros músicos, determinados, começaram a procurar um vocalista substituto. Algumas semanas depois, o encontraram. Seu nome era David Bowie.

Como ele era um artista solo contratado, já gravando seu álbum de estreia, David não precisava buscar outro grupo. Mas o Riot Squad ofereceu a ele uma fuga de sua terra mágica de gnomos, uma chance de tentar novas ideias e influências, além de fazer experimentos com sua autoimagem. David mudou o estilo da banda por completo, copiando o guarda-roupa de Syd Barrett, com camisas claras e floridas, e pintura facial. Ele os fez ensaiar covers de suas novas paixões nova-iorquinas, "I'm Waiting for the Man" e "Dirty Old Man". Também forneceu algumas composições próprias, únicas e arriscadas: a fantasia de maconha "Silver Tree Top School for Boys" e a pervertida "Little Toy Soldier", que roubava seu refrão de "Venus in Furs", dos Velvets. Era um ensaio prematuro, um mero rascunho do que seria The Spiders from Mars. Sua experiência com The Riot Squad acabou após uma demo e um punhado de shows pequenos.

David voltou ao seu trabalho normal, sendo apenas David Bowie, a tempo de promover seu primeiro álbum — chamado simplesmente de *David Bowie*. Como um refúgio de Bromley, ele se hospedou no apartamento de Kenneth Pitt em Marylebone. As palavras elogiosas na contracapa do álbum também eram de Pitt. "David tem uma percepção aguçada, bem como poderes de observação incomuns. Isso lhe permite ver o mundo ao seu redor com os olhos de uma águia articulada", escreveu Pitt. "Ele se moveu tão rápido, que tudo o que fez estava dois anos adiantado. Ele foi até fotografado em 1964 com um uniforme militar."

Este último comentário de Pitt assumiu uma contundência cruel quando o álbum foi lançado, em 1º de junho de 1967. No mesmo dia que o *zeitgeist* decisivo do pop daquela década, *Sgt. Pepper's Lonely Hearts Club Band*. Sua capa, criada por Peter Blake, instantaneamente tornou-se um ícone da pop art. Nela, os Beatles apareciam na companhia de um elenco dos sonhos de seus heróis pessoais, incluindo retratos de H. G. Wells, Bob Dylan, William Burroughs e Terry Southern, que escreveu o roteiro de *Dr. Fantástico* com Kubrick. No meio de todas essas celebridades estavam os Beatles, com uniforme militar de cores berrantes. Melhor dizendo, *não* eram os Beatles. A banda estava sofrendo um desgaste, causado por sua conquista totalitária de todos os sistemas nervosos do Ocidente — eles eram "maiores que Jesus". Isso os forçou a desistir de shows ao vivo, no verão anterior. Foi Paul McCartney quem sugeriu que "seria legal" perder suas identidades, assumindo os alter egos da banda Sgt. Pepper's. "Com essa imersão na persona de um grupo fictício", McCartney acrescentou, "poderíamos inventar toda a cultura ao seu redor." O pop sempre foi cheio de alter egos, como Reg e Brian escondendo suas certidões de nascimento, fingindo ser os glamorosos Martys e Vince. Mas o truque de *Sgt. Pepper* abriu uma nova dimensão de ilusão e suspensão da descrença. Um truque que não passou despercebido pelo jovem David Bowie.

Amargamente, *Sgt. Pepper* também expôs os defeitos do álbum *David Bowie* como um artefato determinante do pop em 1967. Enquanto ambos os discos observavam o passado do Império de Lord Kitchener com lentes sépia, os Beatles o faziam por meio do rock psicodélico moderno. Já as canções de David Bowie pareciam obras de vaudeville, em comparação.

Seu álbum de estreia era um fim, ao invés de um começo. Foi tão final que ele não lançaria outro álbum por mais dois anos. Um longo período em que precisou reavaliar quem (ou o quê) era "David Bowie".

Incapaz de avançar no mundo do pop, ele voltou às suas ilusões de ser um grande ator. Um diretor amigo de Pitt lhe ofereceu um papel numa comédia baseada na lenda clássica de Orfeu no submundo. O personagem era um cantor pop que acaba sendo literalmente despedaçado por seus próprios fãs. O filme nunca foi feito.

Potencialmente ainda mais desastroso era o aumento de seu interesse no budismo. David participava de reuniões periódicas na Tibet Society, estudando sua literatura e filosofia, além de meditar com monges lama. Seu próximo passo em direção à iluminação envolveria um retiro num monastério escocês, um voto de abstinência e uma cabeça raspada. Ir para a Escócia não o incomodava tanto quanto a ausência de sexo e cabelo. Sabiamente, optou por ficar em Londres, com suas madeixas e a libido intactas.

Ele ainda resistia ao caminho do pop, mas sua próxima tangente seria, felizmente, mais frutífera. David decidiu que queria estudar mímica após conhecer Lindsay Kemp, um ator e dançarino escocês, de 29 anos, que fazia um show solo no Covent Garden. Kemp se tornaria mentor, amigo e um dos muitos amantes de David. Mais importante, ele podou os galhos secos de David Jones para mostrar um pouco mais do Starman que havia dentro dele. Kemp foi o primeiro a abrir os olhos de David para os vestuários exóticos, a maquiagem e os maneirismos do *kabuki*. Foi Kemp quem ensinou seu corpo a exteriorizar a alma através do movimento. E foi Kemp quem o fez conhecer e amar o trabalho de um compositor belga, ex-colega de gravadora de Vince Taylor, chamado Jacques Brel.

A primeira dose de Brel veio no outono de 1967, com a estreia solo de Scott Walker, ex-Walker Brothers. Ele também era um ser isolado, um enigma do pop, cujo apelo para as massas foi habilmente descrito por seu publicista como "isolação convidando a adulação". O álbum *Scott* tinha três músicas de Brel, traduzidas para o inglês por Mort Shuman, veterano do Brill Building, incluindo "Amsterdam" e "My Death". Walker gravou mais versões de Brel em seu segundo e terceiro disco, em 1968 e 1969 — até então, David já estava "absolutamente derretido" pelo sucesso off-Broadway *Jacques Brel Is Alive and Well and Living in Paris*, uma demonstração teatral das canções do belga, que Bowie e Kemp viram muitas vezes durante a temporada de cinco semanas do espetáculo em Londres.

Entre *kabuki* e Jacques Brel, a influência de Kemp fez bem para a chegada de Ziggy Stardust. O mesmo pode ser dito de um poema que David descobriu: *At Lunchtime*, de Roger McGough, nascido em Liverpool, sobre passageiros de ônibus enlouquecidos, achando que o mundo estava acabando — uma semente para a letra de "Five Years". Bowie recitava esse poema como parte de seu ato solo de cabaré — o problema era que, no mesmo show, ele cantava "The Laughing Gnome" com um fantoche de luva em sua mão. Parecia o ato de alguém disposto a ver sua carreira, outrora promissora, ser colocada na geladeira. Sua gravadora obviamente concordava. Eles haviam agendado seu próximo single, uma música que supostamente surgiu de seu exílio (cancelado) na Escócia, "London Bye Ta-Ta". O lançamento foi abortado de última hora. No mesmo mês, cancelaram seu contrato.

David Bowie tinha 21 anos. Um cantor e compositor sem uma gravadora, sem uma banda. Em um ato desafiador, ele criou um plano radical, usando todo o treinamento que tinha recebido de Kemp. Relançaria sua carreira, dessa vez como um artista de mímica, fazendo um show de um homem só, no qual encenaria a invasão chinesa do Tibete. Como o próprio Bowie admitiu posteriormente, ele fumava muita maconha na época.

Mesmo assim, estar completamente chapado podia fazer bem para a cabeça — a válvula de escape de David para esquecer frustrações e fracassos recentes, e desaparecer nas nuvens de fantasia do futuro. Ele podia fazer o que muitos hipsters faziam no verão de 1968. Ficar chapado. Ir ao cinema. Quem sabe endoidar vendo aquele filme novo viajante do Stanley Kubrick...

Quase quatro anos após a primeira reunião de Kubrick com Clarke no Trader Vic's, *2001: uma odisseia no espaço* estava finalmente pronto. A versão original do filme tinha aproximadamente três horas de duração e incluía um prólogo de dez minutos, com entrevistas com físicos, astrônomos e teólogos discutindo a possível existência de vida extraterrestre e seu impacto sobre nossos conceitos de Deus e Universo. Após as primeiras exibições para a imprensa, Kubrick decidiu remover o prólogo e mais 19 minutos de filme antes de seu lançamento oficial nos EUA, na primeira semana de abril de 1968. Mesmo assim — com duas horas e vinte minutos e pouquíssimo diálogo — ainda era "muito comprido" e "chato" para as plateias-teste. Os críticos também não foram gentis. O *New York Times* julgou a obra como "um meio-termo entre o hipnótico e o tremendamente entediante". Muitos concordaram que era "monótono" e "banal". Na revista *Harper's Bazaar*, a crítica Pauline Kael, famosa por ser difícil de agradar, reclamou que era "um filme drasticamente desprovido de imaginação".

Kubrick era à prova de balas. Ele confiantemente dispensou todos os comentários negativos, acreditando serem evidência de uma lacuna geracional. Para ele, a "má reação" vinha da plateia errada, que dava uma opinião estreita sobre um filme que seus sentidos ainda não estavam preparados para entender. "Há um problema básico com as pessoas que não prestam atenção com seus olhos", ele argumentou. "Elas escutam e não entendem muito. As pessoas que não acreditam em seus olhos não serão capazes de apreciar este filme."

A convicção de Kubrick era mais que uma simples vaidade ou teimosia. Uma geração de jovens amaciados pela era de *Sgt. Pepper* e do *flower power* estava pronta, como o diretor imaginou, para acreditar em seus olhos. Kubrick tinha lhes dado um presente, na forma de um espetáculo psicodélico, capaz de alterar a mente. A viagem derradeira. Com *2001: uma odisseia no espaço*, os hippies podiam participar da corrida espacial.

O filme estreou em Londres no mesmo mês, sendo exibido por um ano no Casino Cinerama Theater do Soho, próximo ao café-bar The 2 I's. Foi nesse cinema que David Bowie, quase caindo de chapado, entrou e se sentou.

As luzes se apagaram. Nos primeiros três minutos, ele ficou sentado, na escuridão, com a inquietude de *Atmosphères*, de György Ligeti, espetando seus ouvidos como um enxame de abelhas. Aí surgiu a luz. Uma luz solar ofuscante, curvando arcos brancos ao redor dos planetas, vindo do além para perfurar seus olhos, erguendo-o de sua poltrona em direção à maciez inimaginável do cosmos. Luz e música. O som de toda a vida despertando. O coro do *big bang* ensurdecedor de "Assim Falou Zaratustra", de Richard Strauss. *Tan. Taaan. Taaan. TAN-TAAAAAN!*

Pam, pam, pam, pam, pam, pam, pam, pam, pam!

Pelas duas horas seguintes, seus sentidos foram arremessados pelo tempo e pelo espaço. Voltou milhões de anos, para o início dos ancestrais primitivos e dóceis do ser humano, aprendendo a arte da guerra com o monolito gigante de Clarke. Avançou ao futuro, com estações espaciais rodando acima de um planeta pálido e azulado, com a valsa graciosa "Danúbio Azul", de Johann Strauss, e outro monolito descoberto por astronautas, enterrado na Lua. Ao futuro, novamente, com a primeira missão da Nasa para Júpiter, sabotada pela inteligência artificial do computador de bordo da nave, HAL — até ele ser desprogramado pelo único sobrevivente, Dr. Dave Bowman. "Pare, Dave. Você pode parar, Dave?" Finalmente, o clímax, com o crescendo psicodélico da sequência "Além do Infinito"; o corpo e a mente de David distorcidos por um caleidoscópio alienígena de luzes e cores até o fim de sua jornada, transformando-se num feto humanoide luminoso, o "Star-Child". As batidas de "Assim Falou Zaratustra" já tinham se tornado familiares para David, ressoando em seu peito. O contato alienígena havia sido feito, e Sagan estava correto: Kubrick apenas precisava "sugerir". As últimas cenas, com o Star-Child flutuando em direção à Terra, revelaram outra camada do cérebro de David. A criatura extraordinária nascida na Terra, renascida no espaço, voltando para salvar a humanidade.

Pam, pam, pam, pam, pam, pam, pam, pam, pam!

Fim.

Para David Bowie, *2001: uma odisseia no espaço* foi mais que um filme. Foi um mandamento. Um arbusto incandescente em Panavision 70. Ele assistiu ao filme diversas vezes, contando a seus amigos que se sentiu completamente abduzido, puxado e alterado de forma cósmica, igual ao Dr. Dave Bowman — Dave, Bow, apenas uma sílaba de distância. A visão futurística de *2001* também era a visão de David Bowie. Posteriormente, ele lembraria: "O filme previu meu estilo de vida nos anos 1970".

2001 também ia além de um mero prazer psicodélico de efeitos especiais fantásticos, ou do fato de, quando foi lançado, os humanos ainda não terem pisado na Lua — embora Kubrick tenha concretizado sua visão de forma tão eloquente que, quando os astronautas finalmente chegaram lá, disseram que era "igualzinho ao filme *2001*". Ele era mais profundo que isso, uma verdade desoladora sobre o ser humano, uma sensação de isolamento que tocava no núcleo do Starman dentro de David. Havia a compreensão de que *2001* não era sobre o espaço ou alienígenas — era sobre solidão. A solidão pura e maravilhosa que existe dentro de toda grande arte, dos últimos quartetos de Beethoven a "Heartbreak Hotel", de Elvis Presley. Solidão. Isolação. Ou então, como Scott Walker, "isolação convidando a adulação".

Se ele conseguisse achar uma forma de captar esse mesmo sentimento, sentado no escuro do cinema, encarando uma pequena rocha de vida humana, tão indefesa, flutuando pelo vazio inimaginável do espaço. Sem as vozes engraçadinhas de gnomos ou os gestos exagerados de Anthony Newley — apenas uma canção da alma, com todo o *páthos* de Jacques Brel. A balada do homem mais solitário do universo. Flutuando em sua lata de sardinha. Distante, acima do mundo.

Sim. Uma odisseia musical no espaço. Talvez ele já tivesse os elementos necessários para uma grande canção pop...

CATORZE
O RIVAL

A ideia de uma odisseia musical no espaço se debatia na cabeça de David, como um feto impaciente, desesperado para fugir do útero. Nas últimas semanas de 1968, a bolsa da inspiração finalmente estourou. Na véspera do Natal, David era uma entre milhões de pessoas assistindo a uma transmissão por satélite da missão Apollo 8 da Nasa, cujo módulo de comando levava os primeiros homens a orbitar a Lua. Eles transmitiram fotos da Terra, vista do lado mais distante da Lua, acompanhadas por uma leitura das passagens iniciais do *Gênesis*: "Haja luz". Ao falar com o controle da missão, o astronauta Jim Lovell confessou que "a vasta solidão era impressionante". Isso fez David se imaginar na mesma situação, pilotando a Apollo 8, da Terra até a Lua, e de volta ao planeta. David pensou que, se fosse ele lá, algo provavelmente daria errado.

Então ele pegou Dave Bowman, de *2001*, e Frank Borman, capitão da Apollo 8, e criou seu próprio astronauta, chamado Major Tom, em uma missão solo até a Lua. Ele sai da Terra como um herói nacional, mas fica sobrecarregado com toda aquela intensa alienação. A base perde contato de rádio com Major Tom, que fica perdido no espaço, sozinho, indefeso, encarando o planeta azul que era seu lar. Uma música simples sobre um astronauta trágico. Um hino sobre o isolamento humano e a nossa solidão planetária no Universo. Em um trocadilho homenageando Kubrick, David chamou a música de "Space Oddity".

Um dos primeiros a ouvir a nova música de David foi seu antigo colega de Carnaby Street, o jovem bonito que ele conhecera enquanto pintava o escritório em Denmark Street alguns anos atrás. Aquele que se chamava de "King Mod".

A vida tinha sido boa para King Mod desde então, até melhor que a de David. Após alguns passos em falso, singles fracassados e mudanças de corte de cabelo, ele finalmente achou seu lugar nas paradas com uma música de folk hippie sobre uma garota chamada "Debora" (que se parecia com "uma zebra"). King Mod tinha até deixado de ser um *mod* — parecia mais uma criatura de um conto de fadas ilustrado por Arthur Rackham, com cabelo tremulante e voz lamuriante. Os jornais já o apelidavam de "The Boppin' Elf". Enquanto a inspiração de David estava perdida no espaço, a de King Mod estava em algum lugar na Terra Média de J. R. R. Tolkien, uma terra mágica com feiticeiros, unicórnios e sátiros. Ele compôs músicas com títulos esquisitos, como "Frowning Atahuallpa", que só tinha voz, violão e bongôs. Com dois álbuns e dois singles moderadamente bem-sucedidos, aos 21 anos, ele estava ganhando na corrida na qual David mal tinha começado.

No começo de 1969, King Mod morava no epicentro dos hippies em West London, num porão minúsculo em Ladbroke Grove. Foi lá, no local que ele ironicamente chamava de seu "*château* no Oeste", que David cantou para ele "Space Oddity", acompanhada pelo violão. King Mod ouviu, balançando sua cabeça com o ritmo dos acordes lentos e melancólicos. Em seguida, disse a David que achou a música um pouco parecida com "New York Mining Disaster 1941", dos Bee Gees, uma semelhança que outros amigos também tinham percebido. Mas King Mod gostou dela. "Vai ser um sucesso", previu. David saiu de lá contente e encorajado. Ao fechar a porta, porém, o sorriso de King Mod sumiu, dando lugar a uma terrível carranca.

Sim, seria mesmo um sucesso, sem dúvida. Mas se David Bowie acreditava que o mundo pop era grande o suficiente para os dois, seu amigo certamente não. Não King Mod. Não o Boppin' Elf.

Não Marc Bolan.

Eles nasceram no mesmo ano, 1947. Na mesma cidade sagrada, Londres. David Jones nasceu em 8 de janeiro, uma quarta-feira, cheio de tristeza. Mark Feld nasceu em 30 de setembro, uma terça-feira, cheio de graça[12]. Separados por 265 dias e pelo rio Tâmisa. Enquanto, ao sul, David atingia a maioridade em Brixton e Bromley; ao norte, Mark Feld aprendia a fazer poses nas ruas de Stoke Newington e Stamford Hill. Aos nove anos de idade, ele recebeu o mesmo batismo rock 'n' roll incendiário de Elvis Presley. No inverno de 1956, enquanto David assistia à sua prima Kristina dançando "Hound Dog", o jovem Mark já estava com seu primeiro violão, tentando aprender "Blue Suede Shoes" de um precioso single de 78 rpm. Em 1958, enquanto David tocava músicas de *skiffle* no acampamento de escoteiros, Mark estava no centro da ação, no Soho, atrás do balcão do 2 I's, ajudando a servir cafés, na esperança de encontrar um pop star de verdade — estava a uma colher de chá de Vince Taylor.

Mark Feld era baixinho, mas bonito, um cantor de rock 'n' roll em miniatura que esculpia seu topete e fazia beiço, igual ao seu herói, Cliff Richard. Mas essa miniatura virou um dândi adolescente. Aos 14 anos, era um manequim ambulante de moda fina italiana, roupas tiradas da

12 "Cheio de tristeza" e "cheio de graça" são referências à cantiga de roda "Monday's Child", que tenta prever o futuro de crianças com base no seu dia de nascimento. [N.T.]

Petticoat Lane ou da Sportique, o paraíso *mod* a duas portas do 2 I's, na Old Compton Street. Até que o dândi adolescente virou um Dylan *cockney*. Com 17 anos, gravou sua primeira demo, uma versão distorcida de "Blowin' in the Wind", de Bob Dylan, vestindo um pulôver de gola cacharrel e um boné de pescador, mudando seu nome de Mark Feld para Toby Tyler. Até que Toby Tyler tirou férias em Paris, no início de 1965, e voltou com histórias absurdas de ter encontrado um feiticeiro de magia maléfica. E outra troca de nome: manteve o "Mark", mas trocou o "k" ríspido por um "c", mais francês. O sobrenome veio adaptado do colega que morava com ele, o ator James Bolam, estrela da comédia da BBC *The Likely Lads*. Dali até a eternidade, Marc Bolan.

Assim como David, Marc sabia da importância de não ser si próprio, de enterrar sua certidão de nascimento num casulo de lorotas para aumentar a própria mitologia. Quando se conheceram no escritório de Leslie Conn na Denmark Street, durante o breve período em que ele gerenciava ambos — Davie, o *mod*, e Marc, o autonomeado "King Mod" —, os dois viram, um no outro, formas alternativas deles mesmos, ao mesmo tempo esquisitas e angustiantemente familiares. Diferenças nos cabelos, nos olhos, na altura, na voz, nos gestos... mas um espírito rock 'n' roll quase idêntico. O Starman e o Metal Guru, nenhum tinha certeza do destino que os aguardava. Era mutualmente fascinante e um pouco alarmante — mais para Marc, que sentiu o primeiro sinal da concorrência ao perceber que David já tinha lançado dois singles antes dele.

Mas ele não precisou esperar muito para alcançá-lo. Marc insistiu que seu primeiro single, "The Wizard", lançado em novembro de 1965, falava daquela viagem a Paris que mudou sua vida, contando à imprensa suas anedotas mentirosas sobre fazer amizade com um mágico que levitou diante de seus olhos, comeu carne humana e crucificou gatos. A música em si era um simples conto sobre encontrar um mago na floresta, cantada com um sotaque dylanesco em cima de uma batida Motown, um riff hipnotizante e instrumentos de sopro com uma pegada mística. Gravada no mesmo estúdio da Decca no qual David fez sua estreia com "Liza Jane", "The Wizard", em comparação, era uma música pop superior — suavemente bizarra, intrigantemente breve —, porém não fez mais sucesso.

Marc precisou de mais um ano e meio de tentativas fracassadas, modificações vocais, ajustes visuais e um interlúdio libertador com os *mods* barulhentos do John's Children. Tudo isso antes de finalmente firmar seu papel como o duende que contava histórias fantasiosas na dupla de hippies intitulada Tyrannosaurus Rex. Seu abstraído parceiro usava o nome Steve Peregrin Took (nascido Steve Porter) e se restringia aos bongôs e harmonias vocais. Juntos pareciam Hare Krishna tocando cantigas de roda num ukulele, enquanto eram perseguidos por um cavalo pantomimado trotando freneticamente. Um som que, mesmo no mundo pós-*Sgt. Pepper* de músicas psicodélicas e absurdas que permeavam as paradas no fim de 1967, era um pouco desagradável para os ouvidos humanos.

Para a sorte do Tyrannosaurus Rex, seu maior fã também era o mais influente. John Peel, da BBC, ficou tão apaixonado pela dupla que os convidou para tocar nas suas noites como DJ num clube de porão no Covent Garden. Para a alegria de Marc, com todo o seu amor pela obra de Tolkien, o clube era chamado Middle Earth (Terra Média). O local também atraiu um jovem produtor norte-americano, que recentemente tinha se mudado de Nova York para Londres com a missão de conseguir um contrato para seu próprio projeto. Uma missão que acabou em uma noite, no Middle Earth, quando Tony Visconti, aos 23 anos, assistiu ao Tyrannosaurus Rex e toda a sua excentricidade indefinível.

Visconti se apresentou a eles logo após o show, perguntando se precisavam de um produtor. Marc disse que ele teria de entrar na fila, pois era a oitava pessoa que havia se oferecido para trabalhar com a banda, só naquela semana — e que uma delas tinha sido John Lennon. Uma mentira deslavada, da qual Visconti apenas suspeitou quando Marc ligou para o escritório na manhã seguinte, tentando conseguir um teste. Semanas depois, a sabedoria nova-iorquina do produtor foi aguçada o suficiente para cortar a atitude exagerada de Marc e fazer amizade com a pessoa encantadora que, no fundo, ele era. Quando descobriu que Marc morava numa quitinete com um banheiro compartilhado, sem banheira, ele o convidou para tomar banho em seu próprio apartamento uma vez por semana. Lá, eles bebiam vinho com suas namoradas, discutiam livros e poesia, e escutavam seus discos favoritos. Às vezes, havia visitantes surpresa. Como um jovem cantor, um tanto esquisito, que tinha começado a trabalhar com Visconti recentemente. Uma coincidência estranha, Marc pensou. Lá, no confortável apartamento boêmio de seu produtor, dizendo "olá" novamente para o menino com sapatos horríveis e dentes tão feios quanto um zíper arrebentado. O rapaz que ele tinha visto pela primeira vez ao lado de algumas latas de tinta, num escritório da Denmark Street, três anos atrás.

"Marc, David. David, Marc... vocês já se conhecem?"

Em sua corrida subconsciente de tartaruga e lebre, no verão de 1968, Marc estava quilômetros à frente. A carreira de David tinha desacelerado desde seu álbum de estreia. Ele tinha começado a trabalhar com Visconti havia pouco tempo — o produtor da fracassada "London Bye Ta-Ta", que acabara com sua carreira na Deram. Enquanto David encontrava dificuldades sem uma gravadora, com seus pensamentos desesperados de monges e mímica, o primeiro single do Tyrannosaurus Rex, "Debora", alcançou a 34ª posição das paradas. Longe de ser um "clássico", ainda era um "sucesso". O primeiro álbum da banda chegou ao top 20, apesar do fardo que era seu título: *My People Were Fair and Had Sky in their Hair... But Now They're Content To Wear Stars in their Brow*. Para aumentar a indignação e a inveja de Bowie, a capa do álbum tinha sido criada por seu melhor amigo, George.

Marc podia se dar ao luxo de ser magnânimo em sua vitória sobre o seu velho conhecido, convidando David para abrir um show do Tyrannosaurus Rex em junho daquele ano, num evento prolífico no Royal Festival Hall, em Londres. A condição era que David não cantasse, mas fizesse seu show de mímica sobre a invasão chinesa do Tibete. E ele aceitou. A apresentação acabou arruinada pelos gritos de estudantes esquerdistas e hippies, furiosos com seu retrato pouco elogioso da Guarda Vermelha da China comunista. Na lateral do palco, Marc não conseguiu segurar o riso.

Como um possível prêmio de consolação após o ocorrido, Marc deu um presente a David. Um novo instrumento de brinquedo, um sintetizador em miniatura, que funcionava a pilha e tinha uma chapa de metal no lugar de um teclado, exigindo uma caneta especial para ser tocado. Fazia o som de um zangão preso numa torradeira. Foi um gesto trivial. Um lembrete ineficaz de uma camaradagem estranha e desnivelada. Um capricho generoso, do ganhador para o perdedor.

Marc Bolan ainda se arrependeria.

ENQUANTO FRANK BORMAN E SUA EQUIPE da Apollo 8 pousavam com segurança sobre o oceano, de volta à Terra, na última semana de 1968, David ainda tentava criar uma nova carreira para si, fora da música pop. Teve uma falsa esperança com seu primeiro papel para as telas, no drama de guerra *Os soldados virgens*. Ele impressionou em sua audição, aparecendo com um cabelo de militar antes mesmo de conseguir o papel. Para compensar seu esforço, deixaram que David aparecesse no filme, por um segundo, sem qualquer fala.

Enquanto isso, Kenneth Pitt tinha seu próprio plano para relançar a carreira de David. Um filme de meia hora, *Love You till Tuesday*, contendo músicas de seu primeiro álbum, uma curta performance de mímica e uma prévia da nova banda de David, um trio folk chamado Feathers. Pitt sugeriu que também poderia ter uma música nova. David concordou e acrescentou “Space Oddity”, interpretando a sua história com uma roupa de astronauta prateada, capacete e uma peruca exagerada para disfarçar seu corte de cabelo militar. A revelação ignomínia de uma música que, como Marc havia acabado de dizer, parecia ser um sucesso. Ou seria um sucesso, se o filme fosse exibido em algum lugar. Para a tristeza de Pitt, seu investimento em *Love You till Tuesday* não rendeu dividendos, e o filme só foi visto pelo público na década de 1980. Sua obscuridade acabou sendo uma bênção para aquela instável versão rascunho de "Space Oddity". Mas também negou ao mundo o prazer de ver a fábula profética de Ziggy em formato de mímica: *The Mask* era a história que David criou sobre um homem que encontra uma máscara numa antiga loja de sucata. A princípio, ele a usa para divertir família e amigos; mas, após colocá-la em um show, ela o torna famoso. "Autógrafos, filmes, televisão, tudo... mas aquilo teve um efeito estranho sobre mim." Certa noite, após uma performance no London Palladium, enquanto é ovacionado pelo público, ele tenta remover a máscara e percebe que ela está permanentemente fixada ao seu rosto. Ele se debate, tentando arrancá-la, mas acaba se estrangulando, morrendo no palco perante os fãs. "Os jornais falaram muito daquilo. O engraçado foi que ninguém mencionou que tinha uma máscara ali."

O entusiasmo relutante de Marc Bolan ao ouvir "Space Oddity" não era compartilhado por Tony Visconti. Quando Pitt finalmente achou uma nova gravadora para David, a apropriadamente planetária Mercury Records, Visconti recusou a oferta para produzi-la. Como a missão Apollo da Nasa estava na imprensa o tempo todo, ele achou que o tema espacial da música seria óbvio demais. A produção foi encaminhada para o engenheiro do primeiro disco de David, Gus Dudgeon, já familiarizado com pop cósmico após coproduzir o sucesso "I'm the Urban Spaceman", de The Bonzo Dog Doo-Dah Band, em parceria com Paul McCartney (sob o pseudônimo "Apollo C. Vermouth").

Finalizada na última semana de junho de 1969, "Space Oddity" foi a primeira sessão de David no Trident, escondido num beco do Soho, virando a esquina do clube Marquee. Já era o estúdio preferido de Visconti para gravar o Tyrannosaurus Rex. Dudgeon ajudou a iluminar o drama humano da música com os arranjos de Paul Buckmaster — seu crescendo belamente ecoava as cordas que Ligeti usou em *2001*. A versão final de "Space Oddity" era uma obra-prima do pop em gravidade zero; Jacques Brel cantando Stanley Kubrick com um acompanhamento robótico sinistro que parecia o próprio HAL. O toque final ficou por conta de David, que gravou uma harmonia e um solo com seu novo instrumento de brinquedo, o Stylophone. Um presente de um amigo. Sem querer, Marc tinha banhado em ouro a música que salvou a carreira de David.

As suspeitas de Visconti sobre "Space Oddity" foram justificadas quando ela foi lançada às pressas, cinco dias antes de a Nasa lançar a missão Apollo 11 para colocar o homem na Lua. Na semana anterior, o single tinha recebido uma tocante estreia mundial no sistema de som dos Rolling Stones, durante a abertura de seu show gratuito no Hyde Park, em 5 de julho — evento ofuscado pela morte de seu guitarrista e fundador, Brian Jones, dois dias antes. No palco, Mick Jagger leu um trecho do poema "Adonais", escrito por Shelley e inspirado na morte de seu amigo, Keats. *He is not dead, he doth not sleep* ("Ele não está morto, ele não dorme"). Mais tarde, no outro lado do parque, David assistiu ao seu herói Chuck Berry abrir a apresentação do The Who, como parte dos "Pop Proms" no Royal Albert Hall. The Who tocou seu novo disco na íntegra, a "ópera rock" *Tommy*, sobre um garoto surdo, cego e estúpido, mas muito bom no pinball, que dá início a um culto de jovens, até que seus seguidores se revoltam contra ele. Naquela noite, David estava acompanhado de seu novo gerente de A&R[13],

13 "A&R" se refere à divisão de artistas e repertório de uma gravadora, responsável por encontrar novos talentos e melhorar o sucesso dos que já fazem parte de sua equipe. [N.T.]

Calvin Mark Lee, um norte-americano de ascendência asiática com doutorado em filosofia, famoso em festas londrinas por usar "joias de amor" de diamante no meio da testa.

Onze dias depois, a Apollo 11 teve um lançamento bem-sucedido em Cape Kennedy, Flórida, levando os astronautas Neil Armstrong, Edwin "Buzz" Aldrin e Michael Collins em direção à Lua. Um trio de Major Toms de verdade, eles passaram os três dias seguintes flutuando em sua lata de sardinha, encarando o Planeta Azul, lentamente adentrando a escuridão do espaço. Logo após as 9h15 da noite, horário da Inglaterra, em 20 de julho de 1969, o módulo lunar — que Arthur C. Clarke tinha visto em construção enquanto escrevia e pesquisava para *2001* — pousou na superfície da Lua. Seis horas e meia depois, Armstrong fez seu gigante salto para a humanidade. Após uma lacuna de 350 anos desde que Johannes Kepler teve seu primeiro sonho lunar, os seres humanos tinham finalmente chegado à Lua. Não havia alienígenas com pernas de camelo e pele frágil esperando para cumprimentá-los. Nem monolitos pretos capazes de perfurar o cosmos com seu "alarme de incêndio". Apenas crateras, pedras, poeira lunar e, até o momento de sua partida, uma bandeira dos EUA.

Mais de 500 milhões de pessoas viram a chegada à Lua, ao vivo, por uma transmissão de satélite. Ninguém ficou mais impressionado que David ao ouvir "Space Oddity" ser utilizada na transmissão da BBC, imaginando se os organizadores da programação não tinham percebido que o Major Tom da música fica abandonado na órbita da Lua. A transmissora não cometeria o mesmo erro outra vez. Compartilhando do mesmo desgosto que Visconti, a corporação criou um embargo temporário para a transmissão de quaisquer músicas com um "tema espacial" nas semanas seguintes à missão Apollo 11, atrasando o sucesso de "Space Oddity" por mais dois meses. Um período de consolo momentâneo para Marc Bolan, cujo último single, "King of the Rumbling Spires", um aviso da tempestade elétrica que estava por vir, chegou apenas à 44ª posição. Dois meses de felicidade para Marc, enquanto acreditava ter errado ao prever um sucesso para David. Até que, no fim de setembro, "Space Oddity" orbitou até o top 40. No início de outubro, já estava no top 20. Duas semanas depois, no top 10.

Sentado no porão em Notting Hill, onde David tinha tocado "Space Oddity" para ele menos de um ano antes, Marc fixou seu olhar maligno sobre a TV, na qual a música tocava pelos alto-falantes. Na tela, David Bowie fazia sua primeira aparição no programa *Top of the Pops*, da BBC, cercado de imagens da missão Apollo 11. Em suas mãos, o pequeno brinquedo musical que já havia pertencido a Marc, suas notas difusas ardendo em seus ouvidos e destruindo seu ego com a mais cruel das ironias.

No início de novembro, com "Space Oddity" na quinta posição, David fez uma curta turnê solo na Escócia. No primeiro show, em Perth, no Salutation Hotel — conhecido como "Sally" pelos locais —, ele tocava os primeiros acordes do lado B "Wild Eyed Boy from Freecloud" enquanto belas jovens corriam até a frente do palco e começavam a gritar a seus pés. Era uma sensação que David nunca tivera. Os berros e os suspiros da adulação incondicional. "Eu nunca acreditaria, nem em um milhão de anos, que pessoas gritariam para mim", disse posteriormente. "Continuo perplexo com esse fato." Na estratosfera acima do Sally, o fantasma de Ziggy Stardust se aproximava, sorridente. Seu recipiente humano estava quase pronto para ser ocupado.

Os créditos da década de 1960 passavam ao som de "Two Little Boys", de Rolf Harris, o artista australiano que foi o primeiro a propagar o uso do Stylophone, um ano antes de "Space Oddity". Encerrando uma década sintetizada pela revolução cultural do pop, seu último sucesso na primeira posição foi uma relíquia atipicamente sentimental da música do início do século 20: uma simples história de melhores amigos da infância, cujo amor por brincar com cavalinhos de madeira leva a um momento comovente na vida adulta, combatendo na Guerra Civil Americana. "Two Little Boys" tratava de uma amizade imortal, de um amor fraterno que nunca seria rompido. Uma música que não dizia quase nada sobre o relacionamento entre David Bowie e Marc Bolan no início de 1970.

Em menos de dois anos, a gangorra já estava em outra posição. David passou a ser a estrela, aparecendo no *Top of the Pops* e nas páginas da revista *Jackie*. Marc ainda cantava seus madrigais sobre orelhas de dragão e lanças de druidas para estudantes em suas quitinetes repletas de incenso. Não bastava o Tyrannosaurus Rex ainda ter o status cult de ser apoiado por John Peel e pela bíblia underground, a *International Times*. Para Marc, seu sucesso entre os hippies era tão fino quanto uma teia de aranha. Ele queria ser Cliff Richard. Venerado. Adorado. Queria garotas berrando, correndo para a frente do palco em Perth, ou em qualquer outro lugar.

Para David, o ano de "Space Oddity" foi um turbilhão eufórico que mudou sua vida, com pequenos toques de desespero. Ele teve o single de sucesso que sempre desejou. Também conheceu a mulher que, em breve, se tornaria sua esposa, uma americana-cipriota de 19 anos chamada Angie Barnett. Já dando sinais de como seria seu casamento, eles se conheceram por meio de seu amante bissexual mútuo: Calvin Mark Lee, o portador de joias na testa. Angie também estudava marketing na Kingston Polytechnic, habilidade que, antevendo o futuro de David, ela usaria para transformar seu marido e si própria em produtos humanos nos anos seguintes.

Porém, também foi o ano em que David perdeu seu pai. John Jones morreu em agosto, apenas algumas semanas antes de "Space Oddity" entrar nas paradas. Ele nunca chegou a ver o filho conquistar o sonho de sucesso no showbiz, algo que ele mesmo tinha desejado, na época do falido Boop-A-Doop. E, de uma forma diferente, David também estava perdendo seu irmão. Após ter mais episódios esquizofrênicos, Terry Burns foi internado em Cane Hill, um hospital psiquiátrico fundado no fim da era vitoriana, ao sul de Croydon. David disse que "ele estaria feliz passando o resto de sua vida lá".

Após "Space Oddity", David lançou seu segundo álbum, confusamente trazendo o mesmo título epônimo que seu primeiro: *David Bowie*. Apesar disso, no início de 1970, já havia pressão para que o novo material mantivesse o nível de sucesso. Ansioso para deixar sua marca na nova década, em seu oitavo dia, o mesmo de seu aniversário de 23 anos, ele voltou ao Trident, desta vez com Visconti, para gravar o que esperava ser seu próximo sucesso: "The Prettiest Star". Apesar do título, não era outra balada espacial, mas uma canção de amor, composta para sua futura noiva, Angie. Seu sentimento inconscientemente ecoava o namoro de seus pais, mencionando filmes antigos e cinemas escuros; a estrela mais bela do título era Garbo, não um corpo celeste. O clima romântico foi complementado por um instrumental doce e animado — doce demais para Visconti, que decidiu que a música precisava de algo, ou alguém, para pôr um fogo rock 'n' roll.

Visconti tinha uma arma secreta preparada, algo que ouvintes do *John Peel Concert* na BBC Radio 1 já teriam escutado no Ano-Novo. Marc Bolan tinha ficado mais amplificado nos últimos tempos, aprendendo sorrateiramente com Eric Clapton, do Cream, o que ficou óbvio durante sua performance para Peel naquele domingo. Ele encerrou seu show com uma música nova, "Elemental Child", uma típica composição do Tyrannosaurus Rex sobre donzelas e pedras preciosas, porém violentamente eletrificada, com sua guitarra se desintegrando em um calor furioso de *fuzz*, feedbacks e feitiçarias, com pedais que o público só esperaria de Jimi Hendrix naquela época. Estando na posição ímpar de produzir tanto David Bowie quanto Marc Bolan, Tony Visconti teve a ideia de unir os dois em "The Prettiest Star". A música era obra de David, mas Marc poderia acrescentar um pouco de rock à gravação. Era a esperança de Tony.

David foi o que menos resistiu. Ainda seria o nome dele no título. E Marc já tinha sido uma espécie de amuleto da sorte em "Space Oddity", graças ao Stylophone.

"OK", David comunicou Visconti. Ele topava.

Marc estava mais cauteloso. Ele não gostava da ideia de ser músico de apoio de alguém. Mesmo assim, poderia ser a chance de roubar os holofotes de David. Além disso, só exigiria algumas horas de trabalho.

"OK", Marc comunicou Visconti. Ele topava.

No dia da sessão, David tocou a música para Marc, que logo improvisou um riff de guitarra baseado na melodia vocal principal. June Child, empresária e futura esposa de Marc, sentou-se na sala de controle com Visconti. Ela não só odiou a música, como deixou isso claro para todos. Marc pareceu concordar. Indisposto a compartilhar seu som de guitarra precioso de "Elemental Child", ele gravou um solo preguiçoso, o equivalente musical de um bocejo.

"Pronto, terminei."

A tensão só crescia a cada minuto que passava. Marc e David chegaram a um impasse, recusando-se a cooperar, em que um não conseguia interferir no trabalho do outro. Visconti respirou aliviado quando Marc finalmente foi embora, após menos de duas horas improdutivas. Sua colaboração na guitarra era utilizável, mas não se encaixava ao resto da música — era saliente como um prego enferrujado numa tábua de madeira envernizada, um tributo pontiagudo à sua inquietude criativa. Se a intenção de Marc era azarar o single de David, deu certo. "The Prettiest Star" vendeu menos de mil cópias.

Um ano depois de "Space Oddity", David Bowie ainda era um artista com apenas um sucesso — um *one-hit wonder*. A situação não mudou com seu próximo single, "Memory of a Free Festival", que passava perto de Ziggy, falando sobre amor, naves espaciais e visitantes de Vênus. Na sequência, foi a mesma coisa com "Holy Holy", uma satânica canção de amor, arruinada pelos arranjos de seu produtor e baixista, Herbie Flowers. E certamente não ajudava a causa de David o fato de, na semana de seu lançamento, em janeiro de 1971, Flowers estar aproveitando seu próprio sucesso na primeira posição, como coautor de "Grandad", uma música boba sobre a velhice, composta para o ator Clive Dunn, de *Dad's Army*.

Ainda assim, o fracasso de outro single era a menor das preocupações de David. Também não era "Grandad", de Flowers, na primeira posição o que o incomodava. O problema era o single na segunda posição, que passou 12 semanas subindo nas paradas até chegar ao lado da bengala de Dunn, perto o suficiente para chutá-la. A música era "Ride a White Swan". O grupo estava listado como T. Rex — uma nova cara para o Tyrannosaurus Rex de Marc Bolan. Seu coadjuvante, Steve Peregrin Took, tinha sido aniquilado pelas drogas e foi visto pela última vez "num guarda-roupa em Nova York, procurando Deus". Mickey Finn, um demônio nos bongôs, o substituiu.

Marc e David haviam passado por uma transição elétrica voluntária em 1970. No caso de David, músicas épicas sobre loucura, desespero, Aleister Crowley e Friedrich Nietzche, que logo seriam ouvidas em seu próximo álbum, *The Man Who Sold the World*. No caso de Marc, a amplificação foi a chave para um novo reino de sensações e simplicidade. Como um teste, ele fez uma música pegajosa e catártica chamada "Oh Baby", lançada sob o pseudônimo Dib Cochran & The Earwigs. Foi um completo fracasso de vendas, mas representou uma doce tragada no cigarro do pop descarado, o suficiente para convencer Marc de que era lá que ele queria passar o resto da década.

Para Marc, o futuro não estava em descobrir a música certa, mas o som certo. Em 1º de julho de 1970, ele o ouviu zunindo em seus fones, no Trident, enquanto esperava Visconti tocar as fitas. O produtor estava brincando com o som ambiente da guitarra de Marc quando acrescentou um *reverb,* que ricocheteou e soluçou até a gravadora Sun, de Sam

Phillips. A música era um rock 'n' roll simples, temperado com a típica letra hippie de Bolan, sobre cabelo comprido e druidas. Não havia bateria — só Marc, sua guitarra e Finn tocando um pandeiro. Mas aquele eco cromado na guitarra Les Paul de Marc era um efeito hipnotizante.

Após a primeira tomada, Visconti não tinha certeza se era o que Marc desejava. "Obrigado, cara", Marc garantiu. "Eu *quero* este som!"

Eles continuaram adicionando camadas de *overdubs*, dobrando os vocais de Marc, acrescentando baixo, harmonias de fundo e palmas gravadas com a ressonância natural do banheiro do estúdio. O toque de Midas de Visconti foi implantar instrumentos de corda, levando a melodia aos céus. Ao ouvir a música, Marc tinha certeza de que "Ride with a Swan" tinha um som inédito. Era um som intoxicante, colorido, furtivo e glamoroso. Sim, *glamoroso*. O som do glam rock. O som do Starman.

Exceto que estava vindo do Starman errado. Uma repentina crise no cosmos. Um ponto mal costurado no tecido do espaço-tempo. Uma confusão administrativa no escritório de endereçamento do destino, acidentalmente entregando o som de Ziggy Stardust para outro recipiente humano. Um erro fácil de acontecer, pois era um pacote marcado "garoto londrino de 1947, ex-*mod*, pseudo-hippie, sobrenome chique começando com B".

Mas onde diabos isso deixou David Bowie?

QUINZE
ACHANDO UM NOME

David Bowie se sentia enjoado, mas aliviado. Enjoado e com medo de estar em um avião, prestes a decolar em Heathrow. Aliviado de deixar "Holy Holy", Clive Dunn e T. Rex para trás, suas memórias dolorosas a respeito deles instantaneamente apagadas de sua mente, enquanto via as nuvens brancas passarem pela janela do avião.

Com seu nêmesis encaracolado fazendo piruetas na segunda posição, a última semana de 1971 era um bom momento para David sair da Inglaterra. Sua gravadora havia decidido o enviar numa excursão para promover seu novo álbum, *The Man Who Sold the World.* Uma viagem à terra prometida de Sal Paradise, Elvis Presley e Little Richard. Aos 24 anos, David estava finalmente indo à América.

Angie, agora sua esposa, estava grávida de cinco meses e não podia viajar. De qualquer forma, a Mercury só estava preparada para pagar por uma passagem. Quando o avião pousou no aeroporto Dulles, em Washington, D.C., David desceu sozinho, suas tranças douradas sobre os ombros, pálpebras levemente cobertas de sombra e um casaco azul de pele falsa que o protegia do inverno. Uma aparência condizente com sua nova metamorfose, do hippie cósmico de "Space Oddity" para o Graham Garbo remodelado na capa de seu novo álbum. Era muito diferente do "David Robert Jones" em seu passaporte. Após uma hora de interrogatório intenso, os funcionários da imigração não conseguiram achar um motivo para impedir a entrada daquela bizarrice travestida em seu país. Com um olhar de nojo e uma carimbada de má vontade, deixaram ele passar pela alfândega, onde era aguardado por Ron Oberman, seu assessor de imprensa americano, já entrando em pânico. "Por algum motivo, eles pareciam achar que eu era estranho", David comentou.

A agenda de imprensa e de entrevistas em rádios começou na manhã seguinte, passando pela Costa Oeste americana até que, no quarto dia no país, David finalmente pisou na sagrada "frosty fagtown New York"[14] ("Nova York, cidade gelada de bicha"), com a qual ele fantasiava desde seus 12 anos. A Mercury o colocou no Holiday Inn de Midtown, a algumas quadras da esquina da 54th com a 6th, onde ficava um músico de rua cego, de meia-idade, com uma barba de feiticeiro e um capacete com chifres. Ele nasceu Louis, mas se chamava Moondog. Por causa de seu visual, os locais se referiam a ele como "O Viking da Sexta Avenida". Ele gravava discos desde a década de 1950, alguns dos primeiros lançados na extinta gravadora de jazz Mars, conjurando sons exóticos em instrumentos caseiros enquanto cantava músicas de isolação: "All Is Loneliness", "Death, When You Come to Me". Moondog era o tipo de louco que David gostava, uma mistura de Vince Taylor e Odin, uma invenção genuína com um nome que literalmente uivava com fascínio pelo espaço sideral.

Numa primeira impressão, Nova York era tão selvagem e frenética quanto David havia imaginado enquanto morava em Bromley e ouvia

14 Referência ao livro *On the Road*, de Jack Kerouac. [N.T.]

The Velvet Underground. Só melhorou quando ele descobriu ainda mais Velvet Underground. Um jornalista local chamado Ed Kelleher o apresentou ao mais recente álbum deles, *Loaded*, que ainda não estava disponível na Inglaterra. Com o desdenhar preguiçoso de "Sweet Jane" e o gospel de "Rock & Roll", músicas sobre passear em carros Stutz Bearcat e vidas salvas pelo rádio, ele sentiu um ar fresco em sua ignição de estrela. Um sentimento que ficou mais intenso quando soube que os Velvets estavam na cidade e tocariam naquele fim de semana, no Electric Circus — o antigo The Don, onde Warhol apresentou o *Exploding Plastic Inevitable* pela primeira vez. Quatro anos após seu empresário visitar Nova York e voltar com uma cópia do disco de estreia da banda, diretamente das mãos de Lou Reed, ele enfim teria a chance de ver seus amados Velvets tocando ao vivo.

A banda que subiu ao palco do Electric Circus naquela noite parecia um pouco diferente da que David tinha visto nas fotos, com exceção da inconfundivelmente andrógina Moe Tucker. Mas, aos seus ouvidos, eles ainda soavam fantásticos, especialmente quando tocaram sua favorita, "I'm Waiting for the Man". Assim que o show terminou, David nervosamente bateu na porta dos camarins. Ela se abriu. Acalmados por seu sotaque britânico e intrigados por sua aparência, eles o deixaram entrar. De imediato, David foi na direção de Lou Reed. Ele disse a Lou que era um grande fã e que acompanhava seu trabalho havia muitos anos. Lou pareceu um pouco envergonhado. David continuou a elogiar as músicas. Lou ficou mais inquieto até que cortou David, no meio de uma frase.

"Então, olha aqui, amigo", disse Lou Reed. "Eu não sou Lou Reed."

Ele não era Lou Reed. Era outra pessoa, chamada Doug Yule, que estava na banda desde o fim de 1968, após Lou dispensar o cofundador John Cale. David nem sabia que Cale não fazia mais parte do grupo, muito menos que o próprio Lou tinha saído, forçando Yule a liderar a banda, numa tentativa desesperada de manter vivo o nome do

The Velvet Underground. David passara os últimos 15 minutos conversando com o Lou Reed "errado".

Ele estava morrendo de vergonha. Depois, achou a situação engraçada. Quanto mais repetia o ocorrido em sua mente, mais fascinado ficava. Para ele, era como se tivesse, *de fato*, visto e conhecido Lou Reed. Yule havia interpretado o papel brilhantemente.

Ele ficou imaginando: como seria subir ao palco fingindo ser um personagem totalmente diferente? Fazer isso tão bem que todos na plateia acreditariam que você era outra pessoa? Ele já não tinha mencionado algo parecido para a imprensa cinco anos atrás?

"Acho que se tornar outra pessoa dá muito trabalho."

Sim. Era isso. *Tornar-se outra pessoa.*

"...dá muito trabalho."

ANTES DE SE TORNAR OUTRA PESSOA, ele era apenas Norman Carl Odam. Nasceu no mesmo ano que David e Marc, 1947, na cidade texana de Lubbock, e frequentou a mesma escola que o habitante mais famoso de lá, Buddy Holly. Norman era um garoto extremamente quieto, que falava pouquíssimo. Aos seis anos, passou a fantasiar sobre como deveria ser visitar o planeta Marte. Aos sete, ele se convenceu de que algum dia seria famoso, a qualquer custo. Então Norman começou a fazer músicas, cantando na rua e no playground da escola. Só que ele não conseguia cantar bem, nem que sua vida dependesse disso. A solução foi aprender a gritar como um indígena corajoso e criar um repertório vocalizando sons de pássaros e outros animais, barulhos horrorosos que viriam a ser suas letras.

Norman tentou aprender a tocar guitarra para se parecer com Elvis Presley e impressionar as garotas. No entanto, ele também era ruim na guitarra. As meninas o ignoravam, mas Norman não desistia. Ele tentou aprender a tocar, por conta própria, a corneta, a gaita e a bateria. Não conseguia tocar nem o kazoo. Isso não era um obstáculo para Norman. Ele continuava a tocar, gritar e berrar do lado de fora da escola, em estacionamentos e em cima de capôs de carros no cinema *drive-in*. Pelo menos ele era determinado.

Uma noite, sentado em seu quintal, encarando o crepúsculo texano, Norman teve uma ideia. Ele amava caubóis e o espaço sideral. Começou a imaginar como poderia juntar as duas coisas e, então, criou um nome. The Stardust Cowboy. Aos ouvidos dele, soava "como uma lenda viva". Naquela noite, Norman Odam, de Lubbock, Texas, deixou de existir, passando a ser outra pessoa. "The Legendary Stardust Cowboy".

Norman customizou seu carro, um Chevrolet Biscayne, pintando as laterais com as palavras "Nasa presents The Legendary Stardust Cowboy". Deixou o cabelo crescer e cultivou um par de costeletas grossas. Ele aparecia de penetra em festas tradicionais, nas quais tentava cantar para as pessoas — que só queriam linchá-lo. Era uma lenda, mas pelos motivos errados. Um palhaço estridente, incapaz de diferenciar notas musicais. Um ímã para zombarias, garrafas e ameaças de violência. Um dia, uma mulher foi até ele e enfiou sua bota no meio da guitarra que Norman tocava. De coração partido e humilhado, ele decidiu largar seu emprego de operador de prensa numa fábrica e sair da cidade.

Norman foi ao Oeste, pegando um ônibus até San Diego e, depois, até Hollywood. Ele ainda acreditava ser o Legendary Stardust Cowboy, então comprou uma jaqueta de camurça para provar. Mas a cidade logo o arremessou de volta para o Texas.

Em seguida, Norman pensou em ir ao Leste, para Nova York, onde tentaria convencer os produtores de *Tonight with Johnny Carson* a colocá-lo na TV nacional. Recentemente, eles tinham feito o mesmo com Tiny Tim, um esquisitão cabeludo que tocava ukulele e cantava músicas antigas de uma maneira peculiar. Norman sabia que, com a oportunidade certa, poderia ser "o próximo Tiny Tim". Com 160 dólares no bolso, ele colocou sua nova guitarra no seu Chevrolet "Nasa" e foi até Nova York. Ele nunca chegou lá.

Na verdade, Norman nem chegou à fronteira do Texas. Ele parou para abastecer em Fort Worth, onde seu carro customizado atraiu a atenção dos locais, que o convidaram para um clube de música. Após deixar a plateia boquiaberta com uma típica canção desafinada do Legendary Stardust Cowboy, ele não foi expulso da cidade. Em vez disso, na mesma noite, o levaram até o estúdio do produtor local, Joe "T-Bone" Burnett.

Até o amanhecer, Norman já tinha gravado seu primeiro single. Com o nome "Paralyzed", soava como a confissão de um homem sendo torturado pela Gestapo, uma hiena caindo escadaria abaixo e o delírio de Slim Pickens cavalgando a bomba nuclear no fim de *Dr. Fantástico*. As três coisas ao mesmo tempo. Dois minutos e dezessete segundos de homicídio sonoro.

Para a surpresa de Burnett, a estação de rádio AM no andar de cima de seu estúdio decidiu tocar a música. Os ouvintes ficaram chocados, mas cativados. Era tão abismalmente esquisita que pediram para ouvir de novo.

Ainda mais surpreendente para Burnett: após Norman pagar pela prensagem de 500 cópias em seu próprio selo, o Psycho-Suave, a infâmia cult da música chamou a atenção da Mercury Records, que concordou em fazer sua distribuição nacional. De alguma forma, "Paralyzed" gritou até chegar no top 200 da *Billboard*.

Em novembro de 1968, a Mercury conseguiu colocar Norman na nova atração de comédia da NBC, *Rowan & Martin's Laugh-In*, um sucesso na época. Não era o seu sonho de aparecer no *Johnny Carson*, mas, se era bom o suficiente para Tiny Tim, que se apresentava frequentemente no programa, então era bom o suficiente para The Legendary Stardust Cowboy. Usando um chapéu de caubói branco, sua amada jaqueta de camurça e calças amarelas, ele foi apresentado por Dan Rowan como "a descoberta da semana". Enquanto cantava "Paralyzed" — berrando, latindo e pulando igual a um sapo numa frigideira —, o outro apresentador, Dick Martin, ficou ao seu lado, imitando seu jeito esquisito de dançar. A plateia riu. Perguntaram se ele gostaria de tocar outra. Norman começou o lado B, igualmente insano, chamado "Who's Knocking on my Door". O elenco de comediantes do programa se juntou a eles, fingindo dançar com seu ritmo irregular e gritando ainda mais alto que Norman. A plateia caiu na gargalhada. Finalmente, Norman desistiu, frustrado, e saiu do set. A primeira e última aparição de The Legendary Stardust Cowboy na TV nacional.

A Mercury insistiu em Norman por mais dois singles. Conseguiram limitar seus gritos, mas seu canto continuava horrivelmente desafinado. A melhor de suas músicas era "I Took a Trip on a Gemini Spaceship", uma espécie de lamento apaixonado de um caubói do espaço. Parecia "Space Oddity" cantada por Hank Williams durante uma abstinência de morfina. Mas ela não se equiparava à novidade bizarra de "Paralyzed", o que também ocorreu com a balada monótona "Kiss and Run". Inevitavelmente, a Mercury cancelou o contrato com ele. Presumiram que Norman tinha voltado para o Texas em seu velho carro "Nasa". Alguém ouviu um boato de que ele havia sido preso por vadiagem. Ninguém tinha certeza. De vez em quando, seu nome aparecia em alguma conversa.

"Cara, você lembra do Legendary Stardust Cowboy?"

Ron Oberman lembrava. O chefe da assessoria de imprensa da Mercury ainda guardava cópias dos três primeiros singles de Norman. Às vezes, ele os dava para pessoas que achava que poderiam se interessar. Pessoas como David Bowie.

No décimo dia da viagem para promover o disco novo, David chegou a Chicago, onde foi recebido por Oberman na central da Mercury. Ela ficava em um arranha-céu de 40 andares construído na década de 1920, com vista para o rio e um restaurante coberto por uma cúpula, que já tinha sido uma taverna clandestina na era de Al Capone. Ao entrar, David parou para admirar seu relógio ornamentado, no canto nordeste do prédio, coroado por uma escultura imponente do Pai

Tempo, carregando uma foice e uma ampulheta; logo abaixo, cada uma das quatro faces do relógio demonstrava a insígnia simples e contrastante: "TIME".

Subindo até o escritório de Oberman, David mencionou que gostava de escutar "coisas esquisitas". Imediatamente, ele foi presenteado com cópias de todo o catálogo do Legendary Stardust Cowboy.

"Essa é coisa mais esquisita que temos."

David concordou. O primeiro single, "Paralyzed", não era bem música — era uma anarquia contida. Mas, no meio de toda aquela calamidade, David conseguia ouvir uma alma. "I Took a Trip on a Gemini Spaceship" era ainda mais impressionante. Havia uma solidão tocante no meio de toda a loucura óbvia. Ele gostava especialmente da parte em que Norman balbuciava: *I shot my space gun, boy did I feel blue* (*Eu atirei com minha arma espacial, rapaz, como eu fiquei triste*). Oberman contou sobre o incidente no *Laugh-In*, como Norman tinha ido à televisão com intenções honestas, mas acabou sendo humilhado. Isso comoveu David, que já tinha ouvido vaias o suficiente em seus 24 anos para saber exatamente como deve ter sido a sensação.

Nos dias seguintes, enquanto ele viajava pelo Centro-Oeste em direção ao Sul, sua mente voltava ao Legendary Stardust Cowboy. A loucura da música. A história daquele cara esquisito do Texas, de quem todo mundo riu.

E aquele nome. "Stardust Cowboy". Não importava o que as pessoas diziam de suas músicas, ninguém podia negar que era um nome incrível. Aquilo fez David pensar de novo. O eco familiar.

"Acho que se tornar outra pessoa dá muito trabalho..."

ANTES DE SE TORNAR OUTRA PESSOA, ele era apenas Jim. James Newell Osterberg Jr., outro *boomer* de 1947, criado em um estacionamento de trailers nos arredores de Ann Arbor, Michigan. Mesmo sendo um garoto quieto e pensativo, com ocasionais ataques severos de asma, ele reconheceu, aos cinco anos de idade, que tinha um "lado selvagem" oculto. Quando chegou ao ensino médio, se balançava pelos corredores da escola fingindo ser uma flor gigante e chamando a si mesmo de "Hyacinth" ("Jacinto"). Seu batismo rock 'n' roll aconteceu com o baterista Sandy Nelson e suas batidas instrumentais selvagens, inspirando Jim a comprar uma bateria e formar sua primeira banda aos 15 anos — The Megaton Two. Ele continuou tocando o instrumento no grupo seguinte, The Iguanas. Outros jovens achavam o nome hilário e passaram a chamá-lo de "Iggy". A princípio, Jim não gostou. Ele tentava criar um pseudônimo próprio, mas sua melhor opção até então era "Jimmy James". Para melhor ou para pior, "Iggy" bastaria no momento.

Iggy tentou levar os estudos a sério, matriculando-se na Universidade de Michigan, a mesma instituição que tentou convencer Gustav Holst a dar aulas. Ele assistiu a palestras sobre antropologia social e estudos da Ásia, nas quais aprendeu sobre antigos rituais religiosos que envolviam música, dança, uso leve de drogas e orgias. Era uma carreira tentadora.

Iggy largou a faculdade e formou uma banda com três delinquentes cujas ideias eram similares às suas. Eles eram The Psychedelic Stooges.

Iggy agora cantava, tocava guitarra lap steel e um órgão Farfisa com as pernas arrancadas. Ele usava uma peruca prateada e roupas asiáticas inapropriadas. Seu show, que incluía uma música sobre um homem que morava com seu camundongo de estimação, culminava com Iggy tentando fazer sons com um aspirador de pó. Era esquisito, mas do jeito errado.

A guitarra lap steel, o órgão Farfisa e o aspirador de pó logo foram dispensados, assim como a camiseta de Iggy — ele decidiu ficar sem camisa em homenagem aos faraós egípcios que estudou na biblioteca da universidade. A música da banda também passou por uma simplificação simbólica: um grito rock 'n' roll bruto e primitivo, feito por, e para, punks insolentes da rua.

Em setembro de 1968, Danny Fields, publicista da Elektra Records, foi enviado a Detroit para contratar outra banda barulhenta de Michigan, o altamente politizado MC5. Eles sugeriram a Fields que também desse uma olhada nos Psychedelic Stooges — "nossa banda irmã caçula" —, que tocariam no dia seguinte. Fields achou que eles eram caóticos, que suas poucas músicas eram incompletas e incoerentes. Mas ele conhecia uma estrela quando via uma. O maníaco seminu que provocava a plateia e se chamava Iggy. Fields então se esforçou para conseguir contratá-los também.

Com o contrato iminente, decidiram tirar o "Psychedelic" do nome e se tornaram apenas The Stooges. No momento, Jim ainda era "Iggy Stooge", uma alcunha que logo seria substituída por outra melhor, criada por seus colegas de banda, inspirada em um dependente químico local chamado Jim Popp. "Iggy Pop."

A próxima missão de Fields era colocá-los com o produtor certo, alguém que pudesse capturar seu som cru sem comprometer seu espírito. O candidato ideal parecia ser John Cale, que tinha acabado de provar seu valor como arranjador e produtor no disco de Nico para a Elektra, *The Marble Index*, pelo qual não recebeu todos os créditos. Cale, melhor que qualquer outro, entendia o equilíbrio delicado entre experimentação bruta e ortodoxia técnica, uma linha que ele traçava alegremente com The Velvet Underground até pouco tempo atrás.

Dia da Mentira, 1º de abril de 1969. The Stooges e Cale começaram a trabalhar em seu disco de estreia na Hit Factory, em Nova York. O principal obstáculo de Cale era a quantidade de barulho. Sem experiência no estúdio, Iggy e sua banda automaticamente ligaram seus instrumentos e começaram a tocar com o volume no máximo, assim como faziam no palco. Quando Cale pediu que tocassem mais baixo, eles insistiram que só podiam tocar no 10 — mas aceitaram o compromisso simbólico de, ocasionalmente, abaixar até o 9. Também havia uma alarmante escassez de material. De alguma forma, esperavam gravar um álbum com apenas quatro músicas preparadas. Eles improvisaram uma quinta no estúdio, mas ainda não era o bastante. Despreocupados com o limite de tempo que tinham, retornaram ao Chelsea Hotel, onde estavam hospedados. Lá, entre as mesmas paredes em que Arthur C. Clarke havia escrito o rascunho de *2001: uma odisseia no espaço*, Iggy e seus Stooges criaram o resto do álbum — mais três ataques de rock 'n' roll, sem enrolação, sobre gatas fumando cigarros e se divertindo — em uma hora.

O resultado final, *The Stooges*, foi lançado em agosto de 1969. A reação da América foi resumida pelo elogio ambíguo da revista *Rolling Stone*: "Eles são terríveis e sabem disso, então eles jogam esse fato de volta na sua cara e dizem 'E daí? Estamos apenas nos divertindo'".

Infelizmente, poucas pessoas estavam prontas para participar dessa diversão em 1969. O álbum permaneceu na estratosfera cult, longe do sucesso comercial, da mesma forma que The Velvet Underground. Seus discos funcionavam como um símbolo de status para a elite cool que já os conhecia. Porém, de todas as cópias de *The Stooges* distribuídas, nenhuma era mais preciosa do que aquela que acabou na estante de uma estação de rádio em San Jose. Onde permaneceu, acumulando pó, até a segunda semana de fevereiro de 1971.

DAVID BOWIE ESTAVA PERTO DO FIM de sua viagem, aproveitando uma parada de três noites em San Francisco, o famoso destino de Kerouac e dos *beats*. Sua agenda de entrevistas incluía uma breve saída da cidade, uma visita a uma estação de rádio em San Jose.

Durante a entrevista ao vivo, perguntaram se tinha algo que ele gostaria de ouvir. Com Nova York e seu encontro falso com Lou Reed ainda frescos na memória, ele respondeu: "Qualquer coisa do Velvet Underground". Um jornalista chamado John, que seguia David naquele dia, também estava olhando os discos da estação. Ele sorriu ao ver que tinham uma cópia de *The Stooges*.

John passou o disco a David, o encorajando a tocar algo. David ainda não tinha ouvido falar deles. Olhou a lista de faixas. "I Wanna Be your Dog" o fez rir. Então perguntou ao DJ se podia tocar a música. Uma luz divina surgiu.

David ouviu um riff de guitarra derretido, firmemente escavando em direção ao centro da Terra. Um piano de uma nota que perfurava seus ouvidos da mesma forma que uma agulha perfuraria os olhos de um bebê. O som do sino no trenó do Papai Noel pendurado na ponta de uma corda. E aquela voz metálica, carente.

Now-I-wann-a, be yer dawg! (*Agora quero ser seu cachorro!*)

Quem era aquela voz?

No caminho de volta a San Francisco, John contou a David tudo o que ele queria saber sobre The Stooges. Eles já tinham dois discos: aquele e outro chamado *Fun House*. Seu cantor era um lunático de nome Iggy, que cantava sem camisa, com jeans rasgados e luvas prateadas. Ele era famoso por pular na plateia sem medo de se machucar, pingar cera de vela sobre seu peito ou cobrir seu corpo com manteiga de amendoim. David gostou desse tal Iggy, assim como amou o som de sua banda. Ele parecia louco. Nível Vince Taylor. Outro doido para acrescentar à panela.

A panela se mexia em sua cabeça enquanto dormia, durante sua última sexta à noite em San Francisco. E continuou se mexendo na manhã seguinte, quando ele pegou o voo de uma hora de volta para Los Angeles, onde sua viagem acabava. Mexeu-se durante a decolagem, mexeu-se quando o avião subiu; até que, lentamente, parou de se mexer, e seus pensamentos entregaram a receita pronta, milhares de metros acima da costa californiana.

"Acho que se tornar outra pessoa dá muito trabalho."

Outra pessoa. Com outro nome, como Iggy Pop ou The Legendary Stardust Cowboy. Um nome incrível. Sim, tudo estava no nome.

"The Legendary Iggy Cowboy. Iggy Legend. Pop Cowboy. Cowdust Iggy. Starboy Pop. Iggy Starboy. Stardust Iggy. Iggy Stardust..."

Iggy Stardust?

Uma onda no tecido do espaço-tempo. Um balanço sobre o precipício "Eureka!".

"Ciggy Stardust, Diggy Stardust..."

Mexendo, mexendo.

"Liggy Stardust, Miggy Stardust..."

Mexendo, mexendo, chegando lá.

"Qiggy Stardust, Riggy Stardust..."

Mexendo, mexendo, perto do alvo.

"Viggy Stardust, Wiggy Stardust..."

ERA SÁBADO, 13 DE FEVEREIRO DE 1971. Em Londres, o diretor Stanley Kubrick filmava quatro jovens com chapéus-cocos, suspensórios e braguilhas enquanto eles espancavam um morador de rua sob um viaduto em Wandsworth. Marc Bolan admirava os primeiros anúncios promovendo seu próximo single, "Hot Love", enquanto se preparava para tocar em Barking.

Em Los Angeles, David Bowie descia de um avião que decolara em San Francisco. Ele foi recebido pelo publicista da Mercury na Costa Oeste, Rodney Bingenheimer, a primeira pessoa a ouvir sua ideia mais recente: compor músicas sobre um personagem que ele tinha acabado de inventar durante o voo. O primeiro humano a ouvir David Bowie falou as duas melhores palavras na história da música pop. Duas palavras que o cosmos estava esperando ouvir de uma criatura senciente por quase 14 bilhões de anos. Agora, finalmente, elas saíam por entre lábios londrinos e dentes irregulares para o ar quente de Los Angeles.

"Ziggy Stardust."

DEZESSEIS
TRANSFORMAÇÃO

Oito meses após cumprimentar o Lou Reed errado, David estava de volta a Nova York, cumprimentando o Lou Reed certo. Oito meses após a primeira vez que ouviu a voz de Iggy Pop em um disco, ele estava conhecendo Iggy Pop em pessoa. Oito meses após a primeira vez que disse "Ziggy Stardust", o corpo e a alma de David estavam acelerando em direção a uma colisão direta com o Starman.

Não era tão simples para ele quanto havia sido para Billy Batson. Ele não falava uma palavra mágica — "Shazam!" — e se transformava, instantaneamente, em Ziggy. Mas, agora, Ziggy existia como uma voz suave sussurrando em sua cabeça. Uma voz tão antiga quanto o espaço e o tempo, mandando-o esvaziar David Bowie de seu corpo e se entregar à absoluta transfusão extraterrestre.

Nova York no início de setembro era uma cidade mais quente do que aquela que David havia visitado em janeiro. Ele estava feliz de voltar lá, animado por respirar um ar não contaminado pela neblina sufocante da "T. Rextasy". Os jovens britânicos de 1971 já tinham se entregado, voluntariamente, à *blitzkrieg* de Marc Bolan, que deu sequência a "Ride with a Swan" com outros dois singles que chegaram à primeira posição. O segundo, "Get it On", ainda descia devagar pelas paradas quando David pousou no aeroporto Kennedy International. O primeiro, "Hot Love", passou seis semanas no topo durante a primavera, incinerando os últimos vestígios de rock hippie entediante dos anos 1960, especialmente após Marc aparecer no *Top of the Pops* com glitter no rosto. Foi o toque mágico de sua publicista, Chelita Secunda, uma rainha da moda extravagante de King's Road cuja ideia foi colar estrelas brilhantes sob seus olhos. Na TV, parecia que Marc estava chorando poeira de diamante. A juventude de um país inteiro ficou impressionada e jurou lealdade eterna ao seu novo King of Glam. Era quase impossível imaginar alguém o tirando de seu trono.

Independentemente disso, as estrelas de David estavam se alinhando bem. Ao se preparar para Ziggy, ele havia encontrado sua nave-mãe, ao norte de Bromley, em frente ao campo de golfe Beckenham: uma grande casa vitoriana de tijolos vermelhos com pequenas torres, chamada Haddon Hall. Os visitantes que chegavam pela Southern Road perdiam o fôlego ao ver sua silhueta gótica, trazendo à memória a casa de Norman Bates em *Psicose*, a mansão da família Addams, ou o carro "Cupê Mal-Assombrado" de *Corrida Maluca*, pilotado pela Dupla Sinistra. No exterior, uma casa de terror; no interior, uma incubadora sagrada de pop cósmico.

Também ocorreu uma mudança drástica na guarda de David. A maioria dos financiadores que o tinha apoiado durante a era "Space Oddity" foi substituída, incluindo o fiel Kenneth Pitt. Seu lugar foi ocupado por um novo oficial, Tony DeFries, um jovem advogado judeu que cuidava de negócios com uma voz hipnoticamente suave e uma ambição tão enorme quanto seus charutos favoritos. Uma das primeiras jogadas de DeFries como seu empresário foi tirá-lo da Mercury Records para conseguir um contrato melhor. Sua nova gravadora era agora a casa do single de sete polegadas, a RCA Victor. David estava no mesmo time de laranja e branco que Elvis Presley — seu colega de 8 de janeiro.

O contrato com a RCA acelerou seu retorno a Nova York, desta vez acompanhado por sua esposa, Angie, além de DeFries. A gravadora o recebeu com um jantar de comemoração, servindo filé bovino, no bar e restaurante irlandês The Ginger Man, no Upper West Side. E também o surpreendeu com um convidado especial, outro recém-contratado da RCA: o Lou Reed *certo.*

Ele era totalmente diferente do Lou Reed errado. Doug Yule era amigável e conversador. Lou era incisivo, silencioso e um pouco suspeito. David ignorou a indiferença de Lou — estava paralisado por sua presença, como se fosse uma aparição divina. *Aquele* era *ele.* Direto da esquina da Lexington, 125, esperando por seu cara. David não se aguentou.

"Eu estou me divertindo tanto aqui."

Lou não podia dizer o mesmo ainda. Mas veria David de novo alguns dias depois — e eles se deram tão bem que se trancaram num quarto, enquanto Angie batia na porta, gritando, pedindo para deixá-la entrar. No entanto, naquele jantar, ele falou pouco e, enigmático como sempre, logo se retirou.

A festa continuou, sem Lou, no Max's Kansas City, o restaurante e bar artístico ao norte da Union Square. Sua sala dos fundos era a Camelot abençoada de Andy Warhol, que notoriamente trocava quadros por crédito no bar. Quando David chegou ao Max's, seus olhos procuraram por Warhol, que não estava lá naquela noite — mas a quatro quadras dali, assistindo ao desenrolar da história do senador Jefferson Smith, que tentava salvar um terreno chamado Willet Creek para construir um acampamento para garotos. Iggy Pop estava hospedado no apartamento de seu empresário, o antigo olheiro da Elektra, Danny Fields, enquanto também aproveitavam o filme da CBS naquela quinta à noite, *A mulher faz o homem*, do diretor Frank Capra, estrelando James Stewart. Ou, pelo menos, estaria tentando assistir ao filme, não fossem as várias interrupções de Fields, avisando que um jornalista estava ao telefone o convidando para ir ao Max's conhecer um cara inglês chamado David Bowie. Fields tentou persuadi-lo, comentando que David estava falando coisas boas sobre ele na imprensa britânica. "OK", Iggy suspirou. Iria. Mas só após o filme com Jimmy Stewart acabar.

Uma hora depois, com a vitória do senador Jefferson Smith, o Sr. Iggy conheceu o Sr. Ziggy na sala dos fundos do Max's. David ficou encantado. Então *aquele* era *ele*. O corpo *daquela* voz. *So messed up... outta my mind... deep in the night lost in love* (*Tão ferrado... enlouquecido... na madrugada, perdido no amor*).

Iggy não tinha nada a ver com Lou. Ele falava como um príncipe dos desajustados da América, com olhos selvagens e atentos, honestamente contando a David sobre sua infância em um estacionamento de trailers, seus antigos problemas com a heroína e seu programa de recuperação com metadona. DeFries ficou igualmente encantado com Iggy. Os Stooges estavam num limbo, sem gravadora, dependendo apenas de Fields, que tentava, em vão, segurar as pontas como seu empresário. DeFries disse que consertaria isso, convidando Iggy para tomar café da manhã com ele e com David em seu hotel, no dia seguinte, para discutir seu futuro.

Eles estavam hospedados no Warwick, a luxuosa torre na Midtown, construída por William Randolph Hearst, desafiando o destino ao reservar a mesma suíte em que os Beatles ficaram durante sua primeira viagem a Nova York, em 1964. Na última visita de David, ele tinha ficado sozinho, no Holiday Inn. Agora, apenas oito meses depois, estava cercado de luxo, abrindo as mesmas torneiras já abertas por Lennon e McCartney, andando nos mesmos elevadores que Cary Grant e Elizabeth Taylor.

Oito meses. *Oito meses?*

O quanto — e quão rápido — o universo de David havia mudado desde que ele descera daquele avião em Los Angeles. Desde que falara as palavras "Ziggy Stardust".

As mudanças começaram assim que David voltou a Londres, em fevereiro, com uma bagagem pesada de discos dos Velvets, de Iggy e do Legendary Stardust Cowboy. Sua cabeça estava similarmente cheia, com o peso adicional de carregar o Starman.

Ele passou seus últimos dias em Los Angeles anotando ideias e compondo músicas para seu novo alter ego, feliz ao saber que era hóspede do mesmo estúdio caseiro que Gene Vincent, o belzebu inspiracional de couro de Vince Taylor. Uma vez apelidado de "The Living End", em 1971, Gene parecia um homem que estava mesmo no fim de sua vida, esgotado aos 36 anos, bêbado, parcialmente louco, sentindo dor em sua perna esquerda lesada. Little Richard podia ser "Deus", mas Gene ainda era um dos santos do rock 'n' roll para David. Aos dez anos de idade, ele tremeu ao assistir a Vincent cantando "Be-Bop-A-Lula" no filme *Sabes o que quero* e, posteriormente, vê-lo em pessoa no mesmo show em Woolwich Granada no qual Richard fingiu morrer. David ficou especialmente impressionado com o jeito que Gene havia ficado. Sua perna sofreu o primeiro dano num acidente de motocicleta; depois piorou quando Gene sobreviveu ao desastre de carro que matou seu amigo Eddie Cochran. Preso a um aparelho ortopédico, ele só conseguia se abaixar até o microfone quando jogava sua perna ruim para trás e dobrava seu joelho direito. Conhecer Gene fez David se lembrar dessa mesma pose, como um dos trípodes marcianos parcialmente derrubados na obra de H. G. Wells. E isso foi direto para a lista de afazeres de Ziggy.

Enquanto estava em LA, David gravou demos de algumas das primeiras músicas para Ziggy. Sua proximidade com a divindade do rock estava evidente em "Hang On to Yourself" — se não soava como Gene, certamente soava como Eddie Cochran. Ele deixou uma cópia com o produtor de Gene, esperando que ele pudesse gravar sua própria versão. E ele provavelmente o teria feito, se não tivesse morrido devido a uma úlcera estomacal que se rompeu alguns meses depois. Em outro suicídio rock 'n' roll, Gene passou seus últimos anos lentamente se matando com álcool. Suas últimas palavras continham sangue, enquanto caía de joelhos no trailer de sua mãe. "Mamãe, você pode chamar a ambulância agora."

De volta a Londres, as músicas do Starman continuavam a bombardear a cabeça de David, como um estrondoso trovão, exigindo que sua vontade fosse seguida. Ele se refugiou temporariamente em uma sessão clandestina para gravar demos, financiada por seu editor, Bob Grace, e com a ajuda de um trio chamado Rungk — nome escolhido por seu baixista escandinavo, que faz referência a uma gíria sueca para "punheta". Além de outra gravação de "Hang On to Yourself", David apertou o gatilho de mais uma arma laser pop, potencialmente letal, chamada "Moonage Daydream". Para recuperar alguns dos gastos de Grace, David concordou em lançar as faixas do Rungk como um single. Por motivos legais, ele não podia promovê-las com o nome "David Bowie", pois ainda estava, tecnicamente, contratado pela Mercury. A necessidade de criar um pseudônimo, porém, significava a oportunidade de ouro para David brincar de troca de identidade. Uma chance para pôr seu próprio Doug Yule na frente do palco. O David Bowie "errado".

Seu nome era Fred Burrett. Vindo do East End, preferia ser chamado de Freddie Burretti — 19 anos, olhos azuis, bochechas marcantes, magro como um palito e designer de moda. Ele chamou a atenção de David em uma discoteca gay na Kensington High Street, chamada Yours Or Mine, mas apelidada de "Sombrero", por causa do chapéu gigante que ficava acima da entrada de seu porão, divulgando o restaurante mexicano no andar superior. Não era o lugar mais convencional para dois jovens recém-casados passarem as noites livres, mas David e Angie — Sr. e Sra. Ganso, amantes de encrenca — não eram exatamente convencionais. Eles amavam o Sombrero, pois era um zoológico humano de falsas *drag queens* hollywoodianas, rapazes orientais de aluguel, loucos por moda e loucuras da moda, todos unidos como um na pequena pista de dança iluminada com piso de acrílico. Fred era a estrela que mais se gabava, uma maravilha loira, sem quadris, em calças brancas de elastano, que parecia "um novo Mick Jagger". Ou, quem sabe, o David Bowie errado. Sim. Ele daria pro gasto.

Se "Fred Burrett" era muito simples, "Freddie Burretti" mais parecia um vendedor de sorvete italiano. No entanto, se David pretendia transformar Fred em estrela, poderia muito bem roubar o nome de uma das maiores. Então Fred do East End virou "Rudi Valentino" — o rosto público do single "Moonage Daydream" que David gravou com o Rungk. Era a voz de David apoiada pelo instrumental do Rungk; porém, como era um experimento sobre o que podia dar errado, o disco foi lançado como a suposta estreia da banda de Rudi, The Arnold Corns, nome que David deu em homenagem ao single "Arnold Layne", do Pink Floyd, que falava de um ladrão de roupas no varal. David ainda recebeu crédito pela composição e produção, posando com Rudi nas fotos promocionais como um suposto artista e mentor — na verdade, artista e artífice. Eles apareceram na capa da revista de "educação sexual" do Soho chamada *Curious*, na qual David declarou que Rudi era "o líder de toda a cena gay", enquanto Rudi anunciava sua ambição de ser capa da *Vogue*. Nem importava o fato de o single ter sido um fracasso. Como primeiro exercício autoindulgente de David em exageros do rock e duplicidade pop, foi um sucesso enorme.

Enquanto David estava preocupado com o lento nascimento de Ziggy, no fim de maio, Angie deu à luz seu filho, Zowie. Típico de sua fixação com a letra Z na época, David o batizou inspirado por uma frase que tinha visto em uma de suas revistas do Batman. Ele estava em casa ouvindo o álbum *After the Gold Rush*, de Neil Young, quando recebeu uma ligação lhe informando de que tinha se tornado pai. David foi direto ao hospital. Lá, a recepcionista lhe indicou a direção da maternidade, onde encontrou seu filho, no berço, e encheu-se de orgulho. Alguns momentos se passaram até que a enfermeira avisou que ele observava o filho de outra pessoa. Seu filho estava em outro berço. Ele estava olhando para o Zowie Bowie "errado". O mundo de David estava virando um lugar onde ninguém era quem ele pensava ser.

PETER NOONE NÃO ERA UM ZÉ-NINGUÉM, mas sempre seria um Noone[15]. Ele teve uma carreira bem-sucedida, na década de 1960, como cantor do Herman's Hermits, uma banda de Lancashire que foi popular no Reino Unido, mas virtualmente uma pandemia nos EUA. Noone largou a banda em 1971, procurando o produtor dos Hermits, Mickie Most, para iniciar sua carreira solo. O sucesso veio graças a uma música que ele havia selecionado de uma demo recebida do editor de David, Bob Grace. A letra era um pouco pesada — uma baboseira nietzschiana sobre "*Homo superior*" —, mas seu ritmo era tão pegajoso que a maioria dos ouvintes provavelmente nem perceberia. E tinha um título agradável. "Oh You Pretty Things."

O single de Noone chegou a 12ª posição. A mais alta para uma música de Bowie desde "Space Oddity", havia quatro anos. De certa forma, Noone realizou aquilo que o "Rudi" de Fred não conseguira: teve um single de sucesso, como o David Bowie errado. Isso fez David rir. O tumor Starman crescendo em sua cabeça riu com ele. A piada era que nenhum dos dois sabia mais quem era o David Bowie certo.

Toda música que ele escrevia na época parecia ser de outra pessoa. Ainda não eram do Ziggy, mas também não eram mais do David. Ele cantava na pele de outros indivíduos, ou pelo menos como imaginava

15 Trocadilho com as palavras *no one*, que significam "ninguém". [N.T.]

que eram. Ele foi "Andy Warhol". Ele compôs sua "Song for Bob Dylan". Ele foi Lou Reed, "Queen Bitch". Ele pensava em seu filho, Zowie, quando escreveu "Kooks". Ele tinha reflexões tristes e estranhas sobre seu meio-irmão Terry ao compor "The Bewlay Brothers". Quando tentava pensar em si próprio, só conseguia imaginar as mudanças — "Changes". Como analisou posteriormente, ele estava limpando seu sistema "da esquizofrenia".

As novas músicas formaram o núcleo de *Hunky Dory*, o quarto álbum de David. Gravado naquele verão, incluía sua própria versão de "Oh! You Pretty Things" — acrescentando um ponto de exclamação e voltando a utilizar a palavra *bitch* ("vadia"), que Noone havia censurado, trocando-a por *beast* ("fera"). Com Tony Visconti afastando-se para comandar a nave do T. Rextasy, outro de seus antigos engenheiros, Ken Scott, assumiu a produção do álbum, ajudado pelo próprio David — ou então, como ele mesmo se creditou, "The Actor". Ele também tinha a estabilidade de uma nova banda de apoio. Três músicos formidáveis, um dos quais era um gênio, cujo sotaque de vogais achatadas enganava quanto à sua origem. Ele vinha de uma cidade tão desprovida de esperança, que os deuses a empurraram ao leste de Yorkshire, na expectativa de que algum dia um tsunami a limpasse da face da Terra. Porém, Ziggy Stardust precisava daquele lugar. De todas as cidades do mundo, essa era a incubadora improvável de espécimes humanos que mereciam ser os Spiders from Mars. Pois somente Ziggy, uma criatura do espaço sideral, sonharia em recrutar a melhor banda de rock 'n' roll do planeta na cidadezinha de Hull.

Os nomes eram Mick, Woody e Trevor. Uma estrela na guitarra e seus dois planetas orbitantes de ritmo.

Mick Ronson. O gênio. Menos homem, mais titã. Feito em Hull, ele tocava como o paraíso. Em seus dez dedos das mãos estavam as harmonias secretas das esferas — Kepler choraria de alegria se ouvisse a música de Mick Ronson. O Beethoven da região Greatfield, ele teve treinamento clássico no piano, na flauta doce e no violino. Mais tarde, quando começou a tocar guitarra, já tinha as mãos bem treinadas e a mente de um maestro. Na primavera de 1966, com 19 anos, era bom o suficiente — e se levava a sério o bastante — para participar de uma banda. Mick fez uma peregrinação até Londres, vadiando entre as xícaras e pires do La Gioconda, esperando ser descoberto. Não era sua hora. No outono, voltou para Hull, onde conseguiu um emprego no departamento de parques da prefeitura da cidade, no qual poderia ter ficado, não fosse seu amigo John, baterista de uma de suas bandas anteriores, The Rat, tê-lo recomendado a David. Em janeiro de 1970, John viajou de Londres a Hull para buscar Mick. Quando chegou lá, encontrou o melhor guitarrista de sua geração marcando as linhas de um campo de rúgbi.

Quatro meses depois, John foi demitido, obrigando David a procurar um baterista novo. Mick recomendou outra pessoa de Humberside, Woody Woodmansey. Ele havia tocado com Mick no The Rats, um dos motivos que o levou a ganhar o apelido "Woody" — como também se chamava Mick, precisaram evitar a confusão de duas pessoas com o mesmo nome na banda.

O último a entrar para o grupo foi o fenômeno cabeludo chamado Trevor Bolder, que já estava destinado a grandes feitos como o melhor trompetista jovem de East Riding até ser voluntariamente corrompido pelo rock 'n' roll. Mick já tinha visto Trevor tocando baixo no circuito local de clubes. Certa vez, pediu para ele tocar com The Rats quando seu próprio baixista fugiu apavorado de um show por medo de ser eletrocutado. Mick e Woody já tinham gravado um disco com David, *The Man Who Sold the World*, com Visconti no baixo. Agora que Visconti estava ausente, Mick voltou a ligar para Trevor, perguntando se ele poderia ser o substituto no baixo. Agora eram três anjos de Hull. Como Mick, Trevor e Woody, eram a banda de David. Como Ronno, Weird e Gilly, logo seriam a banda de Ziggy.

Mesmo enquanto gravavam *Hunky Dory*, os novos "Yorkshire terriers"[16] que David havia contratado conseguiam sentir uma presença estranha se movimentando sob a superfície do cantor. Eles gravaram uma cover de country-blues do compositor norte-americano Ron Davies, chamada "It Ain't Easy". Mas foram surpreendidos ao descobrir que David não a incluiria no disco, como se a estivesse guardando para outra coisa — ou outra pessoa. Todas as pistas das quais necessitavam estavam na última música gravada para o álbum. "Life on Mars?" Não era sobre Marte, mas sobre a vida na Terra, com toda a sua solidão incurável. Era David vendo o mundo pelos olhos da garota mais triste no cinema, acrescentando menções de Mickey Mouse, Norfolk Broads e partes da letra tiradas de outro single que ele tinha recentemente trazido da América, "Alley Opp", dos Hollywood Argyles, que falava de um homem das cavernas, personagem do gibi homônimo. A parte instrumental também não era totalmente original — foi roubada de uma música francesa, "Comme D'Habitude". Três anos antes, David havia proposto uma versão em inglês, com suas próprias palavras, intitulada "Even a Fool Learns to Love". Entretanto, foi ultrapassado pela letra superior do famoso cantor e compositor norte-americano Paul Anka, que pegou "Comme D'Habitude" e criou "My Way", que veio a ser a música mais famosa de Frank Sinatra, em 1969. "Life on Mars?" era a contraproposta maliciosa e atrasada de David. Pegar "My Way" e fazer do jeito dele. Ou então, do jeito de Ziggy.

O trabalho com o disco encerrou-se em agosto, enquanto uma nova peça controversa estreava no Roundhouse, em Londres, chamada *Pork*. "Escrita" por Andy Warhol, seu roteiro era baseado nos

16 Uma brincadeira com o fato de os três músicos serem da região de Yorkshire, também famosa por seus cães da raça terrier, que, entre outras características, são conhecidos por serem barulhentos, inteligentes e companheiros. [N.E.]

destaques editados de anos de conversas telefônicas que ele teve com a superstar da Factory, Brigid Berlin, discutindo sexo, drogas e problemas de família. Berlin forneceu o modelo para a heroína do título, "Amanda Pork", interpretada por Cherry Vanilla, *groupie* e jornalista de Nova York. O papel de Warhol, "B. Marlowe", ficou com Tony Zanetta, um ator que se parecia com Andy e até usava uma peruca prateada. As plateias ficaram escandalizadas pelo elenco — que incluía a drag queen Wayne County fazendo a personagem "Vulva Lips" —, por suas cenas de pessoas injetando heroína, nudez e *"plate jobs"*, o fetiche escatológico de ver alguém fazer o número dois acima de seu rosto por meio de um prato de acrílico. Avisos foram colocados na imprensa: "Atenção! Esta peça tem conteúdo sexual explícito e linguajar ofensivo. Se você tem propensão a se sentir perturbado com relação a esses temas, não compareça". David e Angie não tinham propensão a se sentirem perturbados. Eles compareceram. Duas vezes.

Antes de a temporada da peça na Roundhouse acabar, os Bowie tinham feito amizade com a maioria do elenco, incluindo Zanetta (ou "Zee", como todos os chamavam), Vanilla, County e o diretor de *Pork*, Leee Black Childers. David ficou fascinado ao ouvir as histórias deles a respeito da vida dentro da Factory e sobre Andy Warhol. Ele recentemente tinha composto uma música inspirado em Andy em *Hunky Dory* e estava desesperado para saber como ele era de verdade.

Como *era* o Andy de verdade?

O cosmos riu, travesso como era. Por amor a Ziggy, decidiu entregar a resposta para essa questão.

NA PRIMEIRA MANHÃ APÓS TER CONHECIDO Lou e Iggy, David acordou em seu quarto de hotel, grogue, cercado por sons próximos de vozes familiares e de talheres sobre porcelana. Ao sair da cama, viu Iggy em sua suíte, devorando dois cafés da manhã, conversando entre as garfadas de ovos. Sentado à sua frente, DeFries silenciosamente contemplava como poderia transformar em dinheiro aquele saco de lixo viciado e faminto de Detroit. Iggy permitiu que DeFries cuidasse de seus assuntos profissionais; ele saiu do hotel, foi até o apartamento de Fields e pegou suas coisas; em seguida, mudou-se para o Warwick, ao lado de David e DeFries.

Nesse meio-tempo, David e DeFries foram conhecer outro tipo de aberração. Tony Zee, de volta a Nova York após a conclusão de *Pork*, prometeu levá-los à Factory e apresentar-lhes Andy Warhol. A Factory tinha mudado de endereço desde a visita de Kenneth Pitt em 1966 — foi para o centro, no sexto andar do Decker Building, na Union Square. O mesmo prédio no qual, em junho de 1968, a escritora e feminista radical Valerie Solanas tentou assassinar Andy, sem sucesso.

A primeira coisa que David viu na entrada foi um dogue alemão empalhado — o mito infundado de Andy era que o cachorro tinha pertencido ao diretor Cecil B. DeMille. A segunda foi Paul Morrissey, que tinha assumido o controle dos negócios diários da Factory. A terceira foi Andy.

Warhol estava sentado num canto, encarando o inglês magro e de cabelo comprido que lhe foi apresentado como "David Bowie". Ele não disse nada. David sorriu. Andy viu seus dentes e conteve seu susto.

Silêncio.

DeFries começou a preencher o silêncio falando sobre quanto dinheiro a RCA havia lhe prometido, como David seria um grande astro e como seria ótimo se Andy pudesse associar seu nome ao dele, da mesma forma que havia feito com o Velvet Underground. Andy piscou. David ficou desconfortável.

Silêncio.

David escolheu aquele momento para entregar um presente a Andy. Era um disco de acetato da música que ele havia composto sobre ele. Andy olhou para Morrissey. DeFries sorriu. David tossiu.

"Ah?"

Eles se sentaram e ouviram "Andy Warhol", de David Bowie. Andy Warhol num canto, David Bowie em outro. A música acabou. David coçou o canto de sua boca. Andy expirou.

Silêncio.

DeFries continuou falando sobre seus planos para David. Morrissey acenava com a cabeça, fingindo interesse. Andy observou David de cima a baixo. Ele pegou uma câmera Polaroid de sua mesa e a apontou para os pés de David.

Flash! Zum!

Andy sorriu. "Seus sapatos são tão bonitos", ele falou a David.

E eram mesmo. Couro amarelo com fivelas, por Anello & Davide.

"Obrigado", respondeu David.

Andy continuou a tirar Polaroids dos sapatos de David, colocando-as sobre uma mesa, onde lentamente se revelavam. David o deixou à vontade, enquanto o observava trabalhar, tentando entender o que se passava em sua cabeça. A lenda que ele queria conhecer havia cinco anos. A pessoa sobre quem ele havia composto uma canção, mas ficou quieto ao ouvi-la. Aquela estranheza, um alienígena, um conceito, uma pessoa de tudo, uma multidão de nada. Aquela impressão de um ser humano que se chamava "An-dy War-hol". Foi então que uma voz familiar sussurrou, suavemente, na cabeça de David. "*Dá muito trabalho se tornar outra pessoa.*"

Uma voz cujo nome ele já sabia.

DEZESSETE
O PROMETEU MODERNO

No fim de 1971, David Bowie tinha tudo o que precisava para se tornar outra pessoa.

Ele tinha o nome, Ziggy Stardust.

Ele tinha a banda com Mick, Trevor e Woody; seus Ronno, Weird e Gilly.

Tinha músicas suficientes para um novo álbum, que ele já havia começado a gravar, no Trident, em novembro — antes mesmo de *Hunky Dory* chegar às lojas. "Você não vai gostar", ele disse ao produtor Ken Scott. "É bem mais parecido com Iggy Pop."

Ele tinha até o princípio de um corte de cabelo, após Trevor, que já tinha trabalhado como cabeleireiro, tosar seus cachos deslumbrantes de Katharine Hepburn, deixando-o parecido com um elfo guerreiro do Japão. Era um corte espetado em cima, rente dos lados e com mechas compridas ao redor de seus ombros, como uma planta trepadeira morta.

Também tinha o primeiro conjunto de roupas do Starman, graças ao querido Freddie: uma jaqueta corta-vento estampada, cinza e verde, e calças de barra dobrada, meio super-herói, meio sofá art déco. David escolheu o tecido e contava, a qualquer um que perguntasse, que era da loja de departamento Liberty, no fim do Soho. Eles não precisavam saber a verdade, pouco glamorosa, de que sua real origem era uma loja de roupas de segunda linha na Tottenham Court Road — poderia muito bem ser da marca Jupiter, da Macy's, mas ninguém saberia.

Para a "virilha com enchimento" das calças, ele se inspirou no novo filme de Stanley Kubrick, o seu primeiro nos três anos desde *2001: uma odisseia no espaço*. De acordo com seu pôster, "As aventuras de um jovem cujos principais interesses são: estupro, ultraviolência e Beethoven".

O filme era *Laranja mecânica*, baseado no romance de Anthony Burgess. Publicado pela primeira vez em 1962 — e adaptado grosseiramente por Warhol em seu filme *Vinyl* —, sua trama foi originada pelo ataque brutal contra a esposa de Burgess, cometido por desertores do exército dos EUA durante a Segunda Guerra. Também foi influenciado por suas experiências na Rússia, observando as gangues *stilyagi* nas ruas, e uma visita a Hastings, onde ele assistiu a "*mods* e roqueiros surrando uns aos outros". Basicamente, Burgess uniu todos esses elementos para criar seu personagem Alex, um delinquente apaixonado por Beethoven, que rouba, ataca, estupra e aterroriza por diversão, até ser preso por, acidentalmente, assassinar uma de suas vítimas. Sentenciado a 14 anos na prisão, Alex consegue uma oportunidade de ser liberado rapidamente: vira voluntário em um experimento para uma técnica radical, capaz de reabilitar criminosos por meio de lavagem cerebral, transformando-os em criaturas submissas, incapazes de livre-arbítrio. A versão de Kubrick era fiel à edição norte-americana do livro, que acaba com Alex de volta à sua forma antiga e feroz, após se tornar uma ferramenta de manobra política nas eleições de seu país. Burgess sempre lamentou o fato de Kubrick nunca ter lido a versão original do livro, lançada no Reino Unido, que traz um capítulo extra no fim, no qual Alex acaba cedendo e aceitando as responsabilidades da vida adulta.

David ainda não tinha visto *Laranja mecânica* — que havia acabado de ser lançado nos EUA, no Natal, e só chegaria ao Reino Unido em janeiro de 1972 —, mas bastaram algumas imagens promocionais da interpretação de Kubrick para influenciá-lo. Em especial, os *drugues* de Burgess: vândalos da era espacial com botas pesadas e braguilhas exageradas. David queria aquela aparência, incluindo a braguilha, porém sem a ultraviolência, mantendo a gangue chique, enquanto trocava as roupas brancas dos *drugues* por estampas florais e tecidos leves e acolchoados. Ele também manteria as botas de combate, substituindo o preto por verde e azul, como super-heróis da Marvel — calçados feitos sob medida pela empresa local Russell & Bromley, na Beckenham High Street.

A *Laranja mecânica* de Kubrick logo armaria David com mais que botas chiques e uma pélvis estufada, quando ele finalmente viu o filme, uma obra de arte brilhante, ousada e cômica. O jargão que os *drugues* utilizavam — "Nadsat", criado por Burgess — se encaixava perfeitamente com o mundo falso que David construía, encontrando espaço, inclusive, na sua nova composição, "Suffragette City". Igualmente importante era a forma que Kubrick utilizava música — a força nervosa da "Ode à Alegria", de Beethoven, e o drama da "Abertura de Guilherme Tell", de Rossini, sintetizados pelos circuitos do maestro eletrônico nova-iorquino Walter Carlos. Ambas seriam usadas por David em seus shows, direto do álbum da trilha sonora oficial, assim como a versão orquestral de "Marcha de Pompa e Circunstância nº 1", de Elgar, que marcaria a última saída do Starman.

Conforme os últimos fios do cabelo grisalho de 1971 caíam, a mente das pessoas estava ocupada com o pessimismo econômico de Edward Heath, o medo de ataques terroristas do IRA (Exército Republicano Irlandês), as estradas complicadas da Spaghetti Junction, as moedas decimais, o humor de Benny Hill em *Ernie* e a pancada do salto alto de Marc Bolan em "Jeepster". Enquanto isso, David Bowie tinha o nome, a banda, as músicas, as roupas, as botas, a entrada, a saída e o cabelo quase perfeito. Melhor: tinha a fantasia pura e perfeita de unir tudo isso. Sua nova identidade.

Seu nome era Ziggy Stardust. Ele era uma estrela do rock 'n' roll que veio do espaço. Uma tempestade de meteoros contendo Iggy Pop, Andy Warhol, *2001: uma odisseia no espaço*, Lou Reed, Elvis Presley, Professor Quartermass, Little Richard, Syd Barrett, *O pequeno príncipe*, Sal Paradise e Marc Bolan, todos num só corpo extraterrestre. Ele era tudo que Vince Taylor, Moondog e The Legendary Stardust Cowboy fingiam ser — mas Ziggy era real.

Assim como era sua banda, The Spiders from Mars. Ele faria o melhor possível para evitar perguntas específicas sobre suas origens planetárias. Qualquer pessoa com um bom ouvido para sotaques conseguiria determinar que os Spiders vinham de Hull. Aliás, sendo de Hull, eles não conseguiam nem pronunciar a palavra "*Mars*" de um jeito normal — espremiam o som, falando "*Mazz*". Mas era essencial que Ziggy e sua banda não fossem deste mundo. Nunca daria certo se ele usasse um planeta inventado, como Mongo, ou outro planeta do Sistema Solar. "The Spiders from Uranus?" Impensável.

Mas Marte? Marte era diferente.

Marte tinha algo único, algo inestimável. Marte tinha sido o gatilho de inúmeros devaneios humanos, por milênios. Marte era o ingresso para o reino de tudo que era estranho e desconhecido. Marte era o pó mágico acendendo a genialidade e o terror de H. G. Wells, Gustav Holst e Orson Welles, com sua transmissão causadora de pânico em 1938. Marte era a licença para os destemidos transformarem seus sonhos em realidade, a fome consumindo Robert Goddard, que levou os humanos às estrelas pela primeira vez. Marte já tinha custado milhões de dólares ao governo dos EUA, que criou sondas robóticas rudimentares para explorar sua atmosfera, carregando consigo a maior das esperanças humanas. A esperança de que, neste universo de impensável vastidão e mistério, não estamos sozinhos. Marte já estava alojado no núcleo atômico do DNA humano, por séculos: uma molécula fixa de medo, estranheza e imaginação.

O cosmos já tinha decidido por eles. Ziggy Stardust e os Spiders só poderiam ter vindo de Marte.

Na primeira semana de 1972, a BBC consultou o Ministério da Defesa para um episódio futuro de seu programa de atualidades *Man Alive*. O tema: o número crescente de relatos de óvnis.

A BBC não sabia que, quando o órgão compilou seus dados de fim de ano em 1971, a quantidade de relatos de óvnis estava em 370. O maior número em um ano desde que se iniciaram os registros.

Mesmo assim, o Ministério da Defesa não queria encorajar mais histeria pública, então comandaram o programa da melhor forma possível, optando por um ceticismo saudável. O novo chefe do "departamento de óvni" era o ex-comandante Anthony Davis, um dos pilotos envolvidos no famoso "incidente Lakenheath-Bentwaters" de 1956. Na terça-feira, 4 de janeiro, Davis foi entrevistado pela equipe do *Man Alive*; posteriormente, fez um relatório para seus chefes em Whitehall. Davis garantiu que a transmissão focaria a ingenuidade das testemunhas oculares e sua "vontade de acreditar" que qualquer coisa levemente fora do normal seria extraterrestre. Davis ressaltou que o povo sentia "a necessidade de uma nova mitologia".

O ano era 1972.

A necessidade de uma nova mitologia.

Quatro dias após Davis ser filmado para a BBC, no sábado, 8 de janeiro, os amigos de David Bowie se reuniam em Haddon Hall para celebrar seu aniversário de 25 anos. Uma bela ocasião para estrear sua nova roupa "Liberty", com braguilha e botas de couro exclusivas.

Conforme os convidados chegavam, David pediu licença e foi ao banheiro. Respirou fundo, deu adeus ao homem que todos chamavam David Bowie e fechou a porta atrás dele.

Quando se olhou no espelho de novo, já era outra pessoa.

LIVRO 2

A TERRA SOB O STARMAN

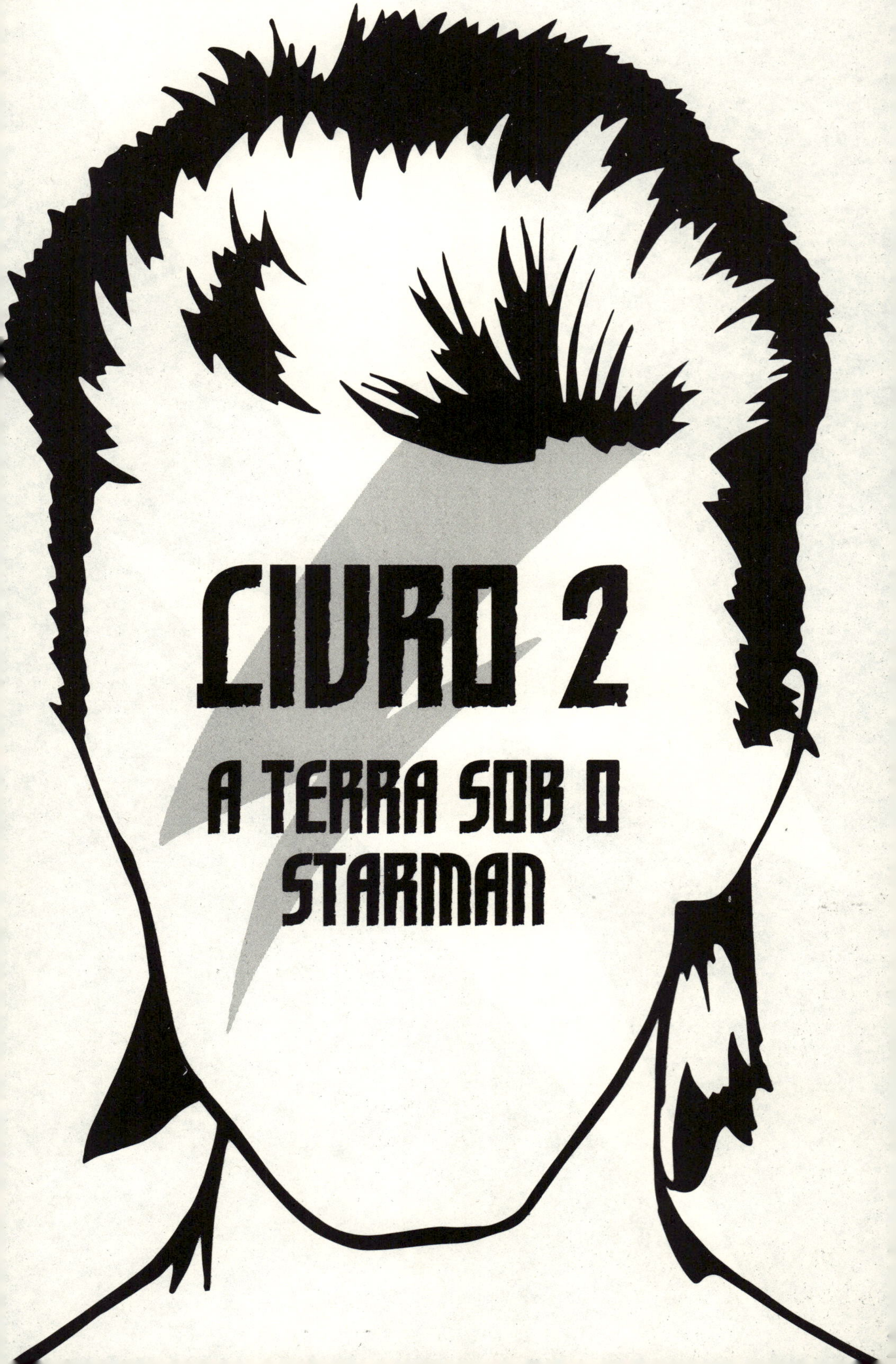

UM
O NASCIMENTO

"Então, o que é que vai ser, hein?"

Ziggy Stardust encarava o espelho do banheiro, vendo o rosto pálido e ossudo, com seus dentes tortos sorrindo nervosamente. Uma parte de seu cérebro ainda não tinha certeza se era Ziggy olhando para David Bowie no espelho ou vice-versa. Porém, ao passar os dedos por seu cabelo cortado — não era um corte ruim, mas teria de mudar a cor — e piscar seus olhos — um gigante de gás saturniano, o outro anão mercuriano; um verde místico neptuniano, o outro azul brilhante plutoniano — ele tinha plena consciência de que nenhum ser humano teria aquela aparência. Ele realmente era o Starman.

Ignorou o barulho das vozes e da música do outro lado da porta, bebendo enquanto olhava para o reflexo, levemente tocando seu rosto, seus lábios, suas unhas pintadas e o tecido de sua fabulosa nova roupa de super-herói art déco. A beleza e a beldade em carne e osso, ele pensou. Até que sua meditação foi quebrada pelo grito de uma mulher próxima.

"Onde o David foi parar?"

Parecia uma pergunta apropriada para o momento. A deixa para Ziggy sair do banheiro e revelar a resposta.

A festa já fervilhava no salão número sete de Haddon Hall, o ar pesado com o cheiro de vinho quente sob o teto pintado com tinta spray prateada e coberto de círculos azuis enormes. Não fosse pelas janelas vitorianas gigantes, que quebravam a ilusão, qualquer um poderia achar que era o cenário de um programa de ficção científica, possivelmente *UFO* ou *Doctor Who*, transmitidos para a nação naquele mesmo sábado, horas antes.

O lugar era terrestre o bastante para receber o compositor Lionel Bart, de 41 anos, como um amigo e cliente da mesma companhia que gerenciava David. Bart era conhecido pelo famoso musical *Oliver!*, mas David ficaria igualmente impressionado por seu papel na carreira de Tommy Steele, incluindo o *skiffle* apocalíptico "Doomsday Rock". Lou Reed também estava atacando os canapés e tomando goles generosos de vinho — ele viera a Londres para gravar seu primeiro disco solo para a RCA, um trabalho que teria consequências sombrias. Lou tirou uma noite de folga para desejar feliz aniversário a David Bowie, sem saber que ele, Bart e todos os outros ali estariam vendo Ziggy Stardust pela primeira vez.

A divisão de Haddon Hall em apartamentos separados tinha deixado uma escadaria que não levava a lugar algum, partindo da recepção principal até uma sacada estreita no topo, onde os Spiders dormiam, lado a lado, em colchões que haviam sobrado na casa. A mesma sacada para onde Ziggy havia se esgueirado após sair do banheiro e, então, fazer sua entrada formal. Esperando aos pés da escada, em círculo, os convidados viram Ziggy descer em movimentos lentos e firmes, como Gloria Swanson. Um deus desembarcando das alturas, do topo de seu zigurate suburbano em direção ao mar de mortais ansiosos. Como David Bowie, ele conhecia essas pessoas havia anos. Porém, aos olhos de Ziggy, parecia vê-los pela primeira vez — uma chance de se familiarizar com os personagens que teriam um papel no mundo do Starman.

Angie, a esposa. Uma bomba de sexo, inteligência e indecência. "Adoro a vulgaridade", ela disse, "mas ela deve ter estilo". Estranhos que encontravam Angie pela primeira vez a observavam, incrédulos, imaginando onde ela tinha escondido seu botão "desliga" e como poderiam apertá-lo. Angie não tinha esse botão. A Sra. Ziggy estava perpetuamente "ligada".

Zowie, seu filho. Apenas sete meses de inocência, engatinhando sobre os tapetes persas azuis, jovem demais para ser corrompido pelas revistas pornográficas espalhadas pela casa com propagandas de bonecas sexuais por 35 libras ("garantimos que ela não vai te responder").

DeFries, o empresário. Um sabichão que fumava charutos. Um dos maiores profissionais do mundo — ou pelo menos era o que fazia os outros acreditarem. Quando ele falava, sibilava de forma hipnotizante — Ziggy já estava irrecuperavelmente enfeitiçado.

Freddie do East End. "Rudi Valentino." A maravilhosa criatura sem quadris que ajudaria Ziggy a costurar seu vestuário, na companhia de sua namorada, Daniella Parma, outra pessoa exótica e viciada em roupas, que chamava atenção com seu cabelo branco oxigenado.

Os Frost, vizinhos que moravam abaixo de Ziggy em Haddon Hall. Sue, a confiável babá de Zowie e ocasional costureira de Ziggy. Seu marido, Tony, um cara que sabia cuidar de si e que logo cuidaria de Ziggy, como um de seus fortes Ziggyguards.

E não menos importantes, os Spiders from Mars. Weird, Gilly e o indispensável Ronno, com sua lista infinita de contatos em Humberside. Antes de o inverno acabar, ele colocou outra pessoa de Hull na equipe de Ziggy: um negro, forte, com um claudicar pronunciado antigo trabalhador do porto e guarda-costas de clubes. Stuey George seria o mais formidável dos Ziggyguards.

Mais tarde, naquela mesma noite, a festa gargalhou, gritou e se balançou em Haddon Hall até a pista de dança do clube Sombrero, em Kensington, onde Ziggy foi abraçado, beijado e apalpado. Recebeu diversos "feliz aniversário" de pessoas que ainda insistiam em chamá-lo de "David".

Como a cor de seu cabelo, isso mudaria logo.

A INFLUÊNCIA GRAVITACIONAL DE YORKSHIRE continuava a empurrar Ziggy para seu destino. Uma semana depois, ele estava passando uma tarde úmida de janeiro atrás das portas de uma rua lateral mal iluminada em Mayfair. Mais de dois séculos atrás, ela havia sido batizada por um político do partido liberal Whig, em homenagem à sua circunscrição eleitoral ao norte, uma cidade mercantil a apenas alguns quilômetros de Hull. Heddon Street.

Ziggy estava lá para a primeira sessão oficial de fotos com os Spiders. Era uma prioridade, tendo em vista que os jornais daquela semana ainda exibiam propagandas de *Hunky Dory* nas quais David aparecia de cabelo comprido e em sua pose clássica de vampiro hollywoodiano — um David que não existia mais, cerca de um mês após o lançamento do álbum. Os novos retratos seriam feitos pelo mesmo fotógrafo, Brian Ward, num estúdio improvisado em um dos armazéns comerciais da Heddon Street, perto do escritório que gerenciava Ziggy, subindo a Regent Street, próximo a Oxford Circus.

Os Spiders talvez até reconhecessem a importância de Heddon para residentes de Hull, mas a mente deles estava preocupada demais com as roupas que Ziggy havia separado para eles. Calças apertadas de cetim cobertas de glitter e jaquetas vistosas com estampas florais, expondo o peito branquelo. Eles se contorciam, desconfortáveis, tentando parecer masculinos, enquanto gentis toques de sombra e rímel eram espalhados sobre o rosto. Eles rezavam, em silêncio, para que nada disso fosse descoberto por pessoas do outro lado da Humber Bridge. Ziggy desarrumou seus cabelos e endireitou seus colarinhos, preparando-os para retratos individuais, de perto, esperando que eles conseguissem transmitir o mesmo sentimento ameaçador com que Malcolm McDowell interpretava Alex no pôster de *Laranja mecânica*.

Brian sugeriu que eles continuassem seu show de moda *drugue* do lado de fora, ao ar livre.

"Está úmido demais", reclamou Ronno. "E frio demais."

Weird e Gilly concordaram com ele, apesar de serem todos de Yorkshire, bem acostumados a um clima muito mais frio e úmido. Ziggy e Brian foram ao beco deserto, deixando os Spiders no calor do estúdio.

Uma fileira de carros estava estacionada na rua, com suas pedras molhadas brilhando sob a luz amarela difusa de um poste, enquanto os típicos sons do tráfego de início de noite na Regent Street faziam os telhados vibrarem. Ziggy andava de um lado para o outro com roupa de super-herói art déco, botas de plataforma e uma guitarra Les Paul pendurada sobre o ombro. Brian o encaminhou até uma lâmpada de gás instalada numa parede de tijolos, acima do número 23. Ziggy colocou a guitarra à frente do corpo, ficando abaixo da luz, a alguns passos da placa número 21, que dizia "K. WEST". A letra K significava "Konn", uma família que vendia casacos de pele, com lojas no "West" End, além de uma filial no leste de Londres. Uma lata de metal estava na frente do primeiro degrau, escondida por uma pilha de lixo — caixas de papelão e embalagens descartadas da empresa Paquerette Dresses. Ziggy apoiou sua perna esquerda na lata, colocou uma mão sobre o joelho e encarou a câmera de Brian.

Click.

No começo da rua, perto do estúdio de Brian, havia um pequeno beco sem saída com uma cabine telefônica vermelha, modelo original K2, do fim da década de 1920, desenhada por Giles Gilbert Scott. Era uma fonte útil de luz artificial. Primeiro, Ziggy fez algumas poses rock 'n' roll do lado de fora: joelhos juntos, pés separados, guitarra apontada para a câmera como uma arma. Depois, tirou seu instrumento do ombro, acendeu um cigarro e entrou na cabine, com sua outra mão sobre o quadril. Do lado de fora, na rua, Brian centralizou o corpo de Ziggy, simetricamente, com o painel de vidro quadriculado da porta.

Click.

Depois de alguns dias, Ziggy viu as ampliações do trabalho de Brian, o que tirou qualquer rastro de dúvida humana em sua mente sobre quem ele era e o propósito de sua missão. Ali, para todos verem, estava a prova indiscutível de que um pop star extraterrestre havia caído na Terra, nas ruelas de Mayfair, no começo de janeiro de 1972. Possivelmente tinha sido teletransportado, chegando dentro de uma cabine telefônica após uma colisão interplanetária de átomos. Ou então veio como o raio de luz de um disco voador sobre uma pilha de caixas de papelão úmidas, enquanto o ex-comandante Davis trabalhava em seu "departamento de óvnis", a poucos metros, alheio à invasão marciana acontecendo debaixo de seu nariz.

O Starman havia pousado.

NA MESMA SEMANA, DEFRIES AGENDOU duas entrevistas com a mídia impressa para promover o disco atual, *Hunky Dory*. Os jornalistas da *Melody Maker* e da *Disc* chegaram ao escritório de DeFries, na Regent Street, esperando encontrar a criatura de cabelo comprido que tinham visto na capa do álbum, com sua pose de Greta Garbo. Em vez disso, se depararam com a versão recentemente tosada de Ziggy, uma visão mística, esperando a imprensa. Ele vestia sua roupa favorita, criada por Freddie, enquanto alegremente fumava um cigarro, bebia chá e ouvia versões preliminares de "Suffragette City", "Five Years" e outras músicas de Stardust.

Ambos os repórteres perceberam algo estranho, quase malicioso no músico. Palavras selvagens saíam de seus lábios, frases mercuriais que oscilavam entre verdade e absurdo, fato e ficção, David e Ziggy.

"Acho que sou só um malandro cósmico", disse Ziggy.

"Tenho uma mente de gafanhoto", confessou David. "Não sou muito organizado."

"Eu me sinto muito macho agora", brincou Ziggy.

"Sou gay e sempre fui", admitiu David. "Mesmo quando eu era David Jones."

Sobrancelhas se ergueram. Lápis escreveram furiosamente. Ziggy falou de seus planos para aquele ano e as ideias para seu novo show. "O vestuário é um absurdo", ele avisou, "como uma versão astral de *West Side Story*". Ele insistiu que a performance seria linda. E que ele, Ziggy, seria enorme. E que, ele riu, era "um tanto assustador".

Os dois veículos de imprensa imprimiram as matérias na semana seguinte. Foi a da *Melody Maker*, escrita por Michael Watts, que fez o telefone de Haddon Hall tocar sem parar: membros da família Ronson estavam preocupados imaginando que o pobre Mick havia sido raptado por um abominável culto sexual de pervertidos. Ziggy estava na capa, parecendo uma sibila travessa da era espacial, exibindo o peito com seu terno Freddie, os dedos contorcidos em uma espécie de teatro de sombras, enquanto girava um cigarro sobre seu punho com pulseiras. Sua presença chamava toda a atenção em uma página cujas manchetes anunciavam que o King Crimson havia terminado e que o Jethro Tull sairia em turnê. No interior, página 18, ao lado do insignificante anúncio da turnê de Barclay James Harvest, outro retrato de Ziggy, sorridente, em repouso. A chamada, "Oh you pretty thing" ("Ah que coisa linda"), e, em uma gloriosa fonte preta sobre um fundo branco, "Sou gay e sempre fui".

Em seus últimos dias como David Bowie, ele corajosamente foi à beira do precipício do ultraje, fazendo testes com "Rudi" e Arnold Corns, permitindo que repórteres andassem por Haddon Hall tomando nota dos vários recortes de jornais sobre homossexualidade "cuidadosamente colados sobre sua lareira". No entanto, como Ziggy, ele poderia pular, sem medo, no abismo gay, temperando seu discurso com Polari, a secreta linguagem *queer* do teatro londrino, usando palavras como "*varda*" (ver) enquanto balançava sua cabeça e piscava para quem o questionava, como uma Rainha do Espaço Sideral, alegre e sem preconceitos. No mínimo, conseguiria irritar alguns fãs fedorentos da banda Stackridge em alguma cidade conservadora da Inglaterra. Essas eram as estratégias da nova mitologia do Starman.

O artigo na *Melody Maker* também foi gentil ao usar o nome de Ziggy, mencionando o título do disco que ainda estava sendo gravado:

The Rise and Fall of Ziggy Stardust and the Spiders from Mars. Watts o descreveu como "um álbum sobre um grupo pop fictício".

Fictício?

A verdade era que Ziggy ainda não tinha certeza do que ele estava compondo. Se era um "disco conceitual" ou uma "ópera rock", como *Tommy*. Ou então alguma espécie de musical da Broadway, como *Oliver!*

Ele levou 18 meses para perceber, com a clareza da morte se aproximando, que estava compondo a trilha sonora de sua própria existência. Que o suicídio rock 'n' roll seria o seu próprio. E então, seria tarde demais.

Aquelas duas primeiras entrevistas tornaram público o que muitos da indústria musical já tinham escutado em boatos desde o Natal. David Bowie, aquele safado, estava "aprontando alguma coisa". Ele cortou seu cabelo e parou de usar "vestidos". Ele e sua banda estavam ocupados fazendo rock barulhento — pelo menos era isso que diziam os ouvidos curiosos no Trident e no pub Thomas A'Becket, situado na Old Kent Road, em Bermondsey, onde os Spiders ensaiavam, um andar acima de seu famoso ginásio de boxe. Também havia rumores de um conceito esquisito sobre o fim do mundo e um cantor bizarro que veio do espaço. A maioria de seus colegas na indústria musical riu da ideia. Se David Bowie voltasse ao espaço, soaria como uma tentativa desesperada de ressuscitar Major Tom. Se não fosse isso, seria uma falcatrua psicodélica similar à dos hippies de som pesado do Hawkwind, que estavam sendo aclamados pela revista *Record Mirror* por uma suposta inovação: "rock de ficção científica".

A maioria de seus colegas riu — com a exceção de um.

O doce sopro de fofocas sobre Ziggy chegou rapidamente aos ouvidos escondidos debaixo do cabelo cacheado de Marc Bolan. Ele ficou intrigado com o que ouviu — e um tanto irritado. Pop cósmico e nomes bobos eram seu território. Essas ideias permeavam *Electric Warrior*, o álbum do T. Rex que insistia em voltar à primeira posição, como um ioiô, em janeiro daquele ano. Seu próximo single, "Telegram Sam", também deveria chegar ao topo. Sendo quem era, Marc Bolan fez o que qualquer deus do pop paranoico e invejoso, com tudo a perder, faria. Ele roubou um pedaço do trovão de Ziggy.

Naquele mesmo sábado, 22 de janeiro de 1972, enquanto milhares de homens pegavam suas cópias da *Melody Maker* e se chocavam, descrentes, com a liberação gay de Ziggy Stardust, suas irmãs afundavam a cabeça na revista *Mirabelle*, cheias de inveja, lendo o relato de Linda Newman sobre sua entrevista com Marc Bolan em seu apartamento no Maida Vale. Entre suspiros para a foto enorme de Marc, confortável e convidativo em seu macacão, elas provavelmente leram sobre os planos para seguir dominando o mundo pop em 1972, além dos dois roteiros para filmes que ele alegou ter escrito.

"Um deles é sobre um messias cósmico", Marc provocou. "Uma espécie de Jesus intergaláctico."

Em sua casa, em Haddon Hall, Ziggy Stardust lia atentamente a mesma edição da revista *Mirabelle*. E ele leu de novo, só para garantir que não estava alucinando, antes de jogá-la no chão, ao lado de uma cópia da *Forum*.

"Messias cósmico?"

Ele foi ao banheiro. Veias pulsando, coração martelando. Trancou a porta e olhou no espelho mais uma vez. Surpreendentemente, o rosto que o encarava tinha um leve sorriso no canto da boca e um brilho em seus olhos de joias.

"Então, o que é que vai ser, hein?"

Se era guerra que Marc queria, a grande batalha dos messias cósmicos de 1972 iria começar. Mas, até lá, Ziggy precisava mesmo dar um jeito naquele cabelo.

DOIS
O CORTE

Ele continuava preocupado com seu cabelo, em todo o seu esplendor de escassez, quando os Spiders from Mars fizeram seu primeiro show, no fim de janeiro. No Friars Club, um hall na área comercial de Aylesbury, a quase 50 km de Londres, a plateia havia pagado para ver David Bowie. "A pessoa mais linda do mundo", dizia o pôster. No lugar disso, viram a pessoa mais linda de outro mundo — embora com um corte de cabelo ainda errado.

Era a chance de Ziggy provar o que ele tinha recentemente dito à revista *Disc*. "Eu odiaria fingir que sou um rádio. Prefiro ser uma TV a cores." Ele então aumentou o contraste antes de subir ao palco, enquanto a banda fazia sua introdução bem ensaiada de "Ode à Alegria", de Beethoven, na versão de *Laranja mecânica*. "Corram sua corrida, irmãos! Tão alegremente quanto o herói vai à vitória!" — ou algo parecido, em alemão robótico. (A coincidência mais estranha, da qual Ziggy não tinha como saber, é que, um ano e um dia atrás, em 28 de janeiro de 1971, Alex e seus *drugues* eram filmados aterrorizando uma bibliotecária, numa cena que Kubrick acabou cortando do filme.)

O show no Friars foi um primeiro dedo extraterrestre na água, um treino para Ziggy, onde testou o poder de plutônio dos Spiders a todo volume, enquanto amaciava as novas botas e a nova braguilha. No meio do caminho, acrescentou calças de cetim brancas e uma jaqueta sem colarinho, feita de um tecido flocado que Daniella tinha achado em um mercado do sul londrino. Em termos de músicas, calças e ataques cardíacos em potencial, eles escancararam a boca da maioria das pessoas presentes, incluindo um ex-estudante de artes de 25 anos, indiano, que cuidadosamente analisou todos os movimentos de Ziggy e depois tentou fazer igual, como mostram os registros.

Até o fim de janeiro, o disco de Ziggy estava praticamente terminado — ou pelo menos ele achava isso. O título, *The Rise and Fall of Ziggy Stardust and the Spiders from Mars*, já tinha sido decidido havia tempo, mesmo que a história da tal ascensão e queda fosse um pouco confusa. Ainda parecia um nome de disco conceitual, o que definitivamente não era. O único conceito era o próprio Ziggy, que nem todo mundo entendia.

"Apenas coloquei as músicas na ordem que quis", ele tentava explicar. "Não é uma história. São pequenas cenas da vida de uma banda chamada Ziggy Stardust and the Spiders from Mars, que poderiam facilmente ser a última banda na Terra."

A sequência das faixas mudava toda hora, desde o Natal. Em vários momentos da gravação, o disco ainda continha: uma versão fenomenal do fracasso "Holy Holy", originalmente lançado por David em 1970; uma cover acústica da balada "Amsterdam", de Jacques Brel; uma brincadeira de ficção científica ao estilo Weimar, provisoriamente chamada "He's a Goldmine"; e um rock sujo, com os polegares nos passadores de cinto, de nome "Sweet Head". Porém, naquele momento, a lista de faixas era a seguinte:

Lado Um

1- "Five Years". A abertura de Ziggy, com seu rock apocalíptico, ao ritmo frequente do coração moribundo da humanidade. Algumas dessas cenas de pandemônio foram emprestadas do poeta Roger McGough, assim como um pouco de Kerouac, com *woulda killed him if they hadn't drug me off* (*eu o teria matado se não tivessem me drogado*), direto de sua bíblia adolescente *On the Road*. Não importava de onde vinham as partes individuais da música, "Five Years" partia corações com a verdade elétrica de sua tristeza avassaladora.

2- "Soul Love". Um soneto de uma estrela distante, Ziggy acariciando a linha divisória docemente afiada entre o romance e o cinismo.

3- "Moonage Daydream". Uma completa invasão espacial aos sentidos, salva do naufrágio de sua banda Arnold Corns. Reconstruída com couro de crocodilo, penas de macaco rosadas e destroços da "Gemini Starship" pilotada pelo Legendary Stardust Cowboy.

4- "Round and Round". Incluída como um exemplo das músicas de rock 'n' roll clássico que Ziggy e os Spiders tocavam nos shows. Esta versão, cover de Chuck Berry, era uma jam de estúdio caótica com uma das músicas favoritas da infância de David.

5- "It Ain't Easy". Uma canção de Ron Davies, gravada por David durante as sessões para *Hunky Dory*, agora entregue nas mãos de Ziggy.

Lado Dois

1- "Lady Stardust". Uma carta de amor irresistível e elegante, possivelmente para o próprio Ziggy — ou então, como alguns teorizaram, para seu rival, Marc Bolan.

2- "Star". O astuto transplante de Ziggy, de seus sonhos de Stardust para a cabeça do ouvinte. Como uma provocação, acrescentou frases roubadas de Marc (*get it on*) e Lou (*just watch me, now!*).

3- "Hang On to Yourself". Um elemento de Gene Vincent e Eddie Cochran, também salvo do naufrágio de Arnold Corns. Um choque impagável de "Summertime Blues" por meio de ficção científica. Trazia um chamado a todas as pessoas "abençoadas" que se tornariam *groupies* dos Spiders.
4- "Ziggy Stardust". A balada que expunha a história do Starman. Uma visão em 3-D, esculpida pelos ossos, pelo sangue e pelas tripas de Ziggy.
5- "Suffragette City". Ziggy tentando ser um cachorro como Iggy, adicionando um "*droogy*" de Kubrick e um "*Wham bam!*" em homenagem a Charles Mingus.
6- "Rock 'n' roll Suicide". A profecia da ruína de Ziggy, um beijo de despedida esperançoso para a espécie humana, antes de enfrentar seus próprios problemas alienígenas. Talvez a harmonia mais doce e mais triste já ouvida entre as esferas celestes. Ao menos, a melhor já ouvida no planeta Terra.

Assim era a sequência de *The Rise and Fall of Ziggy Stardust and the Spiders from Mars*. Tinha vida, amor, morte, glamour, mágoa, sexo, lepra e vaselina. Tudo o que alguém poderia querer em um disco de rock 'n' roll. A única coisa que não tinha, de acordo com Dennis Katz, o chefe de Ziggy na RCA, era um single de sucesso.

Quando Ziggy olhou as paradas naquela última semana de janeiro, percebeu que Katz tinha razão. Marc Bolan conseguiu chegar na terceira posição com o mantra desenfreado de "Telegram Sam". No primeiro lugar, "I'd Like to Teach the World to Sing", a açucarada nova música do The New Seekers. Enquanto isso, a similarmente alegre "Brand New Key", de Melanie, ainda chacoalhava seus cotovelos alegres na quinta posição. Para Ziggy chegar a qualquer lugar perto do top 10, ele precisaria criar algo tão letal quanto um *la la la*. Uma música que perfurasse o cérebro como uma picareta — após alojada, impossível de arrancar. Ele já tinha composto a balada de "Ziggy Stardust". Mas isso exigia algo mais parecido com uma música-tema, um hino nacional para um novo reino de glam.

Ziggy logo percebeu que os talentosos emprestam, mas os gênios roubam. Da noite para o dia, ele empurrou sobre Dennis Katz uma melodia que seguia os passos velozes do T. Rex e do álbum *Loaded* do Velvet Underground, acrescentando uma boa dose de Motown (o código Morse cintilante de "You Keep Me Hanging On", das Supremes) e, a cereja meteórica sobre o bolo espacial, o sequestro do refrão que Judy Garland cantou em "Over the Rainbow", no filme *O mágico de Oz*.

A letra que acompanhava era uma simples declaração de intenção. Uma recapitulação da chegada de Ziggy do espaço sideral e seus planos para contatar a população e fazer "os jovens dançarem". Seu núcleo derretido, entretanto, era aquecido pela mesma fissão nuclear que Elvis colocou em "Heartbreak Hotel", o entendimento profundo da fórmula sagrada do rock 'n' roll: de que a forma mais religiosamente intensa do pop ocorre quando ele ocupa o espaço imaculado entre o desejo e a realização; o crepúsculo da solidão, entre a esperança de saber que há alguém te observando no céu e o medo de que talvez ele nunca desça de lá.

Quarta-feira, 9 de fevereiro. Enquanto Marc Bolan comemorava seu terceiro single na primeira posição, "Telegram Sam", a cover de Chuck Berry "Round and Round" era cortada de *The Rise and Fall of Ziggy Stardust and the Spiders from Mars*. Perdeu sua posição no lado um, faixa quatro, e foi substituída por outra. A assinatura pop rodopiante de Ziggy. A música do "Starman".

À MEDIDA QUE FEVEREIRO SE APROXIMAVA, Ziggy já tinha causado uma boa impressão na mídia, tanto no palco de Aylesbury, como no rádio, tendo gravado um par de sessões para o programa *Sounds of the 70s*, da

BBC. Seus ouvintes estariam entre os primeiros a conhecer o gospel de "Ziggy Stardust" e a apocalíptica "Five Years".

Restava apenas infestar os raios cátodos da nação. Na mesma semana que a sequência de faixas do álbum foi concluída, os Spiders fizeram sua estreia na TV. Como Ziggy havia previsto em "Starman", ele foi selecionado pelo canal dois da BBC para seu novo programa de rock, *The Old Grey Whistle Test*, que passava às 10h55 das noites de terça-feira. Não era exatamente o horário nobre nem popular, além de ser apresentado pelo editor-assistente da *Melody Maker*, Richard Williams — um homem acostumado a recomendar para seus leitores a Centipede, sua banda de jazz progressivo favorita, formada por mais de 50 integrantes. Não era o programa a que você assistiria esperando ver o T. Rex; era o programa que você veria para evitar os sons mortificantes de Barclay James Harvest.

Apropriadamente, o estúdio tinha um visual simples, como uma tela em branco para Ziggy encher de cor, partindo de uma paleta com vermelho claro (suas botas de couro customizadas), cinza esverdeado (sua roupa de super-herói art déco) e safira (seu violão). Os outros Spiders estavam rapidamente florescendo, acostumando-se às suas roupas de cetim azul, prata e dourado, após superar o choque inicial da sessão fotográfica na Heddon Street. A banda "fingiu" tocar com o playback das três músicas, enquanto Ziggy cantava ao vivo. Duas foram escolhidas para a transmissão da noite seguinte: "Queen Bitch", a homenagem sexy a Lou Reed, de *Hunky Dory*; e a primeira transmissão de "Five Years".

Na noite seguinte, Ziggy e seus Spiders assistiram ao programa, juntos, em Haddon Hall. Para Ziggy, era a mesma coisa que olhar no espelho do banheiro, porém com mais ângulos interessantes. Durante "Five Years", a câmera fez um close-up de seu rosto. Parecia algo dos livros de contos de fada vitorianos que David folheava enquanto morava com Kenneth Pitt. Um elfo encantado da floresta, com orelhas de Arthur Rackham e sobrancelhas de Walter Crane. E só Deus sabia quem foi o responsável por criar aqueles dentes — pareciam uma briga de adagas amareladas tentando mascar o mesmo pedaço de chiclete. O cabelo, porém, era o que mais perturbava David. Ele tinha sido cortado e ajeitado desde a primeira vez que Weird mexeu nele, logo antes do Natal, mas ainda não estava bom. Parecia um último pedaço de David Bowie desesperadamente se agarrando ao corpo de Ziggy Stardust, um fragmento de normalidade impedindo o desenvolvimento completo de seu choque visual.

Ele teria de aguentar aquele cabelo de *mod*, ainda excessivamente humano, por mais alguns dias, pois não tinha tempo para fazer experimentos com cores e estilos antes da noite seguinte — a abertura da primeira turnê de Ziggy no Reino Unido. Cerca de 60 pessoas apareceram no pub The Toby Jug, em Tolworth, na área sudoeste de Londres. Uma mistura de curiosos com o comentário "gay" de Ziggy na *Melody Maker*, outros que o tinham visto no *Whistle Test*, e alguns que lembravam de "Space Oddity". Ziggy e os Spiders tocaram do único jeito que sabiam: como se estivessem perante milhares de pessoas. O pequeno público em Tolworth tremeu com estupor prazeroso, da introdução com "Ode à Alegria" até o último lamento frenético de "Rock 'n' roll Suicide".

O show ainda tinha algumas pequenas rugas, que seriam alisadas com o tempo. A cover de "I Feel Free", do Cream, era uma ótima desculpa para Ronno fazer feitiçaria com seus pedais, mas era dispensável. E Ziggy teria de reconhecer a derrota de seu medley ambicioso de músicas de James Brown, contendo "You Got to Have a Job" e "Hot Pants": transformar três homens de Yorkshire em uma banda de rock marciana já era difícil; tentar fazê-los tocar funk era dar um passo maior que as pernas.

Duas noites após a conquista de Tolworth, os Spiders foram até South Kensington para um evento numa universidade. Lá, Ziggy sentiu como se pudesse ouvir um aplauso fantasmagórico, de centenas de anos atrás, ecoando por suas paredes, pedindo que ele realizasse acrobacias marcianas. Encorajado por esses espíritos estranhos, ele respondeu. Lembrou-se de um vídeo que tinha visto na TV, dos Stooges no Great Cincinnati Summer Pop Festival de 1970, no qual Iggy andou sobre as cabeças da plateia, erguido pelas mãos, como um herói da Roma antiga. Ziggy olhou para as pessoas na primeira fileira de seu show, uma mistura de gravatas, cavanhaques, óculos e garotas parecidas com Mary Hopkins — gente que mal tinha força para segurar uma flor. Mesmo assim, valia a pena tentar. Ziggy pulou do palco e tentou se apoiar no par de ombros mais próximos. Foi erguido. Seus músculos tremiam enquanto ele endireitava seu joelho. E então, um sorriso fraco, enquanto olhava para cima, caído no chão, vendo o círculo de rostos simpáticos ao seu redor perguntando se ele estava bem. Quando ele pensou melhor sobre o ocorrido, percebeu que Iggy não havia cometido o erro de tentar subir nos ombros de universitários, muito menos calçando botas gigantes. Mas o aplauso fantasma ainda ecoava em seus ouvidos, por motivos que ele nunca conseguiria entender. Uma saudação secreta através do espaço e do tempo, de um marciano de Bromley para outro, no Imperial College, em Londres, antigamente chamado Normal School of Science. *Alma mater* de H. G. Wells.

Apropriadamente batizado pelo espectro do mestre, Ziggy continuou sua invasão de modo furtivo. De Londres às províncias. De Brighton a Sheffield, Chichester, Sutton Coldfield e Yeovil, locais com nomes tão alienígenas para ele como as luas Phobos e Deimos eram para os adolescentes que pagavam 50 centavos para ter uma noite que, em muitos casos, mudaria a vida deles. Em março, ele já recebia correspondência de fãs, de jovens dispostos a acreditar que ele era mesmo "do espaço". Isso ajudava com a ansiedade das vezes em que a casa de shows só estava ocupada pela metade. Outros medos, no entanto, não seriam tão facilmente acalmados.

Em Southsea, os Spiders chegaram ao porto, mas o local passava por uma situação tensa. Uma onda anormal havia virado um *hovercraft* que voltava de Ryde, na Ilha de Wight. Entre os passageiros estava uma garotinha de nove anos, que adorava dançar balé. Havia meses, ela implorava à sua família para fazer aquela viagem. No sábado, seu tio, de surpresa, a levou para passear no *hovercraft*. Ela e outras quatro pessoas se afogaram.

A tragédia em Southsea ativou um novo pânico em Ziggy. Ele passou a ter pesadelos com a própria mortalidade alienígena, acreditando que, a qualquer momento, em qualquer viagem para um show, seu carro iria bater ou o avião teria uma falha inexplicável e cairia do céu. Mas o pesadelo mais vívido era ser assassinado no palco. Provavelmente não seria em uma casa meio vazia em Hampshire, mas na América, ou talvez algum lugar gigante em Londres. Um pressentimento incômodo dizendo que, algum dia, um artista de grande sucesso morreria diante de sua plateia. Quanto mais ele pensava sobre isso, mais chegava à conclusão de que aquela morte seria dele.

Se servia de algum consolo, em março de 1972, Ziggy Stardust não estava nem perto do superstar ímã de assassinos que ele temia (ou esperava) ser. Segundo a pesquisa anual com os leitores da *Record Mirror*, em 1972, "David Bowie" estava na 20ª posição dos cantores britânicos mais famosos. Apenas 21 pessoas haviam se dado ao trabalho de votar nele — teve menos votos que Val Doonican e Englebert Humperdinck. Na primeira posição, obviamente, estava Marc Bolan.

A indignação de Ziggy só aumentava com os relatos sensacionalistas de um show do T. Rex no Wembley Empire Pool, naquele mesmo mês. Uma reportagem atrás da outra com jovens histéricos contando, exageradamente, sobre "o show que mudou o rock britânico" e cenas de "fanatismo que lembravam os Beatles". Tudo o que Ziggy sonhava e desejava ter. Ainda mais insultante foi o fato de que Marc, audacioso como sempre, continuava falando a jornalistas sobre seu "filme de um messias cósmico", enquanto o álbum de Ziggy estava guardado, pegando poeira no cronograma da RCA. Só seria lançado no verão.

Marc tinha elevado o nível do confronto. Ziggy precisava contra-atacar. Para garantir seu lugar no espaço. Para finalmente ser uma estrela. Mas, acima de tudo, Ziggy precisava dar um jeito naquele maldito cabelo.

ANTES DE SALVAR ZIGGY STARDUST, os dedos mágicos de Suzi Fussey tinham passado pelos cabelos de Peggy Jones, mãe de David Bowie. Suzi trabalhava no Evelyn Paget, um salão em Beckenham High Street, na frente do pub The Three Tuns, onde David tinha alugado a sala dos fundos, alguns anos atrás, para realizar suas noites experimentais de "laboratório de arte". Peggy havia recomendado Suzi para sua nora, Angie, que pediu por uma tintura completa com água oxigenada e três mechas coloridas atrás, uma cópia do cabelo de sua amiga Daniella. Angie ficou tão impressionada com o resultado "fabuloso" que, dias depois, ligou para Suzi de novo. Ela poderia fazer uma visita a Haddon Hall; não para Angie, mas para o marido dela?

Ziggy tinha passado horas e horas observando dezenas de revistas femininas até achar o que queria — na capa da *Honey*, pelo que lembra. Um cabelo vermelho, da cor das latas de sopa de Warhol, e uma modelo usando um vestido deslumbrante inspirado pelo *kabuki* japonês, do designer Kansai Yamamoto. Ziggy anotou o nome de Yamamoto e mostrou a revista a Suzi.

"Você pode deixar meu cabelo assim?"

Suzi levou suas tesouras ao cabelo voluptuoso de Ziggy, cortando as laterais, deixando comprido atrás e espetando em cima — uma mistura de três cortes de cabelo diferentes, de três revistas distintas — ou, ao menos, é assim que ela lembra. Suzi preparou a tintura e a deixou agir, enquanto era levemente distraída pelos olhares ardentes do guitarrista de Ziggy, que eles chamavam de Ronno.

Na manhã seguinte, Suzi estava de volta ao seu salão quando o telefone tocou. Era Angie, transbordando histeria pela linha. Havia uma crise em Haddon Hall. Ziggy acordou, foi até o banheiro, olhou no espelho e gritou o mais alto que podia. O rosto que ele via no espelho não era o de um messias cósmico — estava mais para uma bagunça cósmica. Na noite anterior, quando Suzi foi embora, o cabelo dele estava vermelho. No entanto, com a luz do dia, estava um tom horrível de rosa. E não ficava armado, apenas caía para os lados, inerte. "É uma emergência", gritou Angie. "Nos ajude!"

Quando Suzie voltou a Haddon Hall, ela não arriscou nada. Preparou uma mistura especial para acrescentar à sua própria "receita" da cor "Red Hot Red", da linha Schwarzkopf Fantasy Colour. Ela saturou cada folículo da cabeça de Ziggy. Quando a solução foi enxaguada, parecia que chamas de cobre estavam escorrendo por sua testa e seus ouvidos. Para manter a forma do cabelo, Suzi aplicou um tratamento para caspa chamado Guard, que continha um agente de fixação poderoso. Ziggy o esculpiu com seus dedos, orgulhoso, com o brilho de lágrimas de alegria em seus olhos. Era uma obra-prima — mas exigiria muita manutenção.

Evelyn Paget perdeu uma cabeleireira; os Spiders from Mars ganharam uma estilista de cabelos em tempo integral; e Ronno, após algum tempo, conquistou sua esposa. E o mais importante: Ziggy Stardust havia encontrado a tocha humana que acenderia seu farol com fogo. Sua auréola carmesim. Sua arma secreta na grande luta dos messias cósmicos em 1972.

O *mullet* vermelho de Marte.

TRÊS
A IMAGEM

O cabelo novo de Ziggy fez estreia pública naquela mesma noite, no club Sombrero. Bocas se abriram, corações explodiram e bochechas cobertas de maquiagem ficaram vermelhas de inveja. Seus amigos dançavam e pulavam ao seu redor, como mariposas levadas ao delírio por seu brilho escarlate. Ziggy correspondeu aos sorrisos que recebia, sem saber se estava embriagado pela atenção, pelo álcool ou pela tintura escorrendo por seu crânio, tingindo seu cérebro com um rosa onírico.

Seus olhos observavam a pantomima à sua frente como uma câmera se movimentando lentamente, revelando uma Polaroid mental dessas jovens criaturas, adoráveis e extravagantes. Aquele que chamavam de Silly Billy. Os queridos Freddie e Daniella. A colega de apartamento deles, Wendy, eternamente cega por rímel e emburrecida por batom. As rainhas da pista de dança e os pavões que adornavam as paredes. Os inocentes e os vaidosos que viviam apenas pelo aqui e pelo agora, se recusando a pensar no amanhã, na velhice ou na morte. "*Boogaloo dudes.*"[17]

17 Referência à letra da música "All the Young Dudes", que Bowie compôs e ofereceu à banda Mott the Hoople. [N.T.]

A cena ainda estava gravada nos olhos de Ziggy quando ele acordou na manhã seguinte. Uma imagem que ele queria tirar de sua cabeça e compartilhar com o Universo. E ele então o fez, criando uma onda mágica de música e palavras. Palavras que descreviam a gangue estonteante e amaldiçoada do Sombrero. As estrelas no rosto de Freddie. Wendy roubando na Marks & Spencer — ela ficou irritada por ele não ter mencionado a loja Harrods, mas ele preferia a cadência fonética do apelido *Marks & Sparks*. Palavras que descreviam como ele se sentia, aos 25 anos e com medo do fim do mundo, como em "Five Years". Palavras declarando que estava na hora de dar um fim aos tons claros da década de 1960, dos Beatles e dos Stones, e abraçar o glorioso "agora" de ser jovem, sexy, glamoroso e vivo em 1972. Palavras que, no êxtase romântico de Ziggy, até traziam uma saudação dúbia a Marc Bolan e seu T. Rex.

Ele chamou a música de "All the Young Dudes". Ela imediatamente ultrapassou "Starman" como a canção mais pegajosa e irresistível que Ziggy já havia composto. Num ato de burrice cósmica colossal, ele a entregou numa bandeja de prata para uma banda de cabeludos que ele mal conhecia.

Ziggy tinha herdado o carinho de David por Mott the Hoople, um grupo de R&B pesado de Herefordshire. Pelos últimos três anos, eles haviam fracassado ao tentar levar seu sucesso como banda ao vivo para os seus discos. Em 26 de março de 1972, o Mott esteve à beira do fim após um show excepcionalmente deprimente em Zurique, na Suíça. A banda voltou a Londres arrasada. Ziggy nem sabia disso quando enviou a eles uma fita de "Suffragette City", na esperança de que, talvez, quisessem gravar sua própria versão. O baixista do Mott, Peter "Overend" Watts, ficou sem graça ao informar Ziggy de que eles não iriam precisar, pois tinham se separado. Ziggy ficou chocado — a ponto de fazer a oferta ridiculamente generosa de poderem gravar, antes dele mesmo, a música nova que ele tinha acabado de compor. Qualquer coisa para manter o Mott the Hoople unido.

Tony DeFries tomou o controle da situação, chamando a banda até seu escritório na Regent Street para discutir seu futuro, além do papel que ele gostaria de ter como empresário deles. Lá, conheceram Ziggy, sentado com as pernas cruzadas e um violão no colo. Ele cantou "All the Young Dudes" do começo ao fim. O cantor do Mott, Ian Hunter, com seus óculos de sol perdidos no meio de um emaranhado de cachos, ficou confuso. Ele achou que estava sonhando ou que DeFries e Ziggy estavam fazendo uma pegadinha. "Dudes" era mais que uma canção. Era o elixir da imortalidade pop. Qualquer pessoa que compusesse um sucesso tão devastadoramente óbvio e o entregasse num ato altruísta de fanatismo deveria ser louco. Ou do espaço.

O SUCESSO DEVASTADORAMENTE ÓBVIO chamado "Starman" foi finalmente lançado no fim de abril. O primeiro lançamento de Ziggy Stardust and the Spiders from Mars. RCA 2199. No lado B, a primeira faixa que ele havia oferecido ao Mott, "Suffragette City".

As resenhas eram promissoras. "Uma música enérgica e edificante com letras bem 'adolescentes'", disse a *NME*, embora Ziggy não entendesse o desdém por jovens; na opinião dele, o estágio mais ativo da mente era aos 14 anos. Ele ficou mais feliz com o texto de John Peel na publicação *Disc*. Para Peel, o antigo defensor de Bolan, "Starman" era "magnífica" e continha "quatro minutos e dez segundos de pura realização".

Mas esses elogios seriam surpreendentemente ineficazes. A resposta do público a "Starman" foi lenta. E, para Ziggy, ainda havia outro incômodo: no mesmo mês, um velho amigo de David, chamado Reg, comprou anúncios de páginas inteiras na imprensa para promover o novo single. Ele aparecia vestido, literalmente, como um caubói de poeira cósmica. Reg também tinha recém-mudado seu nome para "Elton John" e já usufruía de seu primeiro sucesso, "Your Song", do ano anterior. O novo single se chamava "Rocket Man" — um título que em si já era um pouco similar demais a "Starman", na opinião de Ziggy. A letra era um conto familiar de um astronauta solitário que flutuava pelo sistema solar, com saudade da esposa. Outra semelhança estava no produtor: Gus Dudgeon, o mesmo de "Space Oddity".

No meio de maio, "Rocket Man" já estava no top 10, enquanto "Starman" não estava em lugar algum. A única coisa que Ziggy podia fazer, para destacar a ironia da situação, era soltar a frase "Oh, Mr. Rocket Man!", com frieza, no meio de uma regravação de "Space Oddity" para uma sessão na BBC.

"Rocket Man" teria chegado à primeira posição, não fosse pelo invencível Marc Bolan, que controlava a situação com a canção mais recente do T. Rex, o pânico preciosamente banhado a ouro de "Metal Guru". No momento, Ziggy ainda não era ameaça alguma para Marc, cujo principal concorrente vinha na forma de David Cassidy, o cantor arrumadinho do programa de TV americano *The Partridge Family*. Era uma competição de luxúria estrogênica tão forte, que as leitoras sem fôlego da revista *Mirabelle* foram convidadas a eleger qual dos dois era seu favorito. "Marc é tão sexy no palco", o formulário da enquete ponderava, "mas David é elegante e lindo." O resultado, anunciado no fim daquele verão, trazia o primeiro sinal de que a velocidade do T. Rextasy talvez estivesse diminuindo: fãs de Cassidy o elegeram com quase o triplo de votos. Logo, Marc também teria de enfrentar a força incontrolável de Donny Osmond e sua música sobre cachorrinhos. Isso sem falar da maior ameaça de todas, viajando pelas províncias, angariando novos fãs.

Os Spiders from Mars continuaram seu caminho de glória, ziguezagueando pela nação, agora nas Ilhas Britânicas. Em Manchester, eles foram vistos por um garoto quieto, de 15 anos, com oceanos tristes em seus olhos, para quem "Rock 'n' roll Suicide" virou o plano de sua vida. No Kingston Polytechnic, em Londres, jovens abençoados pelo rock estavam fazendo fila, dando a volta na quadra, horas antes de as portas se abrirem. Descendo o litoral, em Worthing, a adrenalina de Ziggy o levou a subir nos ombros de Ronno, e os dois deram uma volta olímpica pela plateia, que os aplaudiu. Espontânea em sua primeira vez, a manobra acabou virando um ritual coreografado nos shows seguintes. Nem o baterista nem o baixista do T. Rex deixaram de ver Ziggy quando os Spiders voltaram para casa, tocando no Central Polytechnic. Eles assistiram ao show, impressionados, porém tiveram o cuidado de não mencionar o evento ao seu chefe. Steve Currie, o baixista, foi ingênuo de achar que ele podia cortar o cabelo igual ao de Ziggy; Marc, furioso, mandou ele raspar tudo.

Entre shows, quando o tempo permitia, Ziggy voltava ao estúdio, onde tinha uma nova função: uma espécie de produtor de luxo. Ele já tinha se comprometido à total ressurreição do Mott the Hoople, supervisionando seu disco seguinte, com ajuda de Ronno como seu angélico arranjador. DeFries, agora o empresário do Mott, tinha negociado um novo contrato para eles com a CBS Records. Porém, Ian Hunter afirmou que nem ele nem o resto da banda assinariam os papéis que DeFries lhes ofereceu. Embora estivessem desconfiados de seu empresário, ainda eram eternamente gratos por poder trabalhar com Ziggy, em especial quando ouviram a versão gravada de "All the Young Dudes" — era como se tivessem morrido e renascido um milhão de vezes. Ziggy cantou as harmonias, tocou saxofone e liderou o coro de palmas, incluindo as fortes batidas de seu novo guarda-costas, Stuey, o amigo de Ronno. Veladamente, Ziggy também adorou a escolha de Hunter para o lado B que acompanharia sua saudação ao glamour e aos gays do Sombrero: "One of the Boys", do repertório do Mott. Sem querer, eles haviam criado um dos pares de músicas mais desenfreadamente exagerados da história do compacto.

O compacto de Ziggy ainda estava longe das paradas de singles. No entanto, com o lançamento do álbum em algumas semanas, o ataque na mídia se intensificou. Mais jornalistas foram convidados à nave-mãe, Haddon Hall, onde tomavam chá, fumavam cigarros e ouviam Ziggy falar sobre sua preferência por cultura de rua ("Não estou pronto para ser um intelectual"); admitir que, se não fosse um pop star, "estaria em um hospício ou uma prisão"; e fazer elogios diplomáticos a Marc Bolan. "Eu o admiro", sorria Ziggy. "Ele é bem esforçado."

Finalmente, no dia 6 de junho de 1972, dedos humanos estavam prestes a segurar cópias de *The Rise and Fall of Ziggy Stardust and the Spiders from Mars.* Numa apropriada e inevitável terça-feira, dia de Marte. A capa e a contracapa eram os dois cliques geniais da sessão com Brian na Heddon Street: na frente, Ziggy descia à terra, sob a porta da loja de produtos de pele chamada K. West; na contracapa, fazia uma ligação a cobrar para o cosmos, em uma cabine telefônica K2. Ambas haviam sido coloridas à mão, uma tonalidade Technicolor feita por Terry Pastor, um parceiro do Main Artery, estúdio em Covent Garden criado por George, o melhor amigo de David. No interior do disco, as letras das músicas, ao lado dos retratos individuais dos Spiders ao estilo *drugue* — Ronno, com seus cílios luxuosos e sua carranca de Greatfield, era o que mais se parecia com Alex. Ziggy também tinha colocado suas instruções explícitas ao ouvinte, na contracapa. Com maiúsculas: "ISTO DEVE SER OUVIDO NO VOLUME MÁXIMO".

No dia do lançamento do álbum, o destino havia jogado seu criador de volta a Yorkshire, onde os jornais locais de Bradford (*Telegraph* e *Argus*) estavam totalmente dispostos a comprar a fantasia alienígena — "O ALTER EGO DE ZIGGY PROVA QUE ELE REALMENTE É O 'STARMAN'". Outras pessoas da cidade não foram tão acolhedoras. Após sua passagem de som no St. George's Hall, Ziggy e a banda foram comer algo num restaurante próximo. Não permitiram que eles entrassem. Evidentemente, a diversidade racial de Bradford não se estendia a extraterrestres. Mesmo assim, o evento o lembrou de algo que ele tinha lido na *Mirabelle* daquela semana. Algo na coluna de "fofoca pop" que o fez rir alto.

"Será que David Bowie não está indo longe demais com sua imagem?"

"Uma imagem é uma coisa, um ser humano é outra."

A voz, um sotaque do Sul, que falava "senhor" com respeito e "querida" num tom de flerte, não tinha mudado muito nos 16 anos desde que seu dono transformou o mundo. O sorriso e o beiço de um bilhão de dólares também não tinham mudado. Os olhos ainda brilhavam, mas agora pareciam medicados, diferentes daqueles de 1956. O cabelo também estava mais espesso e escuro, assim como o rosto, com costeletas de passadeira. No entanto, sob a capa preta e a roupa azul, que o faziam parecer o Conde Drácula de Nashville, ele ainda era Elvis Presley. Ele ainda era o Rei.

Na sexta-feira, 9 de junho de 1972, a imprensa do mundo inteiro se espremia no Mercury Ballroom, dentro do hotel Hilton, em Nova York. Estavam lá para um evento especial com o "Rei do Rock 'n' roll", 37 anos na época, antes de seus quatro shows esgotados no Madison Square Garden. Parecia incrível que ele havia conquistado a América pela TV, de um palco em Nova York, mas nunca tinha feito um show público na cidade. Elvis brincou que ele tinha passado esse tempo todo "procurando o lugar certo" para o espetáculo. A imprensa lhe perguntou como ele tinha conseguido sobreviver tanto tempo no negócio. E ele respondeu: "Vitamina E". Depois o questionaram sobre sua imagem.

"Bem, então", ele hesitou. "É meio difícil chegar à altura de uma imagem."

Elvis sabia, melhor do que ninguém, quão insuportavelmente difícil era honrar sua própria imagem. Nos 15 anos após a gravação de "Hound Dog" — a primeira música a marcar David Jones, aos 9 anos, como o futuro Starman —, Elvis e sua imagem tinham sido inflados, perfurados, destruídos, reconstruídos, castrados e meticulosamente renovados. Foi o destino, e não a vitamina E, que o carregou pela vida no exército, a morte de sua mãe e uma carreira em Hollywood (que, às vezes, parecia uma forma lenta e prolongada de suicídio rock 'n' roll). Depois, em 1968, ele se salvaria do precipício com sua "volta" à TV, num programa especial, uma fênix de couro preto, renascendo das cinzas no *Feriado no Harém*. Seu sucesso o levou a Las Vegas, onde a primeira temporada no International Hotel quebrou todos os recordes de plateia. Os donos o presentearam com um cinto comemorativo especial, dourado, com elos de prata. O mesmo cinto que ele usava naquele dia em Nova York — era preciso deixar claro para todos que ainda era o Rei.

Ele tinha entregado seu humor à química de um vício incurável em remédios tarja preta. Um Capitão Marvel drogado, cobrindo seus amigos, suas amantes e sua "Memphis Mafia" com joias caras, feitas especialmente para ele, grifadas pelo acrônimo "TCB" ("Takin' Care of Business", ou "Cuidando dos Negócios") e uma insígnia com sua marca registrada, um raio em zigue-zague. Ele sempre carregava consigo o maior número possível de armas, com o medo constante e crescente de que seria assassinado no palco, pois todos os reis têm seus inimigos. Em seu caso, John Lennon e os Beatles, assim como todas as outras bandas responsáveis pela corrupção da juventude americana — ao menos foi isso que ele contou ao presidente Nixon e ao FBI quando se voluntariou para ser o informante especial do governo sobre o rock 'n' roll. No entanto, caso um membro da Memphis Mafia o encontrasse sozinho, à noite, encarando as estrelas e procurando discos voadores, ou então rezando para Deus, chorando, reclamando "Estou tão cansado de ser Elvis Presley", eles não deveriam, jamais, contar a qualquer pessoa sobre isso. Porque ele ainda era Elvis Presley. Ele ainda era o Rei.

Não era só um rei, mas "um príncipe de outro planeta", de acordo com a resenha do *New York Times* sobre sua noite de abertura no Madison Square Garden, uma sexta-feira. O texto descrevia Elvis ao fim do show: "Seus braços abertos, a grande capa dourada estendida como um par de asas, um campeão, o único de sua categoria". *O único de sua categoria*. Prova indiscutível, em preto e branco, que ele ainda era O Rei.

Na tarde seguinte, Elvis fez uma matinê, descansando por algumas horas antes de voltar, às 8h30 da noite, para seu segundo show. Após as últimas temporadas em Vegas, seu espetáculo estava afiado como os dentes de um tigre. A abertura homenageava um de seus filmes favoritos, *2001: uma odisseia no espaço*, de Stanley Kubrick, com sua banda recriando a fanfarra bíblica de *Assim falou Zaratustra*, de Strauss, deixando claro para a plateia excitada que o monolito original do rock 'n' roll tinha pousado. Logo em seguida, vinha o frenesi de metais e baterias perseguindo a melodia de sua estreia para a Sun, "That's All Right". Elvis aparecia no palco, sob os holofotes, com a mais branca das roupas, coberta de joias falsas, e uma capa. Enquanto lanternas piscavam na arena ao seu redor, ele parecia uma estrela distante, brilhando com seu pedacinho privado do cosmos. Ele tremia um joelho. Uma sinfonia selvagem de gritos. Ainda conseguia. Ainda era O Rei.

A segunda música era "Proud Mary", o recente sucesso do Creedence Clearwater Revival, num encaixe perfeito de seu balanço country com a voz de Elvis. Ele olhava para a primeira dúzia de fileiras, procurando algum rosto bonito para enviar aos bastidores — garotas que receberiam um comprimido de Ritalina e seriam filmadas pela câmera privada de Elvis enquanto lutavam, vestindo nada mais que sua roupa íntima. Quem sabe aquela ali. Quem sabe aquela morena, se ela puder ir sem a mãe. Quem sabe... hein?

Algo chamou a atenção de Elvis. Alguma "coisa" com cabelo vermelho claro, espetado em cima, vestindo o que parecia ser uma roupa de astronauta e usando botas vermelhas gigantes, com solas de plataforma pretas. A coisa chegava mais perto, descendo o corredor, seus dentes brilhando com um sorriso estranho, demoníaco, até chegar a seu assento, numa área exclusiva, ao lado dos executivos da gravadora de Elvis, a RCA. Ele continuou cantando, seus olhos fixos no ser atrasado e grotesco, seu cérebro tentando entender o que ele estava vendo.

Proud Mary, keep on burnin'... (Maria orgulhosa, continue queimando...)

E parecia uma Maria orgulhosa mesmo.

Rollin'... (Rolando...)

Talvez uma Maria de Marte.

Rollin'... (Rolando...)

Uma princesa de outro planeta.

Rollin' down a river (Rolando rio abaixo)

Nem homem, nem mulher. Nem humano. Só imagem.

NÃO ERA TÍPICO DE ZIGGY ficar facilmente constrangido. No entanto, por dentro, ele sentia o pulso fraco de David Jones mortificado pelo fato de, quando enfim teve a chance de ver Elvis Presley ao vivo, ter chegado notoriamente atrasado.

Um dia antes, ele havia pousado em Nova York, com Angie e DeFries. Uma janela de fim de semana durante a turnê de Ziggy lhe permitiu uma viagem rápida à cidade, como convidado da RCA, para brindar o lançamento do novo álbum e gerar interesse na imprensa americana. DeFries mantinha contato próximo com seus amigos da peça *Pork*, de Warhol, incluindo Tony Zee, Leee Black Childers e a vivaz Wayne County. Todos receberam cópias adiantadas do LP de Ziggy para entregarem a quaisquer contatos influentes que tivessem. Mencionou ainda a ideia — apenas uma ideia — de que seria legal se as palavras "Ziggy Rules!" ("Ziggy Comanda!") começassem a aparecer grafitadas pelas ruas e metrôs de Manhattan. Em troca, DeFries lhes prometeu empregos quando ele finalmente montasse um escritório em Nova York para a companhia de gestão paralela que estava planejando.

DeFries também estava animado com a possibilidade de ver Elvis. Ele era fascinado pelo empresário do astro, o Coronel Tom Parker.

O controle ferrenho que ele exercia sobre seu "garoto". Sua arrogância de golpista. E sua mente descaradamente oportunista para tratar do marketing. Tudo que DeFries queria para seu Starman: lancheiras do Ziggy, roupa de cama do Ziggy, bonecos do Ziggy com cabelo vermelho espetado, roupas intercaláveis e uma caixa de som que cantava "*Wham, bam, thank you, Ma'am!*". Até Angie o encorajava, sugerindo um boneco inflável do Ziggy, com propósitos sexuais, "que mexa e remexa com você".

Naquele sábado à noite, eles demoraram para sair do Park Lane Hotel, atrasando-se para chegar ao Madison Square Garden. Ziggy sabia, com certeza, que Elvis o tinha visto — mesmo que por um instante, os dois rapazes de 8 de janeiro tiveram um curto contato visual sob o mesmo teto. Quando Elvis cantou "Hound Dog", Ziggy lembrou-se daquela noite de inverno em Bromley, vendo sua prima Kristina entrar em combustão espontânea em Plaistow Grove. Mas seu momento favorito veio perto do fim do show, quando Elvis cantou sua nova cover de Mickey Newbury, o medley sobre a Guerra Civil Americana chamado "An American Trilogy". Era como "Rock 'n' roll Suicide" na voz do Rei. Um ritual sagrado de autocrucificação, contando à plateia que ele iria morrer momentos antes daquela "aleluia" selvagem, a música rugindo como um carro fúnebre estelar que levava seu corpo de volta às estrelas, ao lugar onde sempre pertenceu. *Aquela*, Ziggy pensou, era a forma correta de se fazer um show. Ele certamente pegaria emprestado um pouco daquele clima gloriosamente mortal. Se Freddie topasse, talvez até arranjasse um macacão branco com franjas.

Alguns dias antes, em Bradford, ele tinha se gabado para o jornal local *Argus*, afirmando que certamente conheceria O Rei em pessoa. No entanto, como era de costume, Elvis já tinha "deixado o local" antes de as cortinas se fecharem. Ao lado de Angie e DeFries, Ziggy voltou ao hotel um pouco desanimado e pessoalmente atormentado pela conversa imaginária que eles poderiam ter tido. Em sua mente, fantasias juvenis de Elvis algum dia cantando suas músicas, com aqueles lábios famosos murmurando: *Time takes a cigarette* (*O tempo pega um cigarro*).

Porém, talvez fosse melhor que nunca se conhecessem. O risco da decepção. O medo de encarar a realidade. Pouco tempo depois, ele afirmou a um repórter americano que Elvis poderia ser diferente do que ele imaginava. Era possível que ele fosse, na verdade, "uma pessoa muito simpática e descomplicada".

"Eu não queria conhecer essa pessoa", Ziggy disse, sorrindo. "Eu queria conhecer a imagem."

QUATRO
A TRANSMISSÃO

Ela achava que já tinha visto o último dos extraterrestres. Seu trabalho como operadora de radar no SHADO (Supreme Headquarters Alien Defence Organisation, ou "Supremo Quartel-General da Organização contra os Alienígenas") tinha terminado um ano antes. Ela não precisaria mais passar seus dias monitorando telas de radar, esperando o próximo sinal de um disco voador enquanto sentia seu comandante observando-a, de longe, secretamente fascinado por sua beleza: o rosto asiático suave, a cascata de cabelos escuros, as excêntricas botas e sua roupa cor creme colada, diferenciada das outras de sua equipe pela inicial "A" pendurada numa corrente abaixo de seus seios. A de Ayshea. Como ela brincava, pronunciado como um espirro. *Ai-sha.*

Ela se tornou Ayshea permanentemente, tanto na tela quanto fora. Era seu nome na vida real e o nome de sua operadora SHADO na série de ficção científica *UFO*, criada por Gerry Anderson. Para aumentar o mistério, nos créditos do programa, ela aparecia sem sobrenome. Ayshea, a atriz, era simplesmente "Ayshea", soando como uma rainha exótica do espaço. O papel não exigia muito. Ayshea não tinha ilusão alguma quanto aos motivos de estar lá: ser sexy e gritar "alerta vermelho!" quando o roteiro pedia. Mas esse trabalho lhe forneceu a experiência interessante de atuar ao lado de Ed Bishop, o astro americano da série, que tivera um pequeno papel em *2001: uma odisseia no espaço*. Por coincidência, o filme de Kubrick foi filmado nos mesmos estúdios em Borehamwood usados para a maior parte da série.

Ayshea já estava filmando *UFO* havia meses quando, no fim de 1969, ela entrou em outro projeto, como coapresentadora de um novo programa infantil, ao lado de um fantoche de coruja chamado Ollie Beak. Com as mentes jovens delirando sobre a recente chegada da Apollo à Lua, além de uma música sobre foguetes chamada "Space Oddity" ainda no top 10, os produtores decidiram que o título seria *Lift off* (*Decolagem*).

Três anos depois, Ollie Beak foi substituído por um fantoche de cachorro, Fred Barker. Já Ayshea foi elevada a atração principal, a começar pelo título: *Lift off with Ayshea*.

Ela também tentava lançar sua carreira como cantora pop, às vezes se apresentando no programa, mas nunca chegando ao nível de sucesso de seus convidados. Como era uma espírita fiel, ela seguiu otimista. No início de 1972, Ayshea foi entrevistada por uma revista, que lhe pediu uma lista de expectativas para os próximos 12 meses. Ela previu que os americanos "definitivamente pousariam em Marte" antes do fim do ano. Estava errada. Mas, se servia de consolo, Ayshea teria a chance de conhecer uma banda de marcianos em breve.

Ziggy Stardust tinha voltado recentemente de Nova York quando recebeu a boa notícia de que apareceria em *Lift off with Ayshea* para promover "Starman". Ele teria de cancelar um show em Coventry para fazer a gravação em Manchester, na emissora Granada TV. Um sacrifício simples, considerando a plateia do programa: crianças e adolescentes procurando algo excitante no mundo pop após um dia chato na sala de aula. Naquela semana, em particular, as atrações incluíam um homem cabeludo da África do Sul, com um nome difícil de pronunciar, cantando sobre sua "Sweet Marie"; um fracassado grupo de adolescentes chamado Hello, gemendo "*ooh-ooh*" sobre guitarras distorcidas; e um cantor de clubes vestindo um smoking com gravata-borboleta, que cantava tristemente sobre divórcios. Nenhum viraria assunto no playground no dia seguinte.

Com exceção de Ziggy. Em seis meses, ele tinha adquirido perfeição televisiva. Seu cabelo, um grito de orangotango enferrujado. Sua roupa, um novo macacão de *drugue* feito por Freddie, com ricos tons de vermelho, azul e dourado, como se viessem dos lençóis de um sultão. E novas botas escarlates, que não eram mais feitas pela Russell & Bromley, mas ainda eram locais, fabricadas pela empresa Greenway & Sons, na glamorosa Penge.

Ronno estava dourado como sempre. E até Weird tinha aceitado o espírito do glamour cósmico, pintando de branco as laterais da sua barba, parecendo um Papai Noel lunar. Os Spiders tocaram no programa de Ayshea com um fundo preto, pontuado por grandes estrelas pontiagudas, vermelhas e prateadas. Quando chegou a hora do refrão, Ziggy e Ronno foram ao mesmo microfone. Ziggy deslizou o violão para seu quadril direito e colocou seu braço esquerdo ao redor de Ronno, num gesto carinhoso de irmandade marciana. Aos olhos de Ayshea — e das crianças que logo os assistiriam em casa —, eles pareciam mesmo com um grupo pop do espaço: um Fab Four de Flash Gordons, liderados por um Vênus Presley, magro e pálido.

O episódio foi transmitido uma semana depois, às 4h55 da tarde, quarta-feira, 21 de junho. Televisões jorraram som, olhos brilharam, corações bateram, lábios tremeram, bocas pararam de mastigar, revistas em quadrinhos caíram, deveres de casa foram esquecidos, panelas chiaram, cachorros ganiram, talheres bateram, mães gritaram "jantar!" em vão. Enquanto isso, as estrelas, ainda ocultas pelo céu de verão, brilhavam cheias de orgulho. No dia seguinte, em ônibus, quartos, portões de escolas, lojas de doces, jardins, parques, playgrounds sujos com escorregadores enferrujados e balanços com tinta descascada, pouco se falou da banda Hello, do impronunciável Emil Dean Zoghby, de Tony Christie implorando "Don't Go to Reno", de Fred Barker ou até da bela Ayshea. Todo mundo só queria comentar sobre Ziggy. O som, o cabelo, as roupas e o caloroso convite que ele havia feito aos seus corações famintos, poucas semanas antes do início das férias de verão.

Sim, senhor Starman. Os jovens iriam dançar.

Dois dias após cantar para Ayshea e sua plateia atenciosa de jovens inocentes, Ziggy fincava os dentes nas partes baixas de Ronno durante um show em Oxford Town Hall. Ele já treinava a manobra em segredo havia algum tempo, rezando para que, quando fizesse pra valer, Ronno não fugisse, deixando-o sozinho e envergonhado. Quase no fim do show, durante "Suffragette City", Ziggy parou entre as pernas de Ronno, na frente de sua guitarra, e começou a tocar as cordas com a boca. Por sorte, Ronno não fugiu. Ele continuou tocando o braço da guitarra com a mão esquerda, criando mutações sonoras; a mão direita empurrava a guitarra contra a cabeça de Ziggy para que ele pudesse morder as cordas, como Jimi Hendrix. Atrás deles estava o fotógrafo e amigo de Ziggy, Mick Rock. Do ângulo que Mick tinha com sua câmera, a guitarra entre a cabeça de Ziggy e a virilha de Ronno era irrelevante. Era um rapaz de Marte dando prazer oral ao outro.

Click.

O "boquete marciano" tornou-se uma manobra comum nas semanas seguintes, à medida que a campanha provinciana dos Spiders ganhava cada vez mais força. Em Croydon, a procura foi maior que a oferta, quando mil jovens influenciados pelo programa de Ayshea não conseguiram entrar na casa de shows lotada. Ziggy conseguia ouvi-los gritando seu nome do lado de fora, enquanto esperava no camarim. Perto dele, uma edição da *NME* daquela semana. Uma manchete imediatamente saltou aos olhos: "BOLAN DESISTE DE TURNÊS?".

Um show do T. Rex, em Manchester, havia sido especialmente violento. A plateia ficou tão agitada que, após o evento, Marc considerou se aposentar dos palcos. Ziggy leu, impressionado, tentando imaginar a sensação. Puxar o plugue. Parar de tocar. Deixar de ser. Mas ele não conseguia. Ele só conseguia pensar nos motivos para Marc desistir, tão repentinamente. E no gosto da vitória iminente.

Quando chegou a hora, esse gosto da vitória veio na cantina da BBC. O programa de Ayshea tinha surtido efeito, colocando "Starman" no top 40. Isso significava que, na primeira quarta-feira de julho, Ziggy e os Spiders foram chamados à BBC para pegar seu prêmio: tocar no *Top of the Pops*.

A primeira posição daquela semana foi para "Puppy Love", de Donny Osmond, o novo queridinho das adolescentes, enfraquecendo os joelhos das leitoras de *Jackie* e *Mirabelle* — que tiveram de assistir a um vídeo dele, em vez da típica performance nos estúdios da BBC. Foi o mesmo caso com The Sweet, Lulu e o grupo de dançarinas da casa, Pan's People. Além de Ziggy, o único artista que apareceu ao vivo no dia foi Gary Glitter, que estava na segunda posição, perto de desbancar Osmond, com seu grito de guerra rítmico "Rock and Roll Part 2".

Ziggy e Gary tinham objetivos muito diferentes, mas eram contratados pela mesma empresa de gestão de artistas, além de ter uma ancestralidade assustadoramente paralela. Havia muitos anos, quando era apenas o adolescente Paul Gadd, Gary foi até o café-bar 2 I's no Soho, onde orbitava Mark Feld, e acabou conhecendo a pessoa que mudaria sua vida. Um cantor de rock 'n' roll que lhe daria um conselho valioso: "Nunca deixe o público te ver como você é de verdade, porque você nunca mais será interessante para eles". O nome do cantor era Vince Taylor.

Paul Gadd levou mais dez anos até finalmente seguir o conselho de Vince, passando a esconder sua identidade verdadeira atrás de um pseudônimo — por uma dolorosa fração de segundo, quase escolheu

"Terry Tinsel". Apesar do que seu nome sugeria, Gary Glitter era um fanfarrão sem o menor senso de estilo. Mas Ziggy foi gentil quando o cantor se aproximou para conversar com ele. Gary queria saber onde Ziggy tinha comprado suas roupas. "Alkasura, na King's Road", mentiu Ziggy. Alkasura era a boutique da moda, onde Chelita Secunda gostava de levar Marc Bolan para comprar a maioria de suas roupas. Ziggy só falou aquilo porque imaginou que seria hilário Marc ligar a TV algum dia e ver Gary Glitter usando seu vestuário do T. Rex. Vale tudo no glam e na guerra.

No fim da tarde, após um ensaio completo, os Spiders já estavam vestidos, calçados e agradavelmente alterados com o vinho e a cerveja baratos do bar da BBC, rindo dos olhares esquisitos que recebiam dos funcionários da emissora por causa das roupas marcianas brilhantes. O figurino era o mesmo que tinham usado no programa da Ayshea, com a diferença do cabelo de Gilly, que agora estava descolorido. Ziggy também tinha decidido usar o violão azul-claro. Se havia um momento certo de provar ao mundo que ele preferiria ser uma TV em cores, em vez de um rádio, era aquele. Era *o* momento. O cilindro caindo em Horsell Common. O monolito alienígena na origem da espécie humana. O ponto de contato além do infinito. Quatro minutos para mudar a história da humanidade. Com uma introdução especial de Tony Blackburn.

A plateia do Studio 8 rodeava o palco, com alguns poucos sortudos selecionados para ficar poucos metros atrás dos Spiders. Um menino estranho e animado vestia uma regata listrada e dançava agitadamente, tentando, em vão, chamar a atenção da câmera. Gilly havia sido colocado na frente; Weird, Ziggy e Ronno na plataforma atrás dele. Quando a música começou, Ziggy encarou a lente da câmera. Uma risada nervosa. Uma leve sensação de tontura, como se fosse o Star-Child de Kubrick, flutuando pelo espaço, preparando-se para atravessar a atmosfera da Terra e cair no planeta.

Hey, now, now.

E pela atmosfera ele caiu. Podia sentir seu rosto, seu cabelo, suas roupas, seus músculos, seus ossos, suas botas vermelhas e seu violão azul sendo lentamente atomizados numa tempestade de areia néon, sugados como poeira cósmica pelos tubos de cátodos de um milhão de casas, transmitidos por ondas eletromagnéticas, crepitando com a radiação do *big bang*. Ele já tinha cantado aquelas palavras dezenas de vezes antes, mas só agora a profecia fazia sentido. Ele não estava cantando uma música, estava cantando sua vida. Ele *era* o Starman. Essa *era* sua mensagem para o povo da Terra. Quando ele cantou *picked on you* (*escolheu você*), ele se referia a todos, apontando seu dedo diretamente para a lente da câmera, sorridente — ele sabia que seu raio laser iria atingir e atordoar. Assim como fizeram no programa da Ayshea, quando chegou a hora do refrão, Ziggy colocou o braço ao redor dos ombros de Ronno. Irmãos marcianos. Talvez até amantes marcianos.

O episódio foi ao ar na noite seguinte: quinta-feira, 6 de julho de 1972, às 7h25 da noite, na BBC 1, entre o jogo do dia em Wimbledon e um episódio reprisado de *The Goodies*. Alguns podem ter mudado de canal para ver mais tênis na BBC 2, ou caído na tentação do filme da noite na ITV — *O inimigo silencioso*, com Laurence Harvey; *Little Red Monkey*, com Richard Conte; *Legião sinistra*, com Dick Powell; ou *Os olhos do padre Tomasino*, com Tony Curtis, dependendo da região do espectador. Já quem permaneceu na BBC 1 foi certamente abençoado pela visão de Ziggy e o som de "Starman" em algum ponto do *Top of the Pops*, entre The Who, The Sweet, The New Seekers, Lulu, Love Unlimited, Dr. Hook, Pan's People, Gary Glitter, Donny Osmond e Tony Blackburn. As cortinas e as janelas estavam abertas naquela noite de verão, enquanto ecos da poeira cósmica vibravam tijolos, pisos, postes, corrimões, caixas de leite, rodas de bicicletas e pneus de carro. Às 7h25 da noite, muitas mentes jovens ainda se apegavam a vidas suaves, ordenadas e estabilizadas; às 8h da noite, essas mentes já estariam livres, como sementes de dentes-de-leão para se espalharem aos pontos mais distantes do Universo. Nesse processo, Ziggy tinha roubado "Over the Rainbow", roubando assim o Reino Unido de sua casa cinzenta no Kansas e o arremessando num mundo de Oz — vibrante, devasso e repleto de rock 'n' roll. Da escuridão e da noite em direção ao sol e à luz. Os Spiders from Mars haviam sequestrado a juventude da nação, declarando guerra contra os caretas, os chatos, os preconceituosos, os feios, os descoloridos, os seguros, os covardes e os criadores de regras. E ninguém poderia impedi-los — nem o ministro da Defesa, nem o Professor Quartermass, nem Marc Bolan.

Enquanto o resto do país lentamente se adaptava àquela invasão extraterrestre, em Haddon Hall, Ronno revia o programa, com um silêncio suspeito. Estava refletindo sobre a edição daquela semana da *Melody Maker*, que trazia um anúncio de página inteira, com uma mensagem escrita à mão: "Obrigado a todo o nosso público por fazer ZIGGY. Eu amo vocês". Não eram as palavras que o incomodavam, era a imagem. A foto do "boquete marciano", do recente show em Oxford. Em Hull, a família de Ronno sempre lia a *Melody Maker* para acompanhar seu progresso. Eles não apreciariam muito aquilo, assim como não gostariam de ver "seu Mick" na TV nacional, cantando com o braço de Ziggy amorosamente apoiado em seus ombros. Dias depois, como ele temia, teve de aguentar sua mãe chorando no telefone de Haddon Hall. Um vândalo jogou tinta sobre o novo carro que ele tinha comprado para ela, como punição por seu Mick ser "uma bicha".

Naquela noite, Ziggy podia ser perdoado por não ter ideia do sofrimento de Ronno. Aliás, ele não tinha ideia de qualquer outra coisa, estava intoxicado demais pela própria glória televisiva. Ele imaginou que a humanidade lembraria daquele dia para sempre. O dia que o Starman cerimonialmente caiu à Terra, no *Top of the Pops*. O sexto dia do sétimo mês. Ele fez uma nota mental disso para o ano seguinte.

Nem ele nem qualquer outra pessoa consideraram, por um nanossegundo que fosse, que ele já estaria morto até lá.

CINCO
A GLÓRIA

"Aqui está ele, a melhor coisa depois de Deus..."

Apenas dois dias após aparecer no *Top of the Pops*, Ziggy passou a ser apresentado no palco como o novo Jesus.

Quem fez essa introdução foi o DJ Kenny Everett, mestre de cerimônias do Salve as Baleias, um evento beneficente organizado pelo grupo Friends of the Earth, no Royal Festival Hall, em Londres. Ziggy seria a atração principal. Na última vez que o cadáver frio de David Bowie apareceu naquele palco, ele foi vaiado pelos fãs hippies do Tyrannosaurus Rex, enquanto fazia sua mímica da invasão chinesa do Tibete. Quatro anos depois, o pulso eletrificado de "Ode à Alegria" fazia os alicerces modernistas vibrarem, e ele só perdia para Deus. O verdadeiro messias cósmico. Deixe Beethoven cantar para ele! *We approach, drunk with fire, thy sacred shrine!* (*Nos aproximamos, bêbados com fogo, de teu santuário sagrado!*) Ou algo parecido com isso, em alemão robótico.

Ele cantou, esperando que os olhos de Deus realmente estivessem assistindo, sabendo que o Todo-Poderoso teria motivo para se preocupar caso não fosse cuidadoso, pois, na manhã seguinte, poderia haver vigários em púlpitos aclamando “Deus, a melhor coisa depois de Ziggy”. Ao olhar para os camarotes, ele viu uma jovem quase cair, enquanto mostrava seu cartaz escrito à mão “Ziggy”. Outra garota correu para o palco, chorando e segurando flores. Quando ele se abaixou para pegá-las, ela apertou seu pescoço, dando beijos desesperados em suas bochechas, exatamente como ele tinha visto acontecer com Elvis em Nova York. Os jornalistas na plateia observaram e fizeram suas anotações; depois, voltaram para casa, ainda com estrelas nos olhos, prontos para polir seu ego em batidas frenéticas de máquinas de escrever. Ele era “Garbo de Marte”, “uma verdadeira estrela, incorporando as coisas que faziam pessoas como Judy Garland, Frank Sinatra e os Beatles tão especiais”, e — o favorito de Ziggy — “o Marc Bolan do homem (ou da mulher) intelectual”. A única crítica deles foi ao convidado especial da noite. “Um mero mortal, perto de nosso herói.”

Mortal ou não, Lou Reed era o herói de Ziggy. Foi sua a ideia de convidar Lou, diretamente de Nova York, para aquele evento especial, tendo a honra de apresentar o antigo cantor de sua banda favorita para sua primeira aparição num palco inglês. Lou ficou feliz em participar. Feliz de ficar doidão no camarim com bebida e Mandrax. E ainda mais feliz de sobreviver tocando três de suas músicas no palco com Ziggy — “White Light/White Heat”, “I’m Waiting for the Man” e “Sweet Jane” —, sem cair. Ele vestia uma jaqueta de veludo preto, com detalhes em pedras falsas, seu rosto pálido coberto de rímel e batom preto — ao lado dos Spiders from Mars, ele parecia uma Barata de Mongo.

Aos olhos de Ziggy, Lou não tinha como errar. Ele já tinha encorajado o Mott the Hoople a gravar uma cover de “Sweet Jane”, trazendo Lou ao estúdio para ajudar Ian Hunter com o vocal. Lou dizia a qualquer pessoa interessada que Ziggy era “maravilhoso”, “fantástico” e “lindo”. Ziggy, por sua vez, jurou que, assim que terminasse seu trabalho com o Mott, ele produziria o próximo disco de Lou. E quando o Mott tocou seu single “All the Young Dudes” para Lou, ele quase explodiu.

"É o single mais brilhante que ouvi na minha vida!", Lou exclamou. "É um hino gay! Uma chamada para todos os caras jovens saírem às ruas e mostrarem que são lindos, gays e orgulhosos disso."

Ziggy ficou bobo, de tão orgulhoso. Os integrantes do Mott ficaram bobos — apenas bobos —, trocando olhares catatônicos, uns para os outros, aterrorizados, durante um período de silêncio mortal.

Na sexta-feira após o Festival Hall, Lou tocou seu primeiro show solo em território europeu, no King's Cross Cinema, em Londres. Ziggy, Angie e Ronno estavam lá, assim como o fotógrafo do "boquete marciano", Mick Rock. E ainda outro rosto familiar, que não segurou o riso quando viu as calças de Lou começando a cair sem que ele, drogado demais, percebesse. Um rosto que, nas próximas 24 horas, estaria no mesmo palco do King's Cross Cinema, também estreando na Inglaterra. O rosto de Iggy Pop.

Já tinha passado das 2h da madrugada de sábado quando Lou finalmente foi ao palco, vestindo a mesma jaqueta de veludo preto e exibindo a mesma maquiagem de máscara mortuária. Observado por Ziggy e Iggy, ele se afastou do pedestal do microfone por um momento — parecia o primeiro rascunho fracassado do Dr. Frankenstein, descartado por ser esquisito demais, depois fugindo do lixo do laboratório. A câmera de Mick clicou.

Antes de Lou gravar a primeira nota do álbum que ele planejava fazer com Ziggy, Mick já tinha sua capa.

Após seis meses de shows, Ziggy e os Spiders tinham espalhado sua teia admirável por quase toda a Inglaterra. Na última noite da primeira turnê, eles voltaram ao local onde tudo começou, no Friars Club, em Aylesbury. Houve um breve sonho, talvez impossível, de transmitir o show numa tela gigante, na praça em frente à casa. Infelizmente, o orçamento da RCA já tinha sido esgotado por DeFries, que convidou alguns jornalistas de Nova York para ir até Londres, onde assistiriam ao show, escreveriam resenhas e entrevistariam Ziggy para a imprensa dos EUA.

Os norte-americanos chegaram na sexta-feira, a tempo de poder ver Lou no King's Cross, nas primeiras horas do sábado de manhã. Ainda sofrendo com jetlag e já incomodados pelo estilo rústico da comida dos pubs britânicos, eles mal tiveram tempo para dormir antes de pegar a balsa até Aylesbury, onde teriam de enfrentar uma multidão de adolescentes cobertos de glitter. No local do show, as fornalhas da desordem eram comandadas pelo grande Stuey, que jogava panfletos e cata-ventos para a plateia. Quando Ziggy apareceu, os jovens se engavetaram perto do palco, uma massa indiscernível de cabelo e caos. Durante o bis, ele arrancou a jaqueta, jogando fragmentos de cetim sobre a plateia boquiaberta. Os americanos observavam, sem ter muita certeza do que estavam vendo: um delírio causado por falta de sono ou, como um deles escreveria, "O Elvis dos anos 70".

Do lado de fora, uma multidão de fãs jovens cercou Ziggy enquanto ele tentava sair pela porta dos fundos e chegar à sua limusine, especialmente contratada para aquela noite: uma Rolls Royce rosa. Suey os empurrava de volta, enquanto braços se debatiam e canetas acenavam em violentos acessos de futilidade. Na fração de segundo em que Ziggy conseguiu entrar no veículo e fechar a porta, algo carnudo chegou bem perto de seu rosto. O carro acelerou, e Ziggy sentiu um calor úmido no centro do rosto. Passou levemente os dedos por suas narinas. Quando ele olhou para a mão, viu sangue. Tinha sido apenas uma batida, nada de mais. O nariz só tinha sangrado um pouco, Angie garantiu, dando um tapinha em sua perna. Ela emprestou um lenço e um espelho de bolsa. Mas sangue era sangue. Ziggy nunca tinha se visto como alguém que sangrava, apenas como alguém que brilhava. Era uma sensação desconfortável. Não era divino. Humano demais.

Sangue nunca incomodou Iggy Pop. Ele tinha a reputação de cortar seu corpo no palco com vidro quebrado — feridas pequenas, porém efetivas, sobre o torso até saírem jatos escarlates, como o Jesus flagelado. Mas a plateia no King's Cross Cinema não merecia sangue. Eles ficaram parados, olhando, parecendo um pouco assustados quando Iggy andou no meio da plateia, contorcendo seu corpo em poses sensuais e sinuosas, sem camisa, com calças prateadas que combinavam com o cabelo tingido da cor do alumínio. Em seu rosto, uma maquiagem que destacava os olhos e a boca. Iggy parecia umbilicalmente ligado a um microfone cujo cabo nunca tinha fim — exceto por uma única falha, fazendo-o cantar uma versão espontânea do cabaré "The Shadow of your Smile". Isso impressionou Johnny, um fã dos Stooges de 16 anos e dentes tortos, que tinha vindo de Finsbury Park, uma calculada emboscada da próxima geração à espreita. E Ziggy, que veio de Aylesbury em sua limusine rosa, com o nariz ensanguentado, a tempo de pegar o show de Iggy à meia-noite. Mesmo com um microfone quebrado, era o suficiente para convencer Ziggy de que, apesar de estar bem ocupado com Mott e Lou, também deveria produzir o próximo disco de Iggy. Ele gostava especialmente da nova música "I'm Sick of You", que roubava o riff de um de seus singles favoritos dos Yardbirds, "Happenings Ten Years Time Ago". Ziggy fez uma nota mental: da próxima vez que estiver sem inspiração, roubar um riff dos Yardbirds.

Abaixo do palco, Mick Rock estava de volta, apontando sua câmera para Iggy, enquanto ele agarrava o pedestal de microfone como se estivesse orando, inclinando-se para a direita, encarando o além, o futuro, uma eternidade de sabedoria punk em suas pálpebras enormes. A câmera de Mick clicou. Antes de Ziggy gravar a primeira nota do disco que queria fazer com Iggy, Mick já tinha a capa.

Os jornalistas até que tinham se saído bem ao sobreviver naquelas primeiras 36 horas em Londres, indo e voltando, entre King's Cross e Aylesbury, sendo "Louados", compreensivelmente "Ziggyados", e depois "Iggyados". Após um merecido descanso no domingo, eles se reuniram para uma última coletiva de imprensa com Ziggy no Dorchester, um hotel das estrelas, onde ele passou o fim de semana numa suíte do segundo andar — a versão oficial da história, segundo DeFries, era que Ziggy, como extraterrestre, tinha muito medo de altura, então jamais poderia ficar acima do oitavo andar. Garçons silenciosos transitavam pelo lugar como fantasmas, trazendo bandejas com bolos, sanduíches, vinho, chá e uísque. Um equipamento de som tocava o recém-concluído álbum do Mott the Hoople, *All the Young Dudes*. Lou estava caído num canto, escondendo a loucura debaixo dos óculos de sol aviador, enquanto Iggy andava com uma camiseta barata do T. Rex, sua forma de fazer humor na corte do rei.

O rei usava a última criação de Freddie: um macacão branco com pedras falsas e um colarinho, uma versão *drugue* da roupa que Elvis tinha usado no Madison Square Garden. Os americanos e alguns de seus colegas britânicos se revezaram para questioná-lo. Surgiram perguntas confusas sobre quem ele era e de onde tinha vindo. Ziggy respondeu — às vezes não tinha certeza se era ele falando, ou a antiga voz de David Bowie, tentando ser ouvida através da maquiagem.

"Ziggy é um conglomerado. Ele só não existe neste momento."

Dave?

"Estou totalmente envolvido com Ziggy. Provavelmente continuarei assim por mais alguns meses, até tirá-lo do meu corpo por completo."

Pare, Dave.

"Quando as pessoas começarem a perceber Ziggy, talvez eu já tenha virado Tom Bloggs."

Você pode parar, Dave?

"Mas eu estou me divertindo tanto com Ziggy..."

Prossiga...

"...que vou ficar com ele. É muito divertido trabalhar com ele."

Os jornalistas se levantaram e começaram a ir embora. "Tchau, David", disse um dos americanos.

Ziggy riu. "Me chame de Ziggy!"

A luta estava terminada.

"Me chame de Ziggy Stardust!"

Ele tinha saído vitorioso contra si mesmo. Pelo menos, por enquanto. Pelas próximas semanas, ele garantiu que continuaria vitorioso.

"É muito raro eu ser David Jones hoje em dia", ele contou a outro repórter. "Acho que esqueci quem David Jones é."

E se ele tinha alguma dúvida de quem realmente era ou não, tudo o que precisava fazer era abrir as revistas de música e ver os anúncios que cobriam páginas inteiras, divulgando seus próximos shows em Londres.

"David Bowie *é* Ziggy Stardust, ao vivo no Rainbow."

O Rainbow ficava perto do Finsbury Park. Seus sons podiam ser ouvidos do local, já demolido, onde o menino David Jones viu Tommy Steele tocar, 16 anos antes. O interior estiloso escondia suas origens: um cinema art déco da década de 1930. O saguão lembrava um palácio árabe, com uma fonte no centro, de onde parecia que um gênio da lâmpada sairia a qualquer instante. O palco em si era envolto por um proscênio de design elaborado, como se viesse de um vilarejo mágico no Saara. Em novembro do ano anterior, durante seus últimos suspiros como Bowie, Ziggy e os Spiders apareceram na entrada do Rainbow para avaliar a concorrência: um rapaz de Detroit que curtia pregar peças, batizado Vincent, mas agora de nome Alice Cooper. Seu show era considerado o mais chocante que existia, uma das razões era devido a um incidente em Toronto, no qual supostamente ele teria arrancado a cabeça de uma galinha com os dentes — uma história mal contada.

Pareceu relevante a Ziggy que, no dia de seu primeiro show no Rainbow, no sábado, 19 de agosto, Alice Cooper estava na primeira posição com "School's Out". O single "Starman" vinha caindo do lugar mais alto que tinha atingido (10ª posição), enquanto "All the Young Dudes", do Mott, gentilmente subia ao terceiro lugar.

Cooper também contava com o companheirismo de sua banda de apoio, um novo quinteto de músicos coloridos e brilhantes chamado Roxy Music. Assim como Ziggy, eles se enxergavam como "parte da reação natural contra os últimos três anos de bandas vestindo calças Levi's e calçados plimsolls".

Do outro lado da cidade, Marc Bolan ralava no estúdio a semana inteira, gravando o que ele esperava ser seu quinto single no topo das paradas, "Children of the Revolution". Sua presença ainda era sentida nos anúncios enigmáticos das revistas musicais daquele dia, divulgando o novo álbum do T. Rex: "Ser ou não ser, eis *The Slider*". Porém, antes de as portas do Rainbow se abrirem, já havia um veredito entre os apóstolos maquiados na calçada da Seven Sisters Road — Ziggy já tinha feito a revolução com as crianças e ganhou a guerra do glam.

"Alice Cooper é feio, né?", dizia uma garota para um repórter, elogiando a beleza de Ziggy, pois ele tinha "um rosto feminino". Homens com grossas camadas de sombra nos olhos e boás de plumas ao redor do pescoço se gabavam de ter roubado a maquiagem de suas namoradas para ficarem bonitos como Ziggy. Jovens escreviam "ZIGGY" com paetês nas jaquetas e tinham tatuagens temporárias nas mãos e no rosto — desenhos dos Spiders, criados pelo melhor amigo de David, George. Dentro do Rainbow, a panelinha do Mandrax: Lou, Iggy e seus Stooges, os rapazes do Mott e até o Rocket Reg, que veio com altas esperanças, mas foi embora reclamando que "aquilo não era rock 'n' roll".

Não era rock 'n' roll. Ziggy no Rainbow era teatro. Era Broadway de baixo orçamento. Era *arte*. Os Spiders passaram uma semana de ensaios intensivos com Lindsay Kemp, o antigo tutor de mímica de David, que havia sido convencido a voltar de Edimburgo para Londres; bem como um quarteto de dançarinas, que David chamou de The Astronettes. A banda tocou sob uma armação rebaixada, pintada de prata e ligada por escadas. O chão estava coberto por uma camada grossa de serragem, que se espalhava no ar com o mais leve passo — um antigo truque de mímica para exagerar os movimentos. Slides foram projetados sobre uma tela gigante, com retratos de Ziggy, quadros de Magritte e Warhol e, na abertura com "Lady Stardust", uma montagem de rostos famosos, como Elvis Presley, Little Richard e a única imagem que todos lembrariam: Marc Bolan. Ziggy tinha roupas novas para a ocasião, incluindo seu primeiro traje inspirado pelo *kabuki*, do designer Kansai Yamamoto, uma roupa mínima, que cobria apenas o tronco e a virilha, decorada com desenhos de criaturas da floresta. Também havia novidades no setlist: uma música composta por Jacques Brel, que estava tocando em sua mente havia semanas como a trilha sonora de seus pesadelos de morte no palco, de sua paranoia com acidentes de avião e do choque de narizes ensanguentados em limusines. Uma música composta em francês, "La Mort", traduzida para o inglês como "My Death" ("Minha Morte"). Tendo plena consciência do local e do tempo em que estava, durante "Starman", Ziggy mudou o refrão e cantou alguns versos de "Over the Rainbow", de Judy Garland.

Ziggy queria que seu show extravagante de pop e mímica deixasse a plateia com a impressão de que suas cabeças tinham sido arrancadas, como uma das pobres galinhas de Alice Cooper, seus corpos se debatendo, decapitados. Isso funcionou com Lou, que corria pelos bastidores falando "isso foi a melhor coisa que eu já vi" — possivelmente porque o show acabou com uma versão de nove minutos de sua música, "I'm Waiting for the Man". Mas DeFries não ficou tão entusiasmado. Ele tinha a mesma opinião que Rocket Reg e não ligava para as distrações pretensiosas de Kemp e suas incômodas Astronettes. Colocou, então, um veto sobre qualquer expectativa de sair em turnê com aquela versão do show. Após as três apresentações no Rainbow, para a tristeza de Ziggy, Kemp precisou ir para a Escócia a trabalho. Lá, ele interpretaria um estalajadeiro pagão chamado McGregor, no filme *O homem de palha*.

Nesse ínterim, Lou havia começado a trabalhar em seu novo álbum no Trident, fazendo Ziggy temporariamente sair de Haddon

Hall. Ele hospedou-se numa suíte do Grosvenor House Hotel, o que diminuía seu trajeto diário até o Soho. Com o título de *Transformer*, seria o segundo álbum solo de Lou. O primeiro foi um vexame — não pelas músicas, muitas das quais órfãs dos últimos dias do Velvet Underground. O problema havia sido a produção e a performance pífia e sem personalidade dos músicos britânicos contratados como banda de apoio. Lou ainda tinha duas preciosidades do Velvet que ele queria gravar com Ziggy: "Satellite of Love" e "Andy's Chest", composta após a tentativa de assassinato contra Warhol, cometida por Valerie Solanas. A sombra de Warhol também inspirou "Vicious", a resposta de Lou ao desafio de Andy para escrever uma "música violenta" sobre bater em alguém com uma flor. Já "Walk on the Wild Side" era uma homenagem carinhosa aos desajustados da sala dos fundos do Max's Kansas City e aos superstars de Andy. Também tinha a elegíaca "Perfect Day", que parecia o hino de um consumista para Nova York (na verdade, foi composta em Wimbledon, a base de Lou em Londres), e "Make Up", fazendo jus à Rebelião de Stonewall, citando o lema do Gay Liberation Front de Nova York: "Out of the closets and into the streets" ("Saindo dos armários e indo às ruas").

Já eram músicas ótimas, mas cabia a Ziggy e Ronno torná-las ainda melhores. O arranjo de cordas de Ronno em "Perfect Day" ronronava com elegância vienense. No fim de "Satellite of Love", a harmonia vocal de Ziggy era como um lamento de saudade para as estrelas, uivando para além dos confins da Via Láctea. E "Walk on the Wild Side" simplesmente deslizava com sua graciosidade animal, ironicamente graças ao baixo de Herbie "Grandad" Flowers e ao solo de saxofone de um rosto familiar. Já fazia dez anos desde a última vez que Ronnie Ross tinha dado uma aula de saxofone para o rapaz de Bromley chamado David Jones. Mesmo que se lembrasse dele, não seria capaz de ligar sua memória à abominação subnutrida, pálida, de cabelo vermelho e olhos esquisitos que estava atrás do console de gravação, de vez em quando sorrindo, constrangido.

No começo de setembro, com "Starman" fora das paradas, Ziggy lançou seu segundo single. Um pedaço dele doía em segredo após ter entregado "All the Young Dudes" para o Mott the Hoople. Mas ele poderia, ao menos, tentar remediar essa sensação, compondo outra música em homenagem às criaturas jovens e brilhantes do Sombrero. Talvez não seria tão poético e grandioso quanto "Dudes", mas algo mais animado, engraçado e com mais batidas por minuto. Ele se divertiu ao roubar o gancho de "Hot Love", de Marc, tocando uma versão mais acelerada dele no violão, de forma que mais parecia uma música de Eddie Cochran. A letra era sobre uma dupla de drag queens do Sombrero, uma das quais se excedeu na pista de dança com outra garota, enquanto tentava garantir ao namorado ciumento: "John, I'm Only Dancing" ("John, só estou dançando").

Os anúncios na imprensa continham um retrato intenso, em preto e branco, no qual Ziggy colocava os dedos indicador e médio da mão esquerda nos lábios, criando um ângulo provocativamente fálico. Mick Rock também tinha gravado um filme promocional durante os shows no Rainbow, com as Astronettes dançando e a transformação de Ziggy em um James Dean da era espacial, com sua nova jaqueta bomber azul. Ele ainda desenhou uma pequena âncora sob seu olho esquerdo, inspirado pela série norte-americana *A Feiticeira*. Sua personagem principal, uma bruxa suburbana chamada Samantha, tinha uma prima irritante, Serena — ambas interpretadas pela atriz Elizabeth Montgomery. Serena se diferenciava por desenhos no rosto, de corações a claves musicais. No episódio "Darrin on a Pedestal", ela exibia uma âncora idêntica à sua.

Amargamente, a BBC não ficou muito enfeitiçada pelo vídeo de Mick Rock e se recusou a mostrá-lo no *Top of the Pops* — optaram por tocar a música enquanto exibiam vídeos do acervo de uma gangue de motociclistas. Os críticos também não gostaram muito do single, fosse por sua atitude abertamente bissexual ou pelo fato de Ziggy não fazer algo mais óbvio, tipo "Starman Part 2". Graças aos toca-discos ansiosos e quadris dançantes dos jovens que tinha cativado, ela ainda garantiu uma confortável 12ª posição.

Todavia, uma maré pequena, mas ruidosa, tinha se voltado contra Ziggy, gerando uma onda de opiniões polarizadas nas sessões de cartas de revistas pop. Numa semana, Val da *Record Mirror* abriu uma mensagem que pingava amor, de uma garota em Wiltshire, fã "inconvertível" de Bolan, até trocá-lo por Ziggy. Ela escreveu: "Escuto 'Rock 'n' roll Suicide' e choro até não poder mais". Na semana seguinte, Val se afogava com a tinta das canetas venenosas que atacavam "aquele gay esquisito", "aquele cantorzinho pop de cara bizarra" e outros insultos similares das filiais regionais de uma fictícia "Sociedade pelo Extermínio de David Bowie". "Eu sou gay", escreveu um dos exterminadores, de Lincolnshire, "e ainda assim acho ele totalmente repugnante".

Imune aos ataques odiosos dessa minoria mordedora de caneta, Ziggy voltou à estrada, iluminando o início de outono ao norte, cobrindo os montes Peninos com um nevoeiro de luxúria estelar adolescente. Em Stoke, um repórter perguntou a Ziggy se ele estava preocupado com o show ser sexy demais. "Mas ele é", ele deu de ombros. "Não posso negar que o show seja sexy. Se choco as pessoas, que pena." Mesmo assim, como se alguém tivesse criado um alarme para ele, no exato momento em que se tornou sexy demais para as terras britânicas, a poeira cósmica ordenou que David deveria desertar o país.

Os Spiders estavam em Manchester, com a honra de serem os primeiros a tocar numa casa nova, construída especificamente para shows, chamada Hardrock. Na manhã após o show, DeFries convocou uma reunião emergencial em seu hotel. Não só Ziggy, Ronno, Weird e Gilly, mas Angie, Stuey da segurança, Suzi do cabelo, os Frost e todo mundo que viajava com a turnê. Ele tinha uma notícia importante:

"Em cerca de duas semanas, todo mundo aqui estará na América."

A terra prometida de Sal Paradise, Elvis Presley e Little Richard. O Starman e sua família iriam conquistar a América — e, como DeFries frisou, conquistar com estilo.

"Todos vocês precisam aprender a agir e se vestir como se tivessem um milhão de dólares."

Ziggy gargalhou. Era algo estranho de se dizer para um messias cósmico considerado excessivamente sexy para o país da rainha, atrás apenas de Deus. DeFries não percebia? Ele já agia como se tivesse um trilhão.

SEIS
O AMERICANO

Era uma das piadas favoritas de Stuey: "Um 'Starman' que não voa".

Nada convenceria Ziggy a entrar num avião novamente. Ele tinha pesadelos — "premonições", dizia — com acidentes. Não eram causados por erros do piloto nem por clima ruim, mas por alguma catástrofe cósmica bizarra. Ele sonhava que o campo de força eletromagnético da Terra falhava. "Então, todos os aviões que estavam voando caíam instantaneamente." Ele não sabia quando iria ocorrer, só que era provável e que seria com ele, num futuro próximo. "Se nada acontecer até 1976", consentiu, "aí volto a voar."

Isso significava que Ziggy teria de ir à América pelo mar, uma travessia de seis dias pelo Oceano Atlântico, de Southampton até Nova York, no navio de luxo QE2. (Para seu próprio bem, ele nunca ficou sabendo que o mesmo navio quase afundara, cinco meses antes, quando foi atingido por ventos de 160 km/h e ondas de 15 metros de altura.) Ele viajou com Angie, seu melhor amigo George e a esposa dele, Brigit, mas passou a maior parte da viagem sozinho, receoso de interagir com outros passageiros após a primeira noite, quando jantaram no Columbia Restaurant, mas foram recebidos com olhares desagradáveis de pessoas cobertas de joias. Então, ele passou as horas encarando aquele infinito azul, pensando sobre seu passado, nervoso quanto ao seu futuro. Seu transistor interno continuava tocando os acordes de "My Death", de Jacques Brel, repetindo-os permanentemente.

DeFries já tinha voado, antes dos outros, para preparar a chegada de Ziggy na filial nova-iorquina de seu novo império de gestão de artistas, a MainMan. Uma palavra, dois M maiúsculos. (Ziggy não conseguia decidir se era hilário, ou até irritante, que seu chefe tinha batizado seu negócio com uma referência associada ao seu rival. Marc Bolan já tinha usado a expressão numa rima em "Telegram Sam", e agora era o título de uma música, "Main Man", do novo álbum do T. Rex, *The Slider*.) O ator Tony Zee tinha ajudado a encontrar um escritório apropriado ao norte da cidade, algumas quadras ao leste do Central Park; após auxiliar com a pintura e a decoração do local, ele foi premiado por seus serviços com o título de presidente da empresa MainMan. DeFries almoçou com o gerente de palco da peça *Pork*, Leee Black Childers, no Pete's Tavern, em Gramercy Park; quando a conta chegou, Leee já era vice-presidente. A vaga de recepcionista foi para uma amiga de Leee, integrante do elenco original de *Pork* em Nova York, que não conseguiu participar da versão londrina. Cyrinda Foxe era um ímã de glamour, sexy e urbana, superstar de Warhol, cliente fiel do Max's e óbvia apóstola de Marilyn Monroe, cuja experiência com secretariado envolvia ter trabalhado com um comerciante de artes e ter sido assistente de Greta Garbo (ou "Miss Brown", como ela foi ensinada a chamá-la). Cyrinda tinha habilidades para fazer muitas coisas — e Ziggy estava prestes a descobrir a maioria delas —, mas decididamente não era uma recepcionista. Ela também não aceitava a ideia de DeFries sobre todos os funcionários da MainMan terem o mesmo corte de cabelo de Ziggy como prova de que vestiam a camisa do time. Em seu segundo dia de trabalho no escritório, Cyrinda nem apareceu. Logo, a vaga foi ocupada por sua colega, também veterana de *Pork* e futura amiga próxima de Ziggy: Cherry Vanilla.

Após quase uma semana no mar, o QE2 atracou no porto de Nova York, no domingo, 17 de setembro. DeFries tinha reservado suítes para eles no Plaza Hotel, ao sul do Central Park, a algumas quadras dos novos escritórios da MainMan. Era o mesmo hotel onde, oito anos antes, Stanley Kubrick encontrou Arthur C. Clarke para discutirem o que eventualmente se tornou *2001: uma odisseia no espaço.*

Ziggy tinha chegado havia pouco tempo quando descobriu cinco almas interplanetárias similarmente solitárias no Oscar Wilde Room do Mercer Arts Centre, em Greenwich Village. Os New York Dolls eram uma pilha de cabelo, batom, guitarras e tecido *chiffon*, cortando o próprio caminho na história do rock 'n' roll com uma motosserra. Suas músicas eram sobre lixo, heroína, garotas más, "jet boys", lobisomens, cafetões, a guerra do Vietnã e sexo com o monstro do Dr. Frankenstein. Ziggy amou os Dolls, especialmente o vocalista, David, e mais ainda a namorada dele — Cyrinda Foxe, ex-recepcionista da MainMan. Angie reconheceu o desejo nos olhos de Ziggy e não interferiu; logo, ela acharia o próprio brinquedo: o baterista da banda, Billy. Os Dolls eram bons anfitriões, então promoveram um tour por Manhattan para Ziggy — passeio que acabou após algumas quadras, no Bowery, quando um motorista de caminhão se inclinou para fora de sua janela e gritou para Ziggy: "Ei, gata, quero chupar tua buceta!".

Como um aquecimento para tocar em Nova York, DeFries agendou os dois primeiros shows de Ziggy fora da cidade, começando em Cleveland, Ohio — lar espiritual do rock 'n' roll americano, onde o nome do gênero foi popularizado por Alan Freed, o DJ local que pegou o apelido do notório músico de rua nova-iorquino, passando a se chamar de "Moondog". DeFries enviou Leee a Cleveland de antemão para verificar se a casa de shows seguiria as 12 exigências específicas da MainMan. O Cleveland Music Hall cumpria 11 delas — o piano deles tinha alguns centímetros a menos do que o exigido. Quando Leee ligou para DeFries, recebeu a ordem de cancelar o show caso não resolvessem o problema com o piano. A casa entrou em pânico. Graças ao trabalho adiantado de Leee e Cherry Vanilla na imprensa e rádio locais, os ingressos já tinham esgotado. Mas DeFries se manteve firme com a exigência. No último minuto, o piano foi trocado por outro com a altura exata solicitada. A manipulação da MainMan havia começado.

O piano seria tocado por um membro honorário dos Spiders, chamado Mike Garson. A primeira escolha de Ziggy para a posição era Annette Peacock, uma sacerdotisa do jazz psicodélico que tinha recentemente lançado seu próprio disco pela RCA, incluindo uma cover estonteante de "Love Me Tender", de Elvis Presley. Peacock recusou o convite, mas sugeriu Garson, que tocou em seu álbum e tinha um ouvido instintivo para jazz vanguardista e todas as "notas erradas" que Ziggy amava. Garson também era um pastor de Cientologia, "Garson The Parson" ("Garson, o Pastor"). Antes do fim da turnê, ele já tinha convertido Gilly e o guarda-costas Tony Frost para a Cientologia, uma religião que acredita que a espécie humana era feita dos espíritos perdidos de alienígenas que tinham sido explodidos em vulcões, há 75 milhões de anos, por um ditador intergaláctico maligno. Por motivos cosmicamente óbvios, ele não conseguiu converter Ziggy.

Terra santa do rock 'n' roll, Cleveland era uma conquista fácil para os Spiders, assim como sua parada seguinte, em Memphis, Tennessee. Naquele dia, o Rei estava em casa, em Graceland, mas não quis sair para ver a Maria Marciana pela segunda vez, sacodindo o mesmo Ellis Auditorium que ele já havia abençoado em tantas ocasiões. Após o show, DeFries despejou o dinheiro arrecadado da noite sobre o chão do hotel. Ziggy ria enquanto chutava notas de dólares pelo ar, como uma criança brincando em poças d'água. DeFries sabia que, na verdade, aquela riqueza era uma ilusão. Na Inglaterra, ele havia dito à banda que deveriam *agir* como se tivesse um milhão de dólares. A turnê estava fadada a perder dinheiro. A grande aposta de DeFries — parte genial, parte insana — era desviar os custos da MainMan para a RCA. Na falta de dinheiro no caixa, eles colocariam todos os gastos na conta da gravadora principal. Se tudo desse certo, quando a turnê acabasse, Ziggy seria uma estrela na América, e a RCA aceitaria a conta como uma despesa justificada. Se desse errado, a MainMan estaria acabada — assim como Ziggy.

O SHOW DE UM MILHÃO DE DÓLARES já estava bem ensaiado quando voltaram a Nova York. Ziggy andava permanentemente cercado por seus guarda-costas, Stuey e Tony, ambos vestidos para o combate com seus quimonos de caratê. Outra teatralidade da MainMan, assim como o show "esgotado" de Ziggy no prestigioso Carnegie Hall. DeFries garantiu que a casa estaria lotada: distribuiu centenas de ingressos gratuitos, enquanto dizia à imprensa que a lista de convidados VIP já estava superlotada. Conseguiram encaixar Truman Capote, Anthony Perkins (estrela de *Psicose*) e Andy Warhol — que, de acordo com as fofocas, recebeu apenas dois ingressos. Nos assentos mais baratos, a gangue da MainMan tinha espalhado a palavra de Ziggy para todos os doidos da moda da cidade, que saíram dos armários cobertos de glitter, penas e outros acessórios exagerados —, isso incluía os Dolls e Cyrinda. Do lado de fora, um holofote gigante apontava diretamente para as estrelas, como se lembrasse à multidão de pessoas amontoadas no local que a atração da noite vinha dos céus.

Nos bastidores, um repórter da TV perguntou a Ziggy o que ele gostaria que sua plateia pensasse dele no palco. "Não quero que eles pensem nada", respondeu, franzindo as sobrancelhas. "Eles provavelmente estão tão confusos com minhas letras quanto eu. Quero dizer, sou o último a entender a maioria das coisas que escrevo."

E como ele se descreveria?

"Parcialmente enigmático. Parcialmente fóssil."

Fóssil?

"Sim."

Naquela noite, Nova York agarrou e abraçou o enigmático fóssil marciano. Assim foi a conquista de Ziggy no Carnegie Hall, cujo impacto reverberou pelo Atlântico até as páginas da imprensa britânica, onde ele foi reconhecido como o vencedor de "um concurso não declarado" com Marc Bolan. Ainda mais impressionante: Ziggy conseguiu fazer a apresentação inteira enquanto sofria de uma leve gripe. Ele estava doente o suficiente para não ir à festa pós-show no Plaza e passar o dia seguinte na cama, se recuperando, medicado por sua nova enfermeira, Cyrinda.

O sexo agora chegava a Ziggy de todas as direções, com todas as plateias, em todas as cidades. Era bobagem negar o fato. O sexo exigia Ziggy Stardust, e ele era educado o suficiente para ceder. Sexo a qualquer momento, sexo em qualquer lugar, sexo com qualquer pessoa, sexo com qualquer coisa. Sexo em camas, banheiras, pisos, no espaço. Sexo com Cyrinda, com Cherry, com garotas cujos nomes ele nunca lembraria. Sexo com outras mulheres enquanto Cyrinda ou Cherry sentavam-se em uma cadeira, assistindo ao ato e conversando com Ziggy para ajudar a aliviar seu tédio. Sexo por desejo, por hábito, por curiosidade, por gula. Sexo com garotas, com garotos, com gatinhas, com caras. Sexo molhado, sexo seco, sexo rápido, sexo devagar. Sexo privado, sexo aplaudido de pé, sexo chapado, sexo bêbado. Sexo louco, sexo desajeitado, sexo de Spider, sexo da Terra. Sexo de Marte, sexo que apenas perde para Deus, sexo pá-pum-obrigado. Sexo e sexo e sexo e sexo. E, porque ele podia, porque ele era Ziggy, ainda mais sexo.

Mas Cyrinda representava mais do que sexo para Ziggy. Ela era musa e música, ritmo e riff. Ela era a esposa do gângster em "Watch that Man", canção que ele tinha acabado de compor, parte inspirada pelas memórias de seu namorado, David, no palco com os Dolls, e parte pelos barulhos e os excessos da festa pós-show do Carnegie. Ela era ainda a personagem principal de outra música, iniciada no ônibus da banda, a caminho de Cleveland. Os Spiders tinham criado seu próprio tema de viagem (*We're goin' bussin', bus, bus*), cantada sobre o riff de blues de "I'm a Man" — não a original de Bo Diddley, mas a versão mais veloz dos Yardbirds. Isso lembrou Ziggy da nota mental que tinha feito, após ver Iggy no King's Cross: da próxima vez que estiver sem inspiração, roubar um riff dos Yardbirds.

Então Ziggy roubou "I'm a Man". Ele olhou para Cyrinda em seu quarto do Plaza Hotel e cantou sobre Marilyn Monroe. Ele pensou sobre Iggy e cantou sobre répteis, sobre gritar e berrar. Ele pensou a respeito do autor e dramaturgo francês Jean Genet e chamou a música de "The Jean Genie". Antes de a semana terminar, os Spiders foram ao estúdio da RCA em Nova York e gravaram a canção como seu próximo single.

Iggy logo teria a chance de ouvir "The Jean Genie" quando a turnê passasse por Detroit. Ele voou de volta para sua cidade a fim de poder ver Ziggy ao vivo e mostrar-lhe algumas das músicas que ele e seus Stooges estavam gravando para o novo álbum, em Londres. Eles já haviam concordado que seria melhor se Ziggy ficasse fora do estúdio, deixando Iggy trabalhar por conta própria. No entanto, conforme o acordo que DeFries tinha conseguido para lançá-los na CBS, Ziggy iria mixar os sons gravados, mantendo seu crédito de "produtor". O disco se chamava *Raw Power* e não fugia de sua promessa de "poder bruto". Cada música era uma punhalada de luz demoníaca incandescente, repleta de medos estranhos e corrupções secretas. Músicas que faziam ainda mais sentido agora que Ziggy podia ver o caldeirão urbano de onde Iggy tinha vindo. Detroit era uma versão real de *Laranja mecânica*, feita de concreto e argila. Na tarde que ele chegou, saiu para um passeio com Stuey, perto do hotel, vestindo uma camisa larga. Num piscar de olhos, foi atingido por olhares enojados de operários de fábricas automobilísticas. O som do disco de Iggy *era* Detroit.

Ele também teve que lidar com o estresse adicional de um intruso, que havia aparecido pela primeira vez em Nova York, munido de um pacote de cocaína e falando para todo mundo que ele tinha estudado com David Jones, em Bromley. Quando reconheceu o rosto de Ziggy nos jornais, pegou um voo direto para Nova York vindo da Colômbia, onde deixou um rastro de constrangimento causado por seu tráfico internacional de drogas. Ele tinha a aparência certa: carregava uma arma e se vestia como um bandido de barba. Ziggy pensou que tinha se livrado dele, mas logo descobriu que o homem alugara uma van a diesel e seguiu a turnê até o estado de Michigan. A ansiedade mexeu naquele ritmo familiar de Bo Diddley que andava na cabeça de Ziggy. Ele pensou sobre o traficante de drogas de Bromley e sobre tudo o que tinha visto, ouvido e cheirado na cidade natal de Iggy. Compôs então "Panic in Detroit".

Do Centro-Oeste, a turnê desceu para o Sul, passando por Missouri, Kansas e Tennessee até fazer uma pausa em Nashville para dar uma polida de Rei em "The Jean Genie", mixando-a no mesmo estúdio da RCA frequentemente usado por Elvis. Enquanto os Spiders e sua equipe voavam ou pegavam um ônibus, Ziggy e um grupo pequeno de amigos optavam por viajar de trem. Era indiscutivelmente a melhor forma de ver o país, sobretudo dos vagões de observação. Na cúpula panorâmica do trem que ia ao Oeste, chamado Superchief (e apelidado de "Trem das Estrelas"), Ziggy passava as noites, sentado com uma taça de vinho e o violão, sua inspiração iluminada pelo luar do deserto. Ele sentia que a América o estava possuindo com um novo propósito, novas músicas e talvez até o relance de uma nova identidade. Uma que ainda era, fundamentalmente, Ziggy, mas esticada e influenciada pelas estrelas distantes do Oeste.

No começo de outubro, enquanto o trem de Ziggy acelerava em direção à Califórnia, Marc Bolan não via a hora de sair do estado. O T. Rex tinha encerrado sua turnê de pouco sucesso nos EUA, no Santa

Monica Civic Auditorium. Nas palavras do jornalista da *Melody Maker*, Marc foi "repetitivo, vazio e forçado" e tinha tristemente "acabado com a ilusão". O veredito da imprensa local não foi muito melhor. Quando finalmente receberam uma amostra do T. Rextasy, os americanos devolveram a oferenda. Embarcando em seu voo de volta para Londres, Marc tentou se consolar com o fato de que, em casa, seu último single, "Children of the Revolution", tinha passado três semanas na segunda posição, enquanto "John, I'm Only Dancing", de Ziggy, estava dez lugares atrás. Mas ele não conseguia ignorar a sombra do Starman — mesmo que quisesse, a imprensa não o deixaria. Toda entrevista já trazia uma pergunta obrigatória sobre Ziggy. "David não sabe o que ele é de verdade", Marc resmungava de sua casa no Maida Vale. "Ele rouba identidades."

A 8 mil km de distância, o Superchief parou na cidade que, de acordo com Kerouac, era "a mais solitária e brutal de todas". Ziggy desceu na Los Angeles Union Station, o sol quente da Califórnia ao alto, lançando uma sombra cinzenta e longa à sua frente. Uma silhueta que somente ele reconheceria como a criatura estranha que tinha acabado de inventar. A sombra roubada de Aladdin Sane.

Ziggy estava tão próximo dos calcanhares de seu rival que se hospedou na luxúria espanhola do Beverly Hills Hotel apenas alguns dias após Marc fazer check-out. Rocket Reg também estava lá. Convidou Ziggy para seu bangalô VIP, onde tomaram uma xícara de chá obviamente desconfortável — as pausas silenciosas que permeavam a conversa educada eram preenchidas apenas pelo bater de colheres nas xícaras, enquanto nenhum dos dois conseguia mencionar a cópia descarada de "Space Oddity".

Aproveitando-se da etiqueta de Los Angeles e da conta que seria enviada para a RCA, os Spiders e sua equipe beberam todo o estoque do famoso Polo Lounge do hotel e bronzearam seus corpos britânicos na piscina. Ronno se torrou, ficando com a pele num tom rosa agoniante, enquanto seu cabelo dourado ganhou um desastroso esverdeado graças ao cloro da piscina.

Com um intervalo de poucos dias na turnê, Ziggy cumpriu sua promessa de mixar *Raw Power*, o novo álbum de Iggy e seus Stooges, no Western Sound, na Sunset Boulevard. O tempo estava contra eles, assim como a tecnologia. Na visão de Iggy, o console de mixagem gigante parecia uma nave espacial de ficção científica dos anos 1950. As fitas, porém, não exigiam muito trabalho. Ziggy fez o melhor que pôde no escasso tempo que tinha, focando a maioria das faixas no vocal de Iggy, mas tendo cuidado para não apagar o calor de seu fogo de Detroit.

Ainda em meio à fumaça densa de *Raw Power*, Los Angeles inspirou a próxima música de Ziggy, um uivo sujo da Hollywood Babylon, marcando a esquina da Sunset e da Vine, a apenas uma quadra do estúdio. Kerouac descreveu o local em *On the Road*: "Aquilo, sim, era uma esquina!". Ziggy chamou a canção de "Cracked Actor".

DeFries já tinha enviado Angie de volta a Londres. Apesar de seus votos de casamento polígamos, ela conseguiu abalar seu marido após brincar na piscina de um motel com um guarda-costas jamaicano bonitão chamado Anton. Com sua esposa temporariamente banida, Ziggy se aproveitou da situação, trazendo Cyrinda de Nova York para Los Angeles. Assim que ela pousou, os dois correram para pegar amostras de ambos os sexos no Rainbow Bar & Grill. À noite, eles iam ao E Club, uma antiga casa de massagem que foi relançada como discoteca, contendo pilhas de anglófilos menores de idade e *groupies* gananciosas, na esperança de dormir com um astro do rock 'n' roll britânico. Na ausência de um, um marciano bastaria.

O E Club era obra do publicitário e DJ Rodney Bingenheimer, o gnomo risonho do rock cheio de glitter da Costa Oeste, chamado de "Prefeito da Sunset Strip". O destino já havia escolhido Rodney como o primeiro humano a ouvir as palavras "Ziggy Stardust" da boca de David Bowie, quando ele desceu de um avião, na mesma cidade, 18 meses antes. Rodney tinha se tornado um apóstolo devoto de Stardust. Graças à sua influência, Los Angeles estava ansiosamente aguardando as primeiras apresentações de Ziggy na cidade. Os Spiders fizeram dois shows esgotados no Santa Monica Civic Auditorium, o mesmo lugar onde Marc Bolan tinha sido derrotado, seis noites atrás. O *Los Angeles Times* declarou que Ziggy era "uma espécie de Judy Garland masculina dos anos 1970", uma forma simbólica de recepcionar o marciano ao local onde Garland tinha cantado "Over the Rainbow" pela primeira vez, num estúdio da MGM.

Seguindo os passos de Kerouac, Ziggy foi a San Francisco. Ainda acompanhado de Cyrinda, eles acabaram se tornando uma espécie de Romeu e Julieta rock 'n' roll dos anos 1950. James Dean de Marte e Marilyn de Vênus. O fotógrafo Mick Rock fez alguns retratos deles no Rainbow Bar em Los Angeles, uma homenagem glam-punk à pintura *Nighthawks*, de Edward Hopper, servindo como base para os anúncios do single "The Jean Genie". Em Cisco, Mick fez um filme promocional para acompanhar as fotografias: James e Marilyn apareciam, sensuais e desajeitados, com jaquetas corta-vento em azul e amarelo, colarinhos felpudos, passeando pela rua do lado de fora do Mars Hotel, outro dos locais favoritos de Kerouac.

Sua última noite na cidade também foi a última que passaram juntos. Cyrinda entrou na banheira vestindo uma peruca de Lady Godiva e um colar de pérolas. Ela tinha ouvido uma história de como manter pérolas brilhantes e pediu ajuda a Ziggy. Ele aceitou. No dia seguinte, ele foi para Seattle, enquanto Cyrinda voltava a Nova York, sem ter ideia da reação biológica que estava acontecendo em seu útero.

De Seattle, Ziggy pegou um trem noturno para Phoenix, Arizona, onde o novo devaneio de Aladdin Sane foi inflamado pelo brilho de uma dúzia (ou mais) de imensas cúpulas cor de prata iluminadas pelo luar, no meio de um deserto árido. Pareciam futuristas e levemente sinistras. As sinapses dormentes do jovem David Jones se acenderam, com medos já esquecidos dos silos alienígenas em *Quartermass II*. Ziggy imaginou se, quem sabe, era assim que cidades ficariam após um holocausto nuclear: um planeta além de "Five Years"; um terreno cancerígeno de cinzas nucleares, forçando os sobreviventes a viverem presos, isolados em colônias gigantes; um mundo onde a radiação havia pervertido tanto a reprodução humana que as pessoas precisariam ver filmes para lembrar de como fazer amor, guiados pelo antigo deus chamado Mick Jagger. Quando ele chegou a Phoenix, Ziggy já tinha outra música, "Drive-In Saturday".

O show em Phoenix teve uma plateia minúscula. Logo depois, Ziggy anestesiou sua amargura com álcool. Ele chorou, gritou, arranhou, gemeu e se debateu até ficar inconsciente, coberto por seus pesadelos mais sombrios. Na manhã seguinte, quando ele despertou, seu cérebro apertava-se contra seu crânio como uma massa de plástico derretido. Ele então olhou no espelho e viu que só estava com uma sobrancelha.

Ziggy apertou os olhos para enxergar de perto. Agora parecia que tinha duas metades de rosto diferentes: o expressivo e o sem expressão, como se fundidos por um raio invisível, vindo de sua têmpora esquerda até o lado direito de seu queixo. Ele encontrou a navalha responsável pelo ato na beira da pia, sua lâmina brilhante parecia rir de sua dor de cabeça. Com alguns movimentos delicados, ele emparelhou seu visual. O fantasma albino que o encarava no espelho aparentava ser mais alienígena do que nunca. Seus dedos trêmulos passaram pelas áreas depiladas. Parecia uma pintura de Edward Munch, amaldiçoada com a vida, piscando para ele.

"Então, o que é que vai ser, hein?"

Um rosto que ele reconhecia como Aladdin Sane.

ZIGGY ESTAVA SE AJUSTANDO À VIDA sem sobrancelhas, na dor mental e no abalo físico de uma ressaca no Arizona. Enquanto isso, a 8 mil km, seus amigos do New York Dolls estavam se ajustando ao impulso de querer matar Lou Reed.

O mundo dos Dolls tinha mudado dramaticamente nas primeiras semanas após levarem Ziggy pelo Bowery. Ainda sem uma gravadora, após animar a imprensa britânica, eles foram convidados para uma série de shows na Inglaterra, esperando conseguir um contrato com algum selo por lá. Uma dessas apresentações foi como banda de abertura de Lou Reed no Liverpool Stadium — ou, pelo menos, teria sido, se Lou não tivesse enviado um recado ao seu camarim logo antes de subirem ao palco. Lou tinha um medo, razoável e justificável, de que os Dolls fizessem um trabalho muito melhor que ele no palco. Então usou sua autoridade para exigir que eles simplesmente não tocassem. Os Dolls ficaram furiosos, mas não tinham o que fazer.

Com alguns dias extras antes do próximo show, abrindo para o Roxy Music, em Manchester, eles voltaram para o hotel em Londres. Na noite de 7 de novembro, uma terça-feira, o baterista Billy Murcia foi convidado para uma festa por uma garota que ele tinha conhecido num clube uma semana antes. Os outros estavam cansados demais para acompanhá-lo. Billy foi, sozinho, até o apartamento que ficava a algumas quadras do Imperial College, na intersecção entre a Exhibition e a Cromwell Road. No local, depois de tomar uma quantidade excessiva de Quaaludes e vinho tinto, ele acabou desmaiando. Os anfitriões da festa entraram em pânico, tentando acordá-lo com um banho frio, enquanto o forçavam a beber café quente. Billy Doll se engasgou com seu próprio vômito e morreu. Seu espírito deixou seu corpo em South Kensington, lar de H. G. Wells, Gustav Holst, ossos de dinossauro, meteoritos e o Victoria and Albert Museum. Os Dolls tinham voado a Londres como um quinteto. Voltariam a Nova York como um quarteto.

Em Maida Vale, Marc Bolan também estava de luto. Não por Billy Doll, mas por Boink, seu camundongo de estimação. Ele voltou da decepcionante turnê na América, com sua baixa venda de ingressos e má recepção pela imprensa, e encontrou Boink com uma doença grave. Tentou chamar um veterinário, mas ninguém se prontificou a atendê-lo. Até que Marc acordou numa manhã com Boink deitado de costas, duro, com as pernas no ar, um pequeno rastro de sangue ao redor da boca branca. Ele o enterrou em seu quintal.

O luto de Marc por Boink não fez nada para atenuar seu ego na hora de falar com a imprensa. Quando perguntaram o que ele achava de David Cassidy, respondeu: "Eu prefiro Hopalong. Ele me empolga muito mais".

E Ziggy?

"Ele continua tendo apenas um sucesso, eu creio."

Ainda na América, o suposto artista de apenas um sucesso estava aprendendo sobre o medo: encarando a morte nos olhos, nas ruas de Houston, Texas, quando um motorista de caminhão apontou uma espingarda da janela de seu veículo. Ele gritou para Ziggy: "Se não fosse contra a lei, eu explodia a porra da tua cabeça".

Isso trouxe à tona todos os antigos medos de ser assassinado no palco. A morte parecia estar em cada lugar a que ele chegava, aguardando, como o Pai Tempo no relógio do escritório da Mercury em Chicago, segurando sua foice, pronta para atacar assim que os últimos grãos caíssem pela ampulheta. A notícia de Billy Doll aumentou seu pavor. Quando ele chegou a New Orleans, Ziggy transformou sua morbidez em melodia e concluiu outra canção. Ele a chamou de "Time".

Ele ainda conseguia reprimir sua ansiedade no palco, enquanto convertia e pervertia os garotos e as garotas perdidos da América de Nixon, com ensinamentos dos rituais maçônicos de Stardust: a forma como ele virava as mãos de ponta-cabeça, como óculos sobre seu rosto, para criar uma máscara; ou a maneira como ele colocava seus dedos na cabeça, imitando chifres de vaca, durante o verso sobre Mickey Mouse em "Life on Mars?". Os fãs mais antigos, como Christine, a garota de 21 anos, de rosto felino, que viu o retorno de Ziggy a Cleveland no fim de novembro, também notaram a piada interna de seu mais novo traje criado por Freddie, coberto de retalhos xadrez com números. Sobre sua virilha, um óbvio "69".

Os rostos familiares do Mott the Hoople esperavam encontrar Ziggy no fim da turnê, na Filadélfia, onde estavam agendados para tocar no mesmo local, uma noite antes. Após chamar um táxi para a jornada de quase 500 km de sua penúltima parada, em Pittsburgh, Ziggy chegou a tempo de pegar o bis do show no Tower Theatre. Ele subiu ao palco com a banda para uma performance de "All the Young Dudes". Ian Hunter não conseguia esconder sua preocupação com Ziggy. Fantasmagoricamente magro, subnutrido e sem sobrancelhas, ele era mais uma aparição do que um artista. Apesar de ele sorrir e gargalhar, havia um ponto de tristeza que brilhava em seus olhos estranhamente dissimilares.

A tristeza real estava em tudo o que ele tinha visto nos três meses que passou naquela nação vasta, caótica, ridícula, contraditória e insana. De volta a Nova York, ele fez uma coletiva de imprensa de despedida. "Acredito que o americano é a pessoa mais solitária do mundo", ele especulou. "Sinto uma terrível insegurança e uma necessidade de carinho nas pessoas que moram aqui. É muito, muito triste."

Parecia uma temática apropriada para revisitar a solidão de Major Tom. No último dia antes de voltar ao seu lar na Inglaterra, a pedido da RCA America, Ziggy gravou um novo vídeo promocional para "Space Oddity", com Mick Rock. Ele tocou um violão num estúdio, sozinho, seu rosto destituído de qualquer emoção, como se estivesse, de fato, a muitos anos-luz de seu lar.

No começo de dezembro, Ziggy embarcou no navio de luxo R.H.M.S. Ellinis ("Dama Grega") para a viagem de uma semana até seu país. Aquela odisseia americana já tinha rendido seis músicas novas. "Watch That Man", "The Jean Genie", "Panic in Detroit", "Cracked Actor", "Drive-In Saturday" e "Time". E a viagem de volta ainda lhe daria mais uma canção sublime.

Ziggy levou consigo seu violão e uma cópia de *Vile Bodies*, a sátira de Evelyn Waugh sobre os ricos e ociosos chamados "Bright Young People" ("Jovens Brilhantes"), que surgiram entre as guerras, no fim da década de 1920, em Londres. Ele pensou sobre os gritos de guerra de Waugh, sobre champanhe e sobre o suicídio do colunista de fofoca do romance, chamado "Chatterbox". Ele pensou sobre a Primeira Guerra Mundial e sobre a Segunda, pela qual os pais de David tinham passado e sobrevivido. Uma suposta Terceira, ele conjecturou, poderia acontecer a qualquer momento nos próximos cinco anos. Ele olhou pela portinhola, vendo o infinito cemitério gelado do Oceano Atlântico. Chamou a música de "Aladdin Sane (1913-1938-197?)".

Assim, Ziggy voltou à Inglaterra, lamentando o estado da América, perdido em acordes e refrões de rosas murchas, tristes restos mortais e um pedaço de si próprio chamado Aladdin Sane. Sem perceber que, enquanto Nova York desaparecia no horizonte, em alguma parte de seu zoológico humano superpopuloso, sua antiga amante Cyrinda Foxe tinha acabado de abortar o fruto de sua união com aquele que chamavam de Starman.

SETE
O ROMPIMENTO

O Mott the Hoople estava parado fazia apenas um mês, mas, para Ian Hunter, pareciam anos. Ele voltou da América na véspera do Natal, ansioso para uma merecida semana de silêncio e preguiça festiva com sua esposa, em sua casa em Northampton. O conforto e a alegria de comer, beber, assistir a *The Morecambe & Wise Show* e dar risada do pequeno Jimmy Osmond no *Top of the Pops*, enquanto ele cantava o sucesso natalino daquele ano, "Long Haired Lover from Liverpool". Paz na Terra. Até um dia após o Natal, quando o telefone tocou.

Hunter atendeu, pensando que poderia ser alguém da família. Não era. Era Ziggy, ligando de Haddon Hall. Ele estava anormalmente animado, com a voz falhando, suas palavras apressadas. Ele precisava contar algumas coisas a Hunter. Coisas "importantes". Coisas "boas". Coisas "grandiosas" para o Mott the Hoople em 1973. Coisas "urgentes" que ele precisava contar a Ian, em pessoa.

Durante a viagem de duas horas em seu carro, numa noite amarga após o Natal, de Northampton até Beckenham, Ian imaginou, diversas vezes, por que tinha concordado com aquilo. Eles tinham se visto apenas algumas semanas atrás, na América. Ziggy tinha tocado uma nova música para Hunter, chamada "Drive-In Saturday", que ele achava que o Mott deveria gravar. Hunter não gostou tanto da ideia. Agora, refletindo, ele achou que a tal emergência poderia ser outra tentativa de convencê-lo a gravar a música.

Mas, afinal de contas, era *o* Ziggy. Nove meses atrás, o Mott tinha quase acabado. Foi Ziggy quem os salvou — "All the Young Dudes" praticamente *fez* a banda. Se alguém valia o incômodo de dirigir 130 km no dia após o Natal, era seu salvador estrelado.

A Southend Road estava vazia quando Hunter finalmente estacionou na frente de Haddon Hall; frio e tarde demais para os Ziggyettes que normalmente frequentavam a rua, escondidos nos arbustos, esperando ver seu deus por um instante. Alguns, como o garoto de 12 anos chamado George, de Woolwhich, tinham coragem suficiente para tocar a campainha do apartamento 7, na esperança de ganhar o dia, para apenas ouvir um "vaza daqui!", gritado por Angie, na janela.

A cena silenciosa que recebeu Hunter quando Angie o deixou entrar não era o acolhimento que ele esperava. Ziggy estava num canto do sofá, encolhido, preocupado apenas em fazer caretas para Hunter por trás de uma almofada. Ocupado demais para dizer "olá". Freddie estava ao seu lado, dando risadinhas, amortecido. Talvez ele estivesse sóbrio demais, e eles estivessem chapados demais, mas Hunter sentia algo muito constrangedor ali. Ele esperou para ouvir sobre as coisas importantes e grandiosas. Abraçado à almofada, Ziggy exibia sua mandíbula entreaberta num sorriso de zíper estragado. Como o boneco de um ventríloquo bêbado, seus olhos se contorciam como lagartixas em um pote de vidro, implorando para sair. Ziggy pediu licença para ir ao banheiro. Assim que deu descarga, voltou falando com uma voz esquisita. Um minuto passou. Ele foi de novo ao banheiro. Voltou falando com outra voz, igualmente esquisita. E assim foi.

Hunter já estava preocupado com Ziggy desde a última vez que se viram na América, quando percebeu o estado lamentável no qual ele se encontrava. Agora, se arrependia de ter dado atenção. Era como se Hunter não conhecesse mais quem Ziggy era — ao menos, não reconhecia sua atual forma pé no saco. Talvez fosse porque nem Ziggy sabia mais quem ele era.

"Então, o que é que vai ser, hein?"

Ziggy foi ao banheiro mais uma vez. Hunter deu uma desculpa e fugiu para o carro, afastando-se não só de Haddon Hall, mas da órbita do Starman para sempre. Ele tinha visto a criatura em sua frente. A cabeça de cabelo vermelho, a pele clara, a expressão sem sobrancelhas. Ele era Ziggy Stardust. Ele era Aladdin Sane. Mas ainda era David Bowie.

E ainda era David Jones, filho de John Jones, o funcionário do programa de caridade do Dr. Barnardo. Logo antes do Natal, ele tinha feito dois shows em casa, no Rainbow, em Finsbury Park. Os pôsteres instruíam os fãs: "Por favor, traga um brinquedo consigo — ele será doado para um orfanato". Ele acabou enviando um caminhão de brinquedos para o Barnardo's. Ziggy tentou ser Papai Noel, mas acabou descobrindo quão parecido era com seu Papai Jones.

Marc Bolan estava certo quando disse que Ziggy não sabia quem era. Era verdade. Ele roubava identidades. Um ano atrás, ele estava em frente ao mesmo espelho afirmando que seria Ziggy Stardust. Ele então se perguntou o que teria dito se pudesse olhar para o futuro e ver a si mesmo hoje, após sua grande missão de 1972 estar finalmente cumprida. E o que ele seria capaz de ver daqui a um ano? Ziggy Stardust? Aladdin Sane? Ou algum outro Starman? Ele fechou os olhos e esfregou as têmporas, como se tentasse sintonizar o transistor de sua mente e encontrar a frequência do futuro, de 1974. Mas não havia nada lá. Silêncio. Vazio. Sem vida.

Ele abriu os olhos e viu o reflexo triste e assustado que o encarava. Um vento frio abriu as janelas no fundo de sua mente, e uma guitarra solitária tocou o acorde inicial de uma música que ele reconhecia: "My Death".

Dois dias após cortar relação com o Mott, os Spiders estavam em Manchester, de volta ao Hardrock, para tocar seus últimos shows de 1972. Na primeira noite, Ziggy começou o espetáculo de forma diferente, sentado atrás de um sintetizador Moog, tocando a melodia de "Ode à Alegria", de Beethoven. Na plateia de jovens clones cobertos de batom e lurex, estava um garoto peculiar. Com 13 anos e um queixo determinado, Steven vivia a poucas quadras da casa de shows, em Stretford. O mais solitário dos meninos solitários daquele planeta, absorvendo de Ziggy a coragem para, algum dia, iluminar a era chata que estava por vir.

Ao norte, Ziggy fazia uma coletiva de imprensa de fim de ano para anunciar o título de seu próximo álbum, *Love Aladdin Vein*. Talvez fosse óbvio e *drugue* demais, além de muito parecido com algo que Lou diria; mas, como ele mesmo já havia explicado no passado: "Sou apenas uma fotocopiadora. Só produzo aquilo que já foi colocado dentro de mim". Caso a Inglaterra já tivesse esquecido quem era o único messias cósmico, ele escolheu aquele momento para lembrá-los: "A viagem espacial está na minha mente", Ziggy afirmou, sério. "Porque é necessário para nossa sobrevivência construir uma ponte entre a humanidade e os seres que não são de nosso universo."

Enquanto Ziggy estava em Manchester falando com as estrelas, Marc Bolan passava os derradeiros dias de 1972 refletindo sobre o chão abaixo de seus pés. Ele tinha dado uma das últimas entrevistas do ano para a *Mirabelle*, que perguntou sobre seus planos para a velhice. "Não consigo me imaginar velho", admitiu. "Sinto que já terei partido antes de chegar nessa idade."

Algo que exigia a atenção imediata de Marc era o massacre crítico contra *Born to Boogie*, o documentário sobre o T. Rex que ele tinha feito com Ringo Starr, lançado nos cinemas pouco antes do Natal — e dispensado pela imprensa como um projeto pessoal fracassado. Agora, surgiam boatos de uma série animada do T. Rex. (Ziggy tinha considerado algo parecido, com base nos desenhos de seu melhor amigo, George; no entanto, muitos passos adiante da concorrência, já tinham descartado a ideia.) Um ano após sua menção, o famoso filme de "messias cósmico" de Marc ainda não era uma realidade, embora ele insistisse em ocasionalmente tocar no assunto, quando também aproveitava para contar sobre um roteiro que Federico Fellini havia pedido para ele escrever. Essa, sim, era uma novidade para todo mundo, especialmente para Federico Fellini.

O fato indiscutível era que, seis meses após se tornar o número um do Reino Unido com *Metal Guru*, seu brilho estava começando a enferrujar. O último single do T. Rex, a agitada "Solid Gold Easy Action", terminou o ano na terceira posição, incapaz de ultrapassar Chuck Berry cantando sobre seu pênis, e o pequeno Osmond, de 9 anos. Marc não estava mais no comando. Seu único consolo era que ele ainda conseguia ter vendagens superiores a Ziggy, que continuava atrás, na 16ª posição, com "The Jean Genie".

Assim o planeta girou, relógios avançaram e rolhas estouraram. A noite de domingo se tornou a segunda de manhã, levando 1972 a irreversivelmente virar 1973. Na primeira semana de janeiro, o T. Rex havia subido à segunda posição — Marc derrotara Chuck e seu "Ding-A-Ling", embora o poderoso "Little" Jimmy continuasse invencível. Na semana seguinte, o T. Rex caiu de volta para o terceiro lugar, e a desgraça pop de seus pesadelos enfim aconteceu. "The Jean Genie" chegou ao número dois. Ziggy chutou Marc de seu nobre poleiro nas paradas.

Marc só tinha a si próprio para culpar. Ele cometeu o erro fatal de tirar férias, passando o começo de janeiro numa praia em Barbados com sua esposa. Enquanto isso, Ziggy colhia os frutos na estrada, na Escócia e ao norte, preparando seu sucesso comercial, colocando seus braços ao redor dos jovens sedentos por glam em Glasgow e Preston, puxando-os para o seu peito como um jogador de pôquer recolhendo as fichas no fim de uma partida.

"The Jean Genie" também tinha levado os Spiders de volta aos estúdios do *Top of the Pops*, tocando a música ao vivo para mostrar quão afiados estavam Ronno, Weird e Gilly, quase sobrecarregando o sistema sonoro da BBC. Dessa vez, Ziggy não era um Starman benigno e colorido, mas um vampiro esquelético, de calças prateadas, com o cabelo mais próximo do castanho, um único brinco pendurado ao lado de sua jugular, olhos eletrificados com sexo, dedos ossudos segurando uma gaita que tocava ao ritmo da música com sopros metálicos. Entre esses sopros, ele devolveu um beijo, através da história, ao tocar um trecho de "Love Me Do", o single de estreia dos Beatles, que tinha chegado a 17ª posição havia dez anos, em janeiro de 1963. Um sinal do quão longe ele e a música pop tinham ido. De versos sobre o amor verdadeiro e amar alguém, mas só por um tempinho. Do garoto que estudava no Bromley Technical College ao monstro alienígena sexual no *Top of the Pops*.

Ziggy ainda não conseguia chegar ao número um, apesar dos esforços da *Melody Maker* para alterar a maneira que contavam vendas de singles e tentar colocar "The Jean Genie" acima do imbatível garoto Osmond. A ironia foi que, algumas semanas depois, a banda glam The Sweet chegaria ao topo com "Blockbuster", sua própria cópia do mesmo riff de Bo Diddley/The Yardbirds. Mas, naquele momento, a mente de Ziggy já estava em outro lugar, correndo para novos e heroicos horizontes, animado com o cheiro de sua próxima obra épica, enquanto ele aplicava os toques finais no Trident.

O nome *Love Aladdin Vein* teve vida curta, dando lugar ao mais simples *Aladdin Sane*, cuja vértebra vinha das sete músicas compostas na América. Além delas, ele acrescentou uma balada que tinha finalizado ao voltar, a beleza *femme fatale* de "Lady Grinning Soul". Também uma cover do sucesso dos Rolling Stones de 1967, "Let's Spend the Night Together", música que os Spiders tinham acabado de acrescentar ao show, entrecortada por Ziggy com trechos de "Dressed in Black", das Shangri-Las, e um pouco do entra e sai simbólico de Ronno. Ele ressuscitou ainda "The Prettiest Star", o fracasso sabotado por Marc Bolan, que veio logo em seguida a "Space Oddity" — agora em uma nova forma, polida como um diamante interestelar. Surgiu também uma nova versão de "John, I'm Only Dancing", mais alta, mais atrevida e com mais saxofone; infelizmente, foi amaldiçoada a não aparecer na versão final do álbum. Outras baixas foram a inacabada "Zion", uma música épica que mudava de forma, alternando entre piano atmosférico e punk destruidor; e uma tentativa de gravar algo chamado "1984". Essa última era um passarinho problemático no ninho. Apesar de Ziggy tê-la composto, era como se não pertencesse inteiramente a ele, mas a outra pessoa com projetos para uma futura versão musical do romance *1984*, de George Orwell. Ele deixou a música de lado, ignorando aquela inspiração e silenciosamente rezando para que ninguém mais a ouvisse.

Pelo menos ele sabia, com certeza absoluta, que *Aladdin Sane* era um álbum melhor que *The Rise and Fall of Ziggy Stardust and the Spiders from Mars.* Como um disco de rock 'n' roll, era menos polido, porém mais inteligente. Era mais sombrio, mais verdadeiro, mais arriscado, mais interessante musicalmente, em especial a faixa-título, com o piano espástico de Mike Garson e o vocal sedento por fama de Ziggy, lembrando "On Broadway", do grupo The Cookies. Era um som que combinava com a capa do álbum, fotografada por um homem chamado Duffy, e supervisionada pelo Picasso da maquiagem, o artista francês Pierre La Roche. A cabeça e os ombros de Ziggy, olhos fechados, rosto branco como a neve, riscado por um relâmpago vermelho e azul, gotículas de água refletindo sobre as curvas de sua clavícula, como uma estátua úmida, limpa por uma eternidade de chuvas de ácido, esperando para ser venerada num altar distante, na outra ponta do Universo.

O mundo teve sua primeira exposição a Aladdin Sane no sábado, 20 de janeiro, quando Ziggy apareceu como convidado numa edição especial sobre música pop de *Russell Harty Plus*, o programa de entrevistas noturno da ITV. Com "The Jean Genie" ainda lutando contra "Blockbuster" no top 3 daquela semana, Ziggy corajosamente usou a oportunidade para revelar seu próximo single, aquele que o Mott tinha recusado: "Drive-In Saturday". Harty, o suave apresentador do programa, que ainda não tinha se livrado do seu jeito de ex-professor de teatro, descreveu a aparência física de Ziggy como "incrível", um teddy boy de gravata prateada, saltos tipo plataforma de fibra de vidro e aquele brinco solitário balançando como um candelabro durante um terremoto.

A aparência de Ziggy podia até ser "incrível", mas ele estava muito ansioso — não para cantar, mas pelo fato de ser sua primeira entrevista do tipo na televisão. Ansioso de se expor como qualquer outro que não fosse Ziggy Stardust.

Seu repórter favorito da *NME*, Charlie Shaar Murray, o acompanhava naquele dia. Na cantina do estúdio onde Harty estava gravando, Murray deu a Ziggy a chance de ele treinar para a entrevista antes de as câmeras rodarem. E ele fez o melhor que podia para tentar explicar Aladdin Sane, que não era exatamente um personagem, mas uma "situação" efêmera.

Charlie tentou fazê-lo esclarecer qual era o real significado de Ziggy. Ele contou que a maioria das cartas que chegavam à *NME* eram de leitores que acreditavam que Ziggy era mais importante que seu criador, David Bowie.

"Sim", David sorriu. "Eles provavelmente estão certos."

Uma pausa para reflexão.

"Eu não acho que David Bowie é tão importante assim."

Russell Harty achava que sabia tudo sobre entrevistar pop stars. Seus truques evasivos, suas manobras, a forma como tentavam agradar ao público com piadas fáceis e sorrisos abertos para obter gritos estridentes das fãs extasiadas, que tinham quase invadido a plateia daquela semana. Ele já havia passado por aquilo com Marc Bolan no ano anterior, brincando de modo gentil com ele sobre dinheiro, privilégios e sua "imagem cuidadosamente construída". Marc foi surpreendentemente direto, terminando a conversa ao admitir que não achava que chegaria aos 50 anos de idade. Harty tinha escavado as profundezas psicológicas de Marc Bolan, e agora pretendia pescar na mente de Ziggy Stardust.

"Você tem um rosto esquisito", comentou Harry.

"Sim, eu tenho", disse Ziggy.

A plateia riu.

"Você era um zé-ninguém que, de repente, pensou: 'Jesus, preciso entrar nessa cena de algum outro jeito?'."

"Nunca pedi nada a Jesus. A iniciativa sempre foi minha."

Mais risos.

"Você poderia nos dar um resumo de sua personalidade?"

"Bem, acredito que sou alguém que consegue assumir a aparência das pessoas. Sou capaz de mudar meu sotaque e imitar o de uma pessoa que acabei de conhecer. Sempre acreditei que coleciono. Sou um colecionador. Sempre colecionei personalidades, por algum motivo."

Perplexidade.

"Você acredita em Deus?"

"Acredito em alguma forma de energia, mas prefiro não dar nenhum nome a ela."

Um silêncio de fascinação.

"Você venera alguma coisa?"

"É...", Ziggy hesitou. "Vida. Amo muito a vida."

Eles continuaram a conversar sobre *groupies* "magníficas", as cartas "pesadas" dos fãs de Ziggy e suas meias da Woolworths. Harty continuou tateando no escuro, tentando arrancar a verdade do Starman, mas sua inquisição foi em vão.

O programa encerrou com uma segunda canção de Ziggy, sozinho, com seu violão. Era uma música que ele andava apresentando em seus shows fazia alguns meses e que agora envenenava todas as horas de seus dias. O canto da alvorada quando suas pálpebras abriam de manhã; a favorita da faxineira toda vez que ele olhava no espelho; e sua canção de ninar à noite. Quando Marc foi o convidado no programa de Harty, ele tinha apenas falado sobre a morte. Agora, Ziggy estava cantando sobre ela.

My Death waits... (*Minha morte aguarda...*)

Aparelhos televisivos vibraram em salas de estar pelo país, tarde da noite, com o som de uma voz que, alguns minutos antes, tinha alegado amar a vida. Agora, suspirava sobre seu túmulo, com Jacques Brel carregando o caixão.

Faltando 25 minutos para a meia-noite, os créditos finais de *Russell Harty Plus* rodaram sobre um close-up do rosto esbranquiçado de Ziggy. Ele tocava o violão com tanta força que uma corda arrebentou, se contraindo como um tendão rompido.

Poing!

Ele terminou a música à capela. A plateia aplaudiu. Ele assentiu, graciosamente.

Então olhou para a corda rompida, brilhando como uma fina corda prateada sob as luzes do estúdio, e imaginou seu corpo sem vida pendurado na ponta dela.

OITO
O FRENESI

Ele podia ouvir vozes. Vozes em pânico. Ele conseguia sentir o calor, a respiração e as mãos do que pareciam ser várias pessoas carregando seu corpo leve. Seus olhos estavam fechados, sua cabeça era um peso morto balançando em seu pescoço como uma fruta em uma rede. Ele tentou abrir as pálpebras, a escuridão serena momentaneamente rasgada por uma luz branca vulcânica, antes de se fecharem de novo. Seu corpo batia com delicadeza sobre as mãos que o carregavam. As vozes agora ecoavam, ficando mais suaves.

"Está tudo bem com ele? O que aconteceu?"

Em sua cabeça, uma sinfonia de felicidade, sem saber o que estava acontecendo.

"Ele está bem?"

Sim, ele estava bem. Se aquela era a sensação de estar morto, então ele definitivamente estava bem. Escuridão, silêncio e paz absoluta. Ele sentia os músculos de seu rosto sorrindo. Jacques Brel cantava uma canção de ninar para ele. *Think of that, and the passing time* (*Pense nisso, e no tempo que passa*).

E então ele dormiu e sonhou com a passagem do tempo.

Ele sonhou com um navio. Um navio em algum lugar do Atlântico Norte. A imagem ficou mais nítida, e ele conseguiu ver o nome do navio, o SS Canberra. Viu também dois homens ao lado de uma pista de dança, observando casais dançando foxtrote. Uma magra figura familiar, de cabelo vermelho-claro, que ele reconhecia ser ele mesmo. E o outro, com cachos negros, ele sabia se chamar Geoff, um amigo de infância de David Jones, de Bromley. Eles bebiam e riam em meio a chás, bolos, arrepios no bombordo e tédio no estibordo. Eram Ziggy e Geoff, mas conversavam com vozes engraçadas, fingindo ser Oscar Wilde e seu amante "Bosie". E a cena se dissipava ao som daquele riso raro, que só existe entre os melhores amigos.

Uma voz sussurrou algo parecido com "David?".

Ele a ignorou e passou a sonhar com um clube. Um daqueles paraísos do jazz em Greenwich Village, sobre os quais tinha lido nos livros de Kerouac. O tipo de lugar onde Sal, Dean e todos os outros jovens da noite americana iriam para fazer suas orações selvagens e estonteantes para a batida sagrada; exceto que, naquela noite, era ele quem estava rezando para o deus negro chamado Charles Mingus, o mesmo que lhe ensinara o sermão "Wham Bam Thank you Ma'am" tantos anos atrás. Ele ouviu, ele curtiu e ele mexeu seus pés, tanto para o seu deleite quanto para o de seu irmão, Terry. Fazia muito tempo que ele não pensava em Terry. A música pulava e batia com desvios repentinos e trechos surpreendentes. Se apenas ele sonhasse que Terry também estava lá ao seu lado. A tristeza cresceu. A noite continuou. A cena se dissipou.

"David?"

Não acorde. Continue sonhando. Sobre um teatro. Um teatro exuberante, art déco, com linhas curvas no teto arqueando-se em seu esplendor concêntrico, como os raios de um sol poente. Um palco no centro do sol para onde milhares de rostos já estavam olhando. O tremor de "Ode à Alegria", de Beethoven, e a sensação de descer de um lugar alto. Gritos e flashes. Cantando músicas que as pessoas ainda não conheciam, enquanto elas gritavam: “Quando esse disco sai?”. Trocas de figurino, barulho e histeria. Ouvindo mil vozes cantando com ele, *You're a Rock 'n' roll Suicide.* Sentindo-se como se fosse o próprio núcleo do Sol, o corpo de uma estrela iluminando o vazio. *Me deem suas mãos!* Vendo mãos e mais mãos e mais mãos, como foguetes dispostos a saírem voando dos punhos de seus chorosos donos, cada dedo esticado numa ode à alegria inatingível de seu próprio alcance febril. Então, um corpo. Um borrão subindo do mar de outros corpos, agora correndo em sua direção. Então, terror. A forma borrada chegando mais perto. Então, fraqueza. Então, gritos. Então, nada.

“Ele está voltando.”

Ele abriu os olhos lentamente. Figuras distorcidas pela luz, os rostos entravam em foco devagar. Um copo de água foi colocado em sua frente. Ele disse: “Estou bem”. Levantou-se de onde estava deitado. Estava num camarim. Via uma fileira de roupas claras, um espectro de paetês; na parede oposta, um espelho gigante, no qual um rosto tinha acabado de aparecer, com um cabelo vermelho vibrante e um círculo dourado brilhando como um farol em sua testa. Foi então que ele percebeu que não estava mais sonhando, e seu coração se partiu. Ele ainda estava vivo. Ainda era *ele* no espelho.

Ele ainda era Ziggy Stardust.

Ainda havia quem pensasse que tudo aquilo era manobra publicitária. A volta de Ziggy Stardust a Nova York para fazer dois shows no mundialmente famoso Radio City Music Hall. Uma lista de convidados, repleta de estrelas, incluía sua amiga Bette Midler; Rod McKuen, o tradutor inglês de Jacques Brel (que transformou “La Mort” em “My Death”); e o incrível Salvador Dalí, pintor surrealista e cocriador de um dos filmes favoritos de Ziggy, *Um cão andaluz.* Na primeira noite, Dia dos Namorados nos EUA, os fãs traziam buquês de flores e espalhavam cartas dizendo “Te amamos loucamente”. Ziggy fez sua entrada, sendo baixado do topo do palco em um giroscópio prateado — um objeto cenográfico que ele pegou emprestado do grupo de dança da casa, as Rockettes. Na última música, “Rock ’n’ roll Suicide”, um garoto invadiu o palco, correu em sua direção para um abraço e se deparou com Ziggy caindo no chão, como se tivesse tomado um tiro. Algumas pessoas na plateia até juravam ter ouvido um tiro.

Não era culpa do garoto. Ele não tinha como saber que Ziggy ainda estava convicto de que seria assassinado no palco — e Ziggy não tinha como saber que o garoto não estava correndo em sua direção com uma pistola calibre .38 carregada. Mas ele entrou em pânico. Como se estivesse cronometrado com o *crescendo* de guilhotina na guitarra de Ronno, ele desmaiou, na frente de Dalí, McKuen, Midler e outras cinco mil pessoas. Como a revista *Sounds* relatou na Inglaterra: “O show poderia ser realisticamente descrito como a noite em que Ziggy Stardust morreu”.

DeFries forneceu uma explicação oficial para a imprensa: “falta de sono e má alimentação”. Havia um pouco de verdade nisso. Ziggy já estava de volta à América havia quase duas semanas, após viajar no navio SS Canberra, acompanhado por Geoff MacCormack, o outro melhor amigo de David, que tinha acabado de se juntar à turnê como cantor de apoio e percussionista. Ziggy ensaiava intensamente desde que chegara, longas horas seguidas de noites ainda mais longas, nas quais assistia a Charles Mingus tocando no Village Gate, em Bleecker; ou seus amigos do New York Dolls, com o novo baterista Jerry, ao norte da cidade, no Kenny’s Castaways.

Ele também tinha se apaixonado por outra boneca de Nova York: Bebe Buell, modelo de 19 anos e outra das integrantes da sala dos fundos do Max’s, como Cyrinda Foxe. Ziggy convidou Buell para visitar sua suíte no Gramercy Park Hotel; posteriormente, ela mencionou que ele foi “o primeiro homem que pintou minhas unhas para mim”. Quando ele não estava se aquecendo com todo o calor de Buell, estava se deliciando com Ava Cherry, uma maravilhosa cantora negra com cabelo curto e oxigenado, que conheceu numa festa pós-show de Stevie Wonder.

Quatro meses antes, ele tinha tocado em Nova York como um zé-ninguém, tentando conseguir ibope e fingindo ser alguém importante. Agora, ele voltou como alguém de fato importante que não precisava do ibope de ninguém. Aladdin Sane havia chegado na América. Dessa vez, não queria uma odisseia de Kerouac, mas uma curta volta olímpica: começando em Nova York, com algumas paradas ao Oeste, antes de encerrar em Los Angeles. A procura por ingressos foi tão grande que, na Filadélfia, Ziggy começou o hábito de tocar dois shows por dia — uma matinê e outro show à noite. Ele detonou a plateia em Nashville e arrasou Memphis mais uma vez, na ausência de seu Rei. (Na noite que Ziggy voltou ao Ellis Auditorium, Elvis estava em Las Vegas; lá, uma semana antes, tinha dado um golpe de caratê num fã que se excedeu e subiu ao palco. Paranoico com as ameaças de morte que tinha recebido, Elvis presumiu que o garoto era um assassino em potencial, correndo em direção a ele com uma pistola calibre .38.)

Em Detroit, as artimanhas de Ziggy no palco certamente mudariam a vida de uma garota de 15 anos, que foi ao show vestindo botas de plataforma e uma capa prateada. Ela aproveitou cada momento daquela noite repleta de paetês, mesmo sabendo que ficaria de castigo por ir contra a vontade de seu pai italiano, o Sr. Ciccone.

Em Los Angeles, Ziggy voltou ao Rainbow Bar & Grill, onde Stuey fez seu salário valer quando protegeu seu chefe de um imbecil que tentou dar um soco nele na pista de dança. Ziggy ainda acelerou 15 mil pulsos na Long Beach Arena, incluindo o de Mick Jagger. Depois, jantou com o Beatle favorito de Marc, que também tinha dirigido seu filme — Ringo Starr. E ele atingiu notas altas com a beldade adolescente Lori Mattix, que contou às suas amigas da revista *Star* (a bíblia das *groupies*) que, mesmo fora do palco, "David gosta que o chamem de Ziggy" e que ele transava "como Rudolph Valentino". Sexo com Cherry. Sexo com Mattix. Sexo com "insira-um-nome--aqui". As opções eram infinitas.

Toda noite em que estava no palco, como ele já fazia havia um ano, Ziggy cantava sobre fazer amor com seu próprio ego. A realidade era que ele não precisava mais; a América faria amor com seu ego. O rosto no espelho, com o círculo dourado na testa — um novo elemento à máscara de Ziggy, o eco antigo e sombrio das "joias de amor" de Calvin Lee —, era o rosto do verdadeiro messias cósmico do pop, em carne e osso. A carne excepcionalmente rígida.

A MEIO MUNDO DE DISTÂNCIA, um antigo messias cósmico do pop, em carne (não tão rígida) e osso, estava caindo de suas graças, descendo montes cobertos de champanhe e cocaína, com um pânico silencioso de que os gritos de suas fãs adolescentes estavam ficando mais baixos. O novo single do T. Rex, "20th Century Boy", era um ataque imaculado de rock 'n' roll com proporções de abalar a galáxia. Mas, por algum motivo, não conseguiu ir além da terceira posição, impedido por Donny Osmond e pela arruaça triunfante do Slade, uma força glam incontrolável dos Midlands, que desfrutavam de seu quarto single na primeira posição, "Cum On Feel the Noize". Todas as estatísticas pop apontavam para o fato de que o guru metal de 1972 já tinha sido superado. Por Cassidy, Osmond, Slade e, de forma mais brutal, pelo Starman.

Numa tentativa desesperada de apelar para o último fôlego de T. Rextasy, ele começou a vender seu próprio corpo, oferecendo às leitoras da *Mirabelle* uma chance de ganhar "uma xícara de chá com Marc Bolan". Semanas depois, outro prêmio: uma blusa usada por ele. Marc podia oferecer aos jovens todos os fios de cetim de seu guarda-roupa, mas nunca preencheria as caixas postais das revistas pop da mesma maneira que as cartas dos fãs de Ziggy, chorosas, declarando que ele era "o centro" de seus universos pessoais. "Ó herói das estrelas, tudo que eu peço é a oportunidade de poder te tocar."

Assim, Marc enfiou os dedos encharcados de Moët em seus ouvidos de Chandon e fingiu que nada estava acontecendo. Fingiu que ele estava bem, que era legal, ao contrário de Ziggy, como ele calmamente dizia aos jornalistas, sabendo o ponto fraco na armadura psicológica de seu rival. Ziggy tinha "medo", Marc debochava. "Tem medo de morrer antes de conseguir fazer uma contribuição relevante."

Até então, Ziggy tinha passado todas as noites cantando a história de sua vida, nos palcos, por mais de um ano. Seus apóstolos tinham memorizado e conseguiam recitar cada sílaba de sua escritura sagrada. A lenda viva de um homem que veio de Marte e mudou a vida de todos que o ouviam; que era venerado como um messias cósmico, até ele ficar tão grande que precisaram destruí-lo; que foi despedaçado até morrer, sem sinais de defesa ou resistência: um suicídio voluntário. Essa era a balada de Ziggy Stardust. Idêntica à história de Valentine Michael Smith.

Robert A. Heinlein tinha levado mais de uma década para concluir o romance que ele tinha planejado, com o título *A Man Named Smith*. Ele já tinha estabelecido sua reputação no início dos anos 1950, com títulos de ficção científica para jovens adultos, incluindo *The Rolling Stones* e *Starman Jones*. Ele também tinha escrito uma novela, na qual imaginava uma futura expedição lunar intitulada *The Man Who Sold the Moon*. Mas a obra favorita de Heinlein ainda era o livro *Smith* ("meu livro de sexo e Jesus", como ele o chamava), publicado pela primeira vez em 1961 sob seu título final e bíblico: *Um estranho numa terra estranha*.

Heinlein contou a parábola messiânica de Valentine Michael Smith, o único sobrevivente da primeira expedição da Terra a Marte, onde ele nasceu. Seus pais, humanos, morreram, deixando o menino órfão aos cuidados da sábia raça marciana dos "Anciões". Quando a Terra envia sua segunda expedição a Marte, eles descobrem Smith, o último humano sobrevivente do Planeta Vermelho, e o trazem de volta à América. Como Heinlein o descreve, Smith é "um jovem esbelto, com músculos pouco desenvolvidos [...] sua característica mais marcante era o rosto suave, como um bebê — com olhos tranquilos que pareceriam normais em um homem de 90 anos". Imediatamente, fica óbvio que Smith não é como outros homens. Ele tem força sobre-humana, poderes telecinéticos e uma benigna filosofia hippie de irmandade universal e amor livre. Com o auxílio de um advogado idoso, Smith consegue escapar das autoridades do governo, que queriam mantê-lo em cativeiro, e começa uma nova religião radical, baseada em seus ensinamentos marcianos sagrados. Quando seu trabalho na Terra é concluído, ele permite que sua morte ocorra pelas mãos de uma multidão raivosa, seguidores de uma religião oposta à dele. Suas últimas palavras, enquanto arrancam pedaços de seu corpo, são de perdão: "Eu amo vocês".

Quando foi publicado, a reação inicial foi morna. Somente no fim da década de 1960 é que *Um estranho numa terra estranha* virou um sucesso cult de divulgação boca a boca, aparentemente feito sob medida para a época, um gospel de ficção científica *flower power*. A história de Heinlein também veio antes de outros romances de "alienígena compassivo", como *The Man Who Fell to Earth*, de Walter Tevis, o conto devastadoramente triste de um extraterrestre deprimido que vem ao nosso planeta em uma missão arriscada para tentar salvar sua própria espécie; porém, ele acaba sendo física e mentalmente destruído pelo vício e pela estupidez humana. Ambas foram, de várias formas, obras vanguardistas que abriram o caminho para Ziggy Stardust. Mas foi *Um estranho* que teve o maior impacto: o roteiro de uma ópera sem música, com lacunas do tamanho de árias, prontas para encaixar "Starman", "Soul Love" e "Rock 'n' roll Suicide". Ou, pelo menos, era isso que Tony DeFries achava.

Antes de a segunda turnê norte-americana de Ziggy terminar, os rumores já estavam na imprensa. Ele tinha sido escolhido para interpretar o papel principal numa adaptação cinematográfica de *Um estranho numa terra estranha*, descrito como um filme de ficção científica "sobre a vida após a América estabelecer sua primeira colônia na Lua". De acordo com fontes da MainMan, Ziggy iria atuar no filme e compor a trilha sonora. *Um estranho numa terra estranha* entra para o mundo pop. Stardust como Valentine Michael Smith. Era genial, o papel perfeito. Ou seria, se qualquer parte disso fosse verdade.

DeFries tinha inventado a história, como o primeiro pedaço de isca para a imprensa, tudo parte de sua próxima manobra: "Ziggy vai a Hollywood". A parte importante era que *parecia* verdade. Até Ziggy começou a acreditar na história, contando a amigos e jornalistas que ele estava prestes a fazer sua estreia nas telas de cinema. Mas, como no caso de Bolan e suas fantasias insanas de escrever um roteiro para Fellini, não haveria *Um estranho numa terra estranha* para Ziggy. Pelo menos não no sentido cinematográfico — apenas no destino que aguardava Ziggy após ele pegar um barco da Califórnia para seu próximo destino da turnê. A terra estranha dos estranhos, Japão.

Ele estava feliz de voltar ao mar com Geoff: Oscar e Bosie se reuniram, indo de bar em bar, rindo das velhas senhoras nos salões de beleza e do mau estado do navio, que eles apelidaram de "The Old Rancid" ("O Velho Rançoso"). Isso lhe deu alguns dias para esquecer Ziggy, Aladdin, Valentine Michael Smith, ou qualquer que fosse o personagem que ele dizia ao mundo que era nas últimas semanas.

No domingo, 25 de março, eles já estavam a quilômetros da terra firme, no meio do Pacífico, indo em direção ao Havaí. Abaixo do deque, os dois amigos relaxavam na área da tripulação, escutavam discos de salsa que tinham comprado em Nova York e tentavam aprender japonês com um pequeno livro de frases traduzidas. Eles estavam muito felizes, sem precisar ter um motivo para tal. Até porque, nenhum deles tinha como saber que Ziggy teria apenas 100 dias restantes em sua vida.

NOVE
A BOMBA

Fred Hoyle não acreditava no *big bang* e não queria ter nada a ver com a grande explosão atômica que ele imaginava ser inevitável, desde o início da Segunda Guerra Mundial. Em 1939, seus colegas, cientistas e físicos, estavam descobrindo os segredos da fissão nuclear. Hoyle imaginou que, se uma bomba pudesse ser feita daquilo, aqueles babacas iram fazê-la. "Já naquela época", ele refletiu, posteriormente, "eu enxergava a estrada que levaria a Hiroshima".

No dia 6 de agosto de 1945, 8h15 da manhã, o bombardeiro Enola Gay, da Força Aérea dos Estados Unidos, lançou a primeira bomba atômica de urânio, chamada Little Boy, sobre uma cidade do litoral japonês, Hiroshima. A bomba de três metros de comprimento destruiu uma área de quase 13 km^2 quadrados. Cerca de 70 mil civis morreram instantaneamente, corpos vaporizados, órgãos internos derretidos, ossos queimados por uma bola de fogo de 4.000°C até virarem carvão; mais de nove vezes a temperatura na superfície de Vênus, o planeta mais quente do sistema solar. Milhares de pessoas não deixaram nenhum resto mortal, apenas silhuetas queimadas sobre paredes e concreto. Entre aqueles que sobreviveram à explosão, um número igual de pessoas morreu sob efeitos da radiação nas semanas e nos meses seguintes; os que viveram além disso foram chamados de *hibakusha* — as "pessoas da explosão".

Quase 70% das construções da cidade foram dizimadas. Casas, escolas, hospitais, templos e teatros *kabuki* desaparecendo numa onda de chamas brancas. Uma rara exceção foi o Prédio de Exposição Comercial da Prefeitura de Hiroshima, no epicentro da explosão. A bomba matou todos que estavam no local, mas, de alguma forma, manteve a estrutura do prédio e o esqueleto da cúpula sobre seu telhado intactos. Um santuário permanente do Armagedom.

Quando Robert Oppenheimer, o físico americano encarregado de desenvolver a bomba, foi informado do sucesso de seu lançamento, ele citou um antigo texto hindu. Era um dos mesmos textos em sânscrito que tinham impressionado Holst, o *Bhagavad-Gītā*.

"Agora me tornei a morte, a destruidora de mundos..."

Ziggy Stardust olhava pela janela do seu hotel e via a antiga cúpula do Prédio de Exposição Comercial da Prefeitura de Hiroshima, agora preservado como o Memorial da Paz de Hiroshima. *Genbaku domu*. A cúpula da bomba atômica. Um monumento ao fim do mundo, observado no momento em que Ziggy passava pelo fim de seu próprio mundo.

Pode ter sido uma coincidência, mas parecia um ato de crueldade bem calculado. Ir para Hiroshima, se hospedar num hotel com vista para a cúpula da bomba atômica e ouvir DeFries largar sua própria bomba, tornando-se a morte de Ziggy. O destruidor dos Spiders from Mars.

Eles estavam no Japão fazia cerca de uma semana. Ziggy e Geoff desembarcaram do "Velho Rançoso" em Yokohama, onde funcionários públicos lhes entregaram documentos de imigração com as palavras: "Para o alienígena que entrou no Japão". Mas o Japão não parecia tão alienígena para um alienígena de verdade como Ziggy, suas veias pulsando com os antigos métodos do *kabukimono*. Uma parte do Starman tinha finalmente chegado ao seu lar.

Em Tóquio, ele assistiu a uma performance do famoso astro do *kabuki* Tamasaboru Bando, o *onagata* mais celebrado do Japão. Após a peça, Ziggy pôde encontrar Tamasaboru, que demonstrou alguns dos segredos de sua arte e maquiagem. "Quando estou interpretando um papel", disse o ator, "estou consciente, intensamente consciente, de que estou só interpretando. De que não sou o papel". Ziggy ouviu, mas foi David que entendeu.

Kansai Yamamoto, o designer cujas roupas inspiradas no *kabuki* tinham ativado algo na mente de Ziggy, também estava lá para recebê-lo. Ele havia preparado um novo conjunto de roupas para Ziggy usar no palco, especialmente para aquela ocasião: um macacão tricotado de apenas uma perna; um traje de samurai espacial; uma roupa de vinil preta chamada "Spring Rain" ("Chuva de Primavera"); e um quimono de seda com uma capa, marcados por caracteres japoneses que diziam "David Bowie". As peças de Yamamoto adicionaram ainda mais truques ao show — capas e painéis ocultos eram removidos de surpresa pelas assistentes de Ziggy, que apareciam no palco vestidas de preto, como os *kuroko* silenciosos do teatro japonês tradicional. Até Weird participou, prendendo seu cabelo em um coque, como um guerreiro samurai.

Os adolescentes de Tóquio suspiraram, berraram e choraram até perder o fôlego. Por "Zeegee!" e seu guitarrista lindo, "Rique Monsum". O jornal *The Japan Times* o descreveu como uma das coisas "mais excitantes" desde os Beatles e "possivelmente o artista mais interessante da história do gênero pop". Daí veio Hiroshima.

Sábado, 14 de abril de 1973. Na Inglaterra, Gilbert O'Sullivan estava no topo das paradas com "Get Down". "Divirta-se no 'Drive-In

Saturday'" era o que diziam os anúncios para o novo single de Ziggy, que chegou, naquela semana, a 16ª posição. Em Londres, o suspense de espionagem *Quando 8 sinos tocam* passava pelo projetor do Hammersmith Odeon, a 24 quadros por segundo. A 8 mil km de distância, num quarto de hotel com vista para a cúpula da bomba atômica, DeFries tinha uma reunião particular com Ziggy e Ronno, na qual informou que os Spiders from Mars tinham acabado.

DeFries tinha previsto o fim enquanto eles estavam em Nova York. Ele era muito bom em ocultar a realidade financeira dos Spiders, do quão pouco eles recebiam em comparação aos demais membros da equipe. Até que Garson The Parson mencionou, sem querer, o quanto ganhava — dez vezes mais que os outros integrantes da banda.

Os Spiders fizeram um motim, ameaçando sair por conta própria e assinar um contrato com outro empresário. Pelo bem da turnê, DeFries conseguiu acalmá-los, oferecendo um aumento salarial e a promessa de que investiria no futuro deles como uma banda própria, sem Ziggy. Isso nunca aconteceu.

Também havia uma pressão da RCA para colocar Ziggy em outra longa turnê pelos EUA, no outono — dessa vez, sem a conta de gastos com champanhe. DeFries refletiu e conspirou, sua mente pensando na ideia ousada de cortar a oferta do Starman para aumentar a procura por David, até que chegou à solução perfeita. A turnê do Reino Unido que já estava marcada para maio e junho seria a sua última. Ziggy teria de ser "aposentado".

Já havia presságios disso na imprensa musical. Em fevereiro, um repórter da *Melody Maker* entrevistou DeFries em Nova York, e voltou a Londres com a manchete de capa: "A ÚLTIMA TURNÊ DE BOWIE?".

Esse tipo de farsa melodramática era comum no mundo do pop. Marc Bolan tinha contado a mesma ladainha para a *NME* um ano antes, mas não parou de tocar, como prometeu. No entanto, DeFries estava falando sério e relatava a decisão a Ziggy em sua suíte de hotel em Hiroshima. Eles fariam algum tipo de anúncio no verão e fim de papo. Ronno estava lá, absorvendo o impacto da bomba com Ziggy, e precisou garantir que DeFries teria planos para lançar sua carreira solo. Ele prometeu que cuidaria dos dois, mas que eles deveriam manter os planos em segredo. Até a última cortina fechar, o show precisava continuar. Weird e Gilly nunca poderiam saber. David ouviu, mas, dessa vez, foi Ziggy que entendeu.

Ele acendeu um cigarro, ficou de pé e foi até a janela. Do lado de fora, a primavera japonesa. As cerejeiras estavam florescendo. Pessoas baixinhas passeavam pela rua, vivendo em complacência infinita. Acima da cabeça delas, estava a cúpula em memorial à aniquilação humana. Assombrando, zombando, sussurrando para quem ousasse escutar.

"Agora me tornei a morte..."

Para a equipe de segurança do Shibuya Kokaido parecia o apocalipse. Corpos se afogando num mar de mais corpos, o chão abaixo deles afundando como uma fenda na crosta da Terra, mãos tentando se erguer pelo ar, farpas de madeira, pescoços tortos, rostos cobertos de terror e êxtase. Um enxame de kamikazes adolescentes conduzidos por uma música diabólica em uma língua estrangeira, um caos de carne humana girando em torno de um demônio esbranquiçado com um cabelo de fogo, quase nu, com exceção de sua roupa íntima rosa, com pedras brilhantes sobre a virilha. E as palavras que ele berrava: "Nós te amamos! Te amamos! Vocês são maravilhosos!".

Dessa forma acabava a última noite de Ziggy no Japão, de volta a Tóquio, onde jogou suas roupas para a plateia, ficando apenas de cueca — ele se iludiu, achando que, assim, ficaria parecido com um lutador de sumô, apesar de seu corpo ser menor que um palito de dente para um lutador de sumô. A plateia uivava "Zee-gee!", e as primeiras fileiras se atiravam contra o palco com tanta força que o chão cedeu; leques e peças de mobília se esmagaram numa salada humana de hematomas, agravada pelos seguranças que brutalmente começaram a espancar com cacetetes os quase-mortos.

O dano causado ao Shibuya Kokaido foi tão grande que a polícia de Tóquio emitiu mandados de prisão. Ziggy tinha despertado os fantasmas antigos de uma "perturbação nacional", o latido jovem dos Cães Chineses, as paixões pontiagudas das Gangues Espinhentas e o espírito depravado das rainhas dos leitos de Okuni. A polícia enviou um alerta às autoridades do aeroporto para que interceptassem Ziggy, caso ele tentasse fugir para a América. Eles esperaram e observaram. E seguiram esperando e observando no aeroporto, enquanto Ziggy dava seu *sayonara* ao Japão no porto de Yokohama, no deque do navio Felix Dzerzhinsky, em direção à União Soviética.

Ele estava de volta ao mar, com Geoff, em um transatlântico russo que carregava o nome de um chefe do serviço secreto soviético — o "Iron Felix" —, seu casco gemendo com os fantasmas miseráveis dos prisioneiros que ele costumava carregar até os gulags de Stalin. A tripulação fez uma noite de cabaré, com músicas e danças tradicionais do folclore russo. Ziggy trouxe seu violão e, com Geoff nos bongôs, cantou "Space Oddity" e "Amsterdam", de Brel. Ele bebeu cerveja japonesa, riu com os marinheiros e tentou não pensar sobre a morte, mesmo quando o navio passou perigosamente perto de um iceberg. Quando chegaram ao porto em Nakhodka, ele já tinha passado quase três dias sem se preocupar em ser Ziggy Stardust. O laço estava afrouxando.

Eles desembarcaram e logo pegaram um trem, uma requintada relíquia da era vitoriana, com painéis de madeira, revestimento de veludo, acabamento dourado e espelhos com molduras elaboradas, direto das páginas de um livro de Agatha Christie. Até que, em Khabarovsk, perto da fronteira com a China, foram transferidos para o tubo sem graça que era o Expresso Transiberiano e, então, seguiram sua jornada épica de volta para casa — a mais longa viagem de trem do mundo, quase 9 mil km, do extremo leste até a capital, Moscou, com outros passageiros da elite turística na "classe luxo".

Durante um bom trecho do percurso, Ziggy ficou em seu compartimento, vestido com quimono e anestesiando os pensamentos com vinho Riesling barato, enquanto encarava a tundra siberiana. Quilômetro após quilômetro de bétulas prateadas. Rios congelados. Um chalé lá longe. De vez em quando, uma pessoa andando a cavalo. Um falcão voando. Um lobo correndo ao lado do trilho. Mas, na maior parte do tempo, uma imensidão branca e solitária. Tão vasto e vazio quanto o espaço sideral. Até os nomes dos lugares pareciam planetas: Mogzon, Zima, Zavod. Era alienígena de uma maneira tão sufocante que ele nem precisava fingir. Ele podia ser Ziggy ou David. Ambos eram igualmente estranhos, vulneráveis e deslocados lá, naquela terra exótica e assustadora.

Foram 92 paradas até Moscou; em cada estação, uma estátua de Lenin e algumas donas de casa vendendo lanches para os passageiros, como sorvete e iogurte caseiros (Ziggy gostava muito do iogurte). Era uma mudança bem-vinda para o paladar, em comparação ao que o trem oferecia: frango cozido, ou schnitzel com farinha de sêmola. Homens do governo, com rostos duros como rochas, fedendo a pólvora e prisão, observavam com desconfiança quando Ziggy gravava vídeos com sua câmera portátil. Era como se buscassem uma desculpa para arremessá-lo no gulag mais próximo; em Sverdlovsk, a cidade onde o tsar Nicolau II foi executado com sua família, isso quase aconteceu.

Às vezes, ele e Geoff passeavam pelo trem, onde *zhuliks* ("malandros") alimentados a vodca reclamavam de seu salto alto ou de seu cabelo vermelho que aparecia por debaixo do boné — eles faziam gestos silenciosos de que cortariam sua garganta. Mas ele sempre podia contar com Donya e Nelya, funcionárias do trem. Fazia serenatas para as garotas com seu violão, inserindo seus nomes em antigas músicas pop dos anos 1960, de Dion & the Belmonts. Elas não entendiam inglês, mas adoravam ouvir seus nomes glorificados numa música. *Donya! Donya! The prima donna!*

Uma semana era bastante tempo para se passar num trem atravessando a Sibéria. Sexo siberiano. Sexo russo. As opções eram infinitas.

No primeiro dia de maio, eles chegaram em Moscou. Era o fim do Expresso Transiberiano, mas ainda faltava mais de 1 mil km até seu lar. Se é que esse lar existia. O lar passou a ser o túmulo, e cada pedaço do trilho era um movimento de pá preparando o terreno.

DeFries fez sua decisão parecer racional. Cortar a oferta, aumentar a procura. Fazia sentido para a luz fraca que lentamente se reacendia no fundo da cabeça de Ziggy — a chama que atendia pelo nome de David Bowie, voltando à vida, com a promessa de uma mudança.

Mas e quanto ao Starman?

Ele não sabia responder. Ele não precisava. Ele sempre soube. Os pesadelos, as suspeitas, os presságios e os acordes insistentes de "My Death". Era inevitável. Sempre foi. Ele interpretou Ziggy Stardust tão bem que tinha quase fugido com o roteiro. DeFries precisou lembrá-lo do último ato, que já estava escrito desde o princípio. O Starman chegará, observará e conquistará, mas pagará o maior preço de todos. A música deixava claro. Quando — não "se" — os jovens o matariam. Todo messias, cósmico ou não, precisava ser crucificado.

Um homem condenado que ouviu, numa segunda-feira, que seria enforcado na sexta, encontra beleza em cada tique do relógio. Sua última manhã de terça-feira, seu último almoço de quarta-feira, sua última noite de quinta-feira — tudo medido com temor. Era o caso de Ziggy Stardust, que se aproximava do seu lar, na Inglaterra, à beira de sua condenação. Ele sabia que já tinha realizado os últimos shows na América e no Japão. Sabia que nunca mais pegaria o Expresso

Transiberiano. Sabia que, em Moscou, enquanto ele via o comboio de tanques soviéticos passeando pela cidade como parte do desfile de 1º de Maio, eles seriam os últimos tanques soviéticos que veria na vida. Sabia que, quando ele e Geoff pegassem o próximo trem para Paris, na estação Belorussky, seria o último que ele pegaria lá. Sabia que, na Polônia, quando guardas invadissem o trem e ameaçassem prendê-los por não terem os vistos corretos, seria a última vez que ele encararia um rifle polonês enfiado na cara. Sabia que, na Berlim Ocidental, quando ele olhasse para fora da janela do trem e recebesse saudações de uma dúzia de *Ziggykinder*[18] alemães — com tinta e glitter no rosto, boás de plumas ao redor do pescoço, com roupas minúsculas e saltos desajeitados —, seriam os últimos *Ziggykinder* para os quais acenaria. E sabia que, quando o trem chegasse ao destino final, com Jacques Brel ainda cantando "La Mort" em seus ouvidos, seria a última vez que ele desceria de um trem em Paris.

Sua esposa Angie esperava com Cherry Vanilla, funcionária da MainMan, no luxuoso Hotel George V. Elas traziam boas notícias. Ziggy e os Spiders eram, oficialmente, maiores que os Beatles. *Aladdin Sane* chegou ao topo como o disco mais vendido no Reino Unido, ultrapassando as duas coletâneas recentemente lançadas pelos Fab Four — *Red* e *Blue*. Ele só perdia para Deus, mas agora os deuses perdiam para ele. Ziggy sorriu debilmente, mas foi David que falou.

"Só quero sumir logo daqui e ir pra casa, pra Beckenham, e ver TV."

Então, no dia seguinte, ele sumiu logo de lá. Pegou o trem para Calais, acompanhado por alguns repórteres fiéis da imprensa britânica. Ziggy bebeu durante toda a viagem, observando as terras rurais da França pela janela, oferecendo respostas a perguntas que talvez não

18 Versão alemã de "Ziggykids" (jovens fãs de Ziggy). [N.E.]

fossem as mesmas feitas pelos jornalistas. Ele disse que, após viajar pela Rússia, aprendeu quem controlava o mundo e que nunca havia tido tanto medo na vida. Ele disse que acreditava estar doente e que sentia o peso do mundo sobre seus ombros. Ele disse que seu ego costumava ser Ziggy, mas, agora, era David. Ele disse que Ziggy era uma criatura querida e que ele o amava. Ele disse que se sentia como o Dr. Frankenstein.

"Acho que não sou mais o Ziggy", disse David.

"Eu só quero ser Ziggy", disse Ziggy.

"Chegamos a esse ponto", disseram os dois, "e nenhum de nós tem uma ideia clara do que vem pela frente."

Em Calais, lhe disseram que ele atravessaria o canal de *hovercraft*. O que seria, tecnicamente, uma forma de "voar", mesmo que por apenas alguns centímetros acima da superfície da água. Ele começou a tremer. Ziggy não podia "voar". Angie pediu, implorou e finalmente o convenceu a subir no veículo, onde ele passou a viagem inteira imóvel, silencioso. Não saía de sua cabeça a lembrança do desastre com um *hovercraft* que tinha visto 14 meses atrás, em Southsea, imaginando a menina de nove anos girando a caminho de seu túmulo debaixo da água. Ao chegar em Dover, uma senhora escocesa pediu seu autógrafo. Ele escreveu um nome. "Edmund Gross."

Na estação ferroviária de Dover, ele mordiscou um enroladinho de salsicha e engoliu um pouco de chá antes de cambalear a bordo do último trem para Londres, onde abriu mais uma lata de cerveja. Fazia três meses desde a última vez que tinha visto, cheirado ou provado a Inglaterra. As casas, as árvores, as cercas vivas passavam por ele, como borrões de saudade, verde e marrom, tão bonitos e familiares que Ziggy conseguiu esquecer, por um momento, que cada tijolo e cada galho daqueles representavam outro prego em seu caixão.

Os equivalentes ingleses dos *Ziggykinder* esperavam por ele em Charing Cross — a mesma estação onde, 60 anos antes, Holst encontrou Clifford Bax, começando sua odisseia astrológica que levou à composição de *Os Planetas* e, consequentemente, ao Starman. Muitos jovens estavam ofegantes e suados, após correr, minutos antes, de Victoria, onde imaginavam que Ziggy desembarcaria. Eles choraram, gritaram e arriscaram morrer como Anna Karenina, enquanto corriam pela plataforma, sem perceber o vão entre o trem e os trilhos. Ele saiu do vagão para cumprimentá-los. Um vampiro cadavérico, afetado pelos milhares de quilômetros de viagem, terror, isolamento e álcool. Tão lindo que alguns dos fãs não se aguentaram e desmaiaram.

Uma hora depois, ele tinha terminado de sumir de lá e estava em sua casa, em Beckenham, de volta à nave-mãe, Haddon Hall. Na noite seguinte, seus amigos se reuniram para celebrar a sua volta. Ronno; os Frost; os fabulosos Freddie e Daniella (seu cabelo tingido de roxo para a ocasião); o produtor de Ziggy, Ken Scott; o produtor de David, Tony Visconti; o querido Lindsay Kemp; o ainda mais querido George Underwood; e Angie dançando ao som de Iggy e os Stooges, além do bebê Zowie, que brincava com rolhas encontradas no chão, retiradas das infindáveis garrafas de champanhe estourando. Fizeram brindes a Ziggy; brindes a "Drive-In Saturday", que tinha acabado de chegar à terceira posição; brindes a "Walk on the Wild Side", de Lou, que finalmente chegava perto do top 40, seis meses após seu lançamento; brindes ao próximo show dos Spiders, no Earls Court, todos os 18 mil ingressos vendidos; e o maior brinde de todos, a ter vendido mais que os Beatles.

Suzi Fussey, a salvadora do cabelo de Ziggy, conseguiu roubar o show com o bolo que trouxe à festa, coberto de desenhos de relâmpagos azuis e vermelhos. Na cobertura, delicadamente confeitada, a frase Bem-vindo ao lar, Aladdin Sane.

Outra rolha estourou. Música. Risos. Goles. Fumaça. Ziggy pediu licença para ir ao banheiro e fechou a porta.

Ele olhou para o ser no espelho, com seu quimono vermelho e amarelo; o rosto, cansado e úmido; o cabelo, um porco-espinho desajeitado. Ele pensou sobre o que tinha dito aos repórteres, um dia antes, no trem de Paris. Ele queria ser Ziggy. Ele não queria ser Ziggy. Ele e David chegaram a um ponto em que nenhum deles tinha ideia do que fazer em seguida. Um olhou para o reflexo do outro. Duas vozes fracas, em uníssono:

"Então, o que é que vai ser, hein?"

DEZ
A MORTE

Ele tinha chegado ao fim. Ele tinha decidido.

"Acabou."

Seu rosto franziu.

"Perdemos a guerra."

Seus lábios tremeram.

"Eu preciso me matar."

Então, ele chorou como uma criança. Um pedaço de David Bowie queria chorar com ele. Era uma cena absolutamente patética. O visionário orgulhoso que queria mudar o mundo, agora em prantos, como um suicida pronto para desistir de tudo. Mas não tinha como mudar mais. Era a história, conforme tinha sido escrita.

"Meu Terceiro Reich!"

Ziggy Stardust ficou em silêncio no brilho oscilante do Empire, na Leicester Square, assistindo ao ditador destroçado, enquanto ele afundava a cabeça nas mãos e chorava suas amargas lágrimas de derrota. Ziggy e Angie tinham sido convidados para a estreia de *Hitler: os últimos dez dias*, num evento beneficiente. O filme era uma versão dramatizada, porém baseada em testemunhas oculares, da vida do Führer em seu bunker, estrelando Alec Guinness. Ziggy não sabia se ria ou chorava com aquele vilão patético, portando um bigode de pincel e declarando "Sou um gênio, mas não sou um messias" enquanto comia uma fatia de bolo de chocolate, acompanhado por um gramofone que tocava valsas de Strauss numa tentativa de abafar o som do bombardeio russo destruindo as ruas de Berlim. David também não sabia como reagir — na verdade, secretamente acreditava que a postura de Adolf enquanto político era parecida com a de um astro do rock 'n' roll; ele precisava ter cuidado e não deixar ninguém descobrir essa opinião.

"O coração da Alemanha parou de bater! O Führer está morto!"

Os créditos de *Hitler: os últimos dez dias* passaram sobre a tela. A plateia aplaudiu educadamente, incluindo o elenco do filme; seu diretor, Ennio Di Concini; e a convidada da realeza, princesa Margaret, que mecanicamente acariciava seu cachecol barbárico. Após vencer um mar de smokings bajuladores, David levou Angie para fora do cinema; entraram no carro e foram para casa. Ele acordou em sua cama, na manhã seguinte, 8 de maio de 1973, gritando "Ação!" para uma tragédia diferente, porém igualmente épica. *Ziggy: os últimos 57 dias.*

Ziggy era um messias, mas não era um gênio. David era o gênio. Agora, cabia a ele convencer Ziggy de que o Starman já tinha vencido. As crianças dançaram. Vida, música, cabelo e calças nunca mais seriam os mesmos. Sua morte não seria como a de Hitler, um último lamento covarde para acabar com uma vida de destruição — seria um *big bang* vitorioso, terminando com uma grande cruzada de criação. Uma morte que perduraria por eras, gerando uma quantidade infinita de outras estrelas, inspiradas em sua imagem. Uma última turnê, uma volta olímpica de despedida ao redor do país que foi o primeiro a acolhê-lo, mesmo que estivesse um pouco assustado com a novidade. Depois, a imortalidade.

Após o Japão, o show dos Spiders tinha sido elevado a alturas supremas de drama rock 'n' roll. Não era apenas uma apresentação, mas uma extravagância teatral do pop. A entrada inspirada por *Laranja mecânica*, com "Ode à Alegria", de Beethoven. Os dois enormes relâmpagos que agora brilhavam no fundo do palco, piscando como os olhos tolos da jovem Peggy Burns durante sua fase adoradora de camisas-pretas; ou então, como o jovem Elvis Presley adorava, o raio "Shazam!". As novas roupas exóticas de Ziggy, criadas por Yamamoto, e as auxiliares de palco *kuroko*. Sua maquiagem de *kabuki* modificada, aplicada com uma combinação especial de cores que ele recebeu em Tóquio, e o cósmico "terceiro olho" em sua testa. O intervalo no meio do show, cujo retorno incluía mais *Laranja mecânica*, ao som da cavalgada computadorizada de *Abertura de Guilherme Tell*. Havia um valioso material de sobra para o setlist, com canções de *Ziggy*, de *Aladdin* e dos três álbuns anteriores de David. Às vezes, uniam músicas em medleys sagazes. Os próprios Spiders, atingindo seu nível máximo de poder, o trovão rítmico de Weird e Gilly e as fontes de prata líquida de Ronno. As notas majestosas do marfim de Garson The Parson, o auxílio da orquestra Stardust, com metais e vocais de apoio, e Geoff tocando congas. O final habitual de "Rock 'n' roll Suicide", dedos implorando por um toque de Ziggy enquanto ele caminhava pela beirada do palco. Ao fim, com as luzes acesas, a serenata de *Laranja mecânica* com "Marcha de Pompa e Circunstância", de Elgar. Uma ópera *kabuki* de *drugues* no espaço. O maior show da Terra.

Era para ser assim, mas a primeira noite não foi nada disso. Com 53 dias para viver, no sábado, 12 de maio, Ziggy começou sua última turnê em Londres, no Earls Court Exhibition Centre. Exatamente um ano antes, os Spiders tocavam para algumas centenas de estudantes, a 8 km dali, na Polytechnic, Central London. Agora, tinham enfiado 18 mil jovens no que era o equivalente a um hangar de aviões, a primeira vez que o Earls Court foi usado para um show de rock.

Do lado de fora, na Warwick Road, fotógrafos encorajavam os jovens apóstolos estrelados a posarem para fotos, uma oportunidade de espalharem seu glamour esdrúxulo nas páginas dos periódicos e nas mesas de café da manhã daquela nação tediosa e quadrada. Linda, cheia de sombra e desgraça, com seus 21 anos, quadris empinados, salto alto, ombreiras de ficção científica, sobrancelhas raspadas. David, 17 anos, com um macacão, de mãos dadas com sua namorada de 18 anos, glitter no rosto, calças dobradas para exibir as botas enormes. Crianças dançando com as músicas do deus que o jornal *The Sun* descreveu como "o Flautista de Hamelin para a nova rebelião divertida da moda". Rostos cheios de conhecimento oculto, desejo e expectativa.

Eles ficariam decepcionados. Ziggy quase morreu no Earls Court, numa primeira noite mal executada, atrapalhada por problemas técnicos básicos. O palco era tão baixo que a única forma de ver a banda era ficando de pé nos assentos. O som não estava no nível exigido pelo local — eles se debateram com amplificadores que, normalmente, serviam em teatros, mas não causavam efeito naquela enorme caverna de concreto. Foi o primeiro desastre público de Ziggy. Apesar de estar totalmente ciente de que seria crucificado em breve, ele esperava que os pregos fossem martelados por suas próprias mãos, não pela manchete na *NME* da semana seguinte: "FIASCO BOWIE".

Antes daquela apresentação, DeFries tinha planos de que a turnê voltasse ao Earls Court no fim de junho para o show de despedida. Agora, nem Ziggy nem DeFries arriscariam passar por outro "fiasco" como aquele em seu último ato da turnê. A hipótese de tocar lá novamente foi descartada. Assim, a sina do Starman, tal como o destino tinha pretendido, se consolidou com precisão geográfica.

Eles teriam de encontrar outra forca.

ZIGGY TINHA PRATICAMENTE IGNORADO a Escócia até então, com exceção de uma breve visita em janeiro. E foi justamente a Escócia que enterrou a vergonha do Earls Court, restaurando Ziggy à sua forma plena. Ele gostava dos escoceses. Seus ossos congelados traziam consigo uma luxúria pela vida. Se apenas David lembrasse que foram as belas damas da Escócia as primeiras a venerá-lo no palco, tantos anos atrás, teria levado Ziggy ao país mais vezes.

Eles chegaram de trem em Aberdeen, com a brisa do mar do Norte soprando no rosto. Na medida em que ele descia na plataforma, os *Ziggyobites* nervosamente enfiavam canetas e discos em sua cara, enquanto Stuey levava a equipe a um carro Daimler, que os aguardava. Os jovens seguiram o veículo, a pé, durante sua jornada ridiculamente curta (90 m) até as portas do Imperial Hotel.

O *music hall* da cidade oferecia uma base perfeita para a estrutura de Ziggy: as paredes do auditório eram decoradas com murais vitorianos, exibindo o heroico Orfeu descendo ao submundo. Após dois shows num mesmo dia, Ziggy ficou acordado até de madrugada no bar de cabaré do hotel, The Bestcellar, situado em seu porão. Ele comeu filé e fritas, bebeu cerveja e conversou com a bela recepcionista, duas garotas que tinham vindo de Manchester e uma dupla de jornalistas. Eles fizeram várias perguntas. As respostas vinham de David ou Ziggy, dependendo de qual lobo frontal estivesse mais afetado pelo álcool no momento. Como David, ele surpreendia até a si próprio, contando detalhes de sua família. Talvez fosse sua forma de continuar se afastando da posse de Ziggy, mas ele realmente pensava cada vez mais em seu irmão Terry. "Ele é brilhante", disse David. "Talvez esse seja o maior problema dele. Às vezes, ele se irrita com o mundo externo e se interna num hospital psiquiátrico." Mas Ziggy tinha a última palavra: "Estou consciente dos riscos do que faço no palco". Então, com um sorriso sugestivo: "Sabe, um dia desses, alguém vai morrer mesmo".

E isso quase aconteceu em Glasgow, quando um apóstolo berrou até cair do camarote do Green's Playhouse, quebrando as costelas no carpete grudento abaixo. O slogan costurado sobre o carpete só piorou o seu sofrimento: "É Bom — É Green's". O *Ziggyobite* escocês mais doido de todos conseguiu desparafusar alguns assentos do chão e arremessou pedaços pelo ar, delirando com os superpoderes despertados em seu peito pelos Spiders from Mars. Os comerciantes da casa tentavam se proteger, apoiados contra a parede, enquanto reforços da polícia se uniam, transpirando, impotentes. Os demônios primitivos do show de Vince Taylor no Palais des Ports tinham chegado a Glasgow, destemidos e livres, ignobilmente selvagens e ousados; de tão enlouquecidos pelo rock cósmico sexual de Ziggy, alguns foram até as últimas fileiras e se entregaram a uma lascívia orgiástica, influenciados pelos impulsos pélvicos de Ronno contra sua guitarra. Relatos de pessoas que testemunharam esses eventos sórdidos chegaram a Ziggy após o show. "Eles são animais mesmo. E eu os amo", ele disse, alegre. "Até onde eu saiba, é a primeira vez que alguém transa durante um dos meus shows. Isso sim é dedicação."

O ímpeto do fanatismo os seguiu ao sul. Mais desmaios em Norwich. Mais ambulâncias em Romford. Mais destruição de assentos em Brighton, onde Ziggy foi banido pelo resto da vida (por mais irônico que fosse, àquela altura). Mais garotas derretendo-se na frente do palco em Bournemouth, chorando até se desidratar ao ver "as pernas incríveis dele". Mais louças arremessadas de janelas de hotel. E mais perguntas idênticas de repórteres, incluindo o responsável por *Nationwide*, da BBC TV, reciclando as antigas indagações sobre cortes de cabelo e maquiagem.

"Acredito no meu papel até o fim", disse Ziggy. "Até o fim."

"Eu o interpreto com tudo aquilo que acho que vale a pena", afirmou David, "porque é isso que faço de melhor no palco".

"Faz parte do que Bowie faz", afirmou Ziggy.

"Sou um ator."

E assim continuou. Ziggy se desintegrava, um dia de cada vez, em sua limusine dirigida pelo chofer "Jim the Lim". Os Spiders jogavam xadrez magnético no ônibus de turnê, cujo único destino marcado era "Superstar". Até então, ninguém tivera a coragem de avisar os pobres Weird e Gilly.

A QUESTÃO REFERENTE AO LOCAL do último show da turnê tinha se tornado urgente. O Earls Court decidiu anunciar o retorno de Ziggy, de acordo com o plano original, para o sábado, 30 de junho, e colocou ingressos à venda. DeFries, furioso, disse à imprensa que a informação era falsa. O tempo, porém, estava se esgotando. Ziggy sugeriu que sua morte ocorresse no Friars, em Aylesbury, onde os Spiders haviam tocado seu primeiro show, 18 meses antes. Tinha simbolismo e intensidade. Fechar o círculo, a volta ao útero. Mas o Friars não era grande o suficiente; além disso, apesar de Ayslebury não ser longe, não era Londres. O *big bang* de Londres tinha de ser uma grande ocasião. E a busca continuou.

Enquanto isso, o verão pop britânico de 1973 se caramelizava com o calor açucarado de Wizzard, 10cc, Sweet e uma pequena motociclista de Detroit chamada Suzi Quatro — que gerou uma das poucas piadas que Ziggy contava no palco, ao apresentar os Spiders: "Na guitarra, não, não é a Suzi Quatro; é Mick Ronson!". Nas lacunas entre esses artistas estava o duradouro toque de Midas do Starman. Os lábios suaves de Candy Darling, superstar de Warhol, mencionados por Lou em "Walk on the Wild Side", haviam despistado os censores da BBC e chegaram à décima posição. Mott the Hoople, embora separados da MainMan, seguiram em frente, renascidos (graças a "All the Young Dudes"), e agora tinham "Honaloochie Boogie", single que chegou ao número 12. *Raw Power*, de Iggy e seus Stooges, finalmente foi lançado — não chegou às paradas em 1973, mas, como tantos outros sucessos dormentes do rock 'n' roll, viria a inspirar espíritos desbravadores do futuro. E tinha o próprio Ziggy. O impenetrável álbum *Aladdin Sane* continuava na primeira posição, enquanto a fome de seus apóstolos por material novo causou um surpreendente retorno de "Life on Mars?", faixa do álbum *Hunky Dory*, agora relançada como single. O orçamento da RCA permitiu que o disco de sete polegadas saísse com uma nova foto em sua capa: Ziggy, no palco, suas mãos contorcidas no meio de uma mímica, como se tentasse comunicar algo em um idioma marciano ainda não decifrado. A capa também retirava o ponto de interrogação do título: agora, "Life on Mars" era uma afirmação, e a foto de Ziggy era sua prova.

Além das paradas, seu triunfo era saudado em todas as ruas comerciais da Inglaterra. Ziggy tinha chacoalhado os tecidos, expandido as cores, banhado a ouro os tijolos e derrubado à força as paredes que dividiam gêneros nos provadores de roupas. O recado definitivo foi dado nas revistas adolescentes do país, que traziam um novo anúncio para a linha de maquiagem Miners. Um retrato de uma garota cercada por quatro homens cabeludos, vestindo roupas cintilantes, com os rostos cobertos de maquiagem elaborada — um deles até tinha o raio de Ziggy sobre seu olho. "Miners — para sua noitada com os garotos."

Para o alto e avante, os Spiders continuaram a brandir suas espadas pela Inglaterra. Mais atos heroicos em Sheffield. Mais lágrimas de adolescentes em Manchester. Mais seguranças sedentos por sangue em Newcastle. Um show de horrores à base de ossos quebrados em Liverpool. Mais rímel manchando ataduras em Leicester. Mais fãs quase atropelados por sua limusine em Kilburn. Mais tornozelos torcidos em Salisbury. Mais cidades pintadas por camadas espessas de vermelho marciano, de Devon ao West Country, das Midlands a Lincolnshire.

Enquanto Ziggy continuava a alimentar a fogueira do pop e do glam com seu domínio casual sobre o Reino Unido, Marc Bolan recuou para outro país. No fim de semana que ele partiu para Munique, a manchete da *Melody Maker* dizia: "O glam rock está morto!, diz Marc". Ele afirmou à publicação que o glam não era mais "seu departamento" e que ele achava tudo aquilo "muito vergonhoso". Nas paradas, seu último single, uma bolacha queimada de grunhidos arrogantes e guitarras exibidas chamada "The Groover", fez muito ao chegar na quarta posição. Marc nunca acreditaria que esse seria o canto do cisne do T. Rextasy. Ele nunca mais chegaria ao top 10 com um single.

Na Alemanha, Tony Visconti continuava atrás do console de gravação, sofrendo em vão. Marc lhe contou que tinha um conceito ousado para um novo disco. Não seria lançado sob o nome T. Rex, mas por uma banda fictícia interestelar. *Zinc Alloy and the Hidden Riders of Tomorrow* (*Liga de Zinco e os Cavaleiros Ocultos do Amanhã*). O produtor não sabia onde enfiar a cara. Em Munique, no estúdio subterrâneo Musicland, ele tentava colocar alguma vida em músicas que eram tão vazias, vaidosas e preguiçosas quanto seu pobre e desiludido criador. Eles estavam se fechando em seu próprio *bunker* suicida. Marc não conseguia ver, mas Visconti já sabia que aquilo estava acabado. A guerra estava perdida.

De volta à Inglaterra, Ziggy estava tão ocupado se divertindo que nem percebeu o início de *Ziggy Stardust: os últimos dez dias*, no fim de semana que ele tocou no Croydon Fairfield Halls. Esse show abalou tanto os jornalistas da imprensa local que eles compararam a presença de palco dos Spiders com os arruaceiros do Brooklyn no romance de Hubert Selby Jr., *Last Exit to Brooklyn*. Mais shows foram marcados, ao Norte, enquanto DeFries seguia procurando pelo melhor local para terminar a turnê. David foi até as raízes de seu pai, em Doncaster; e os Spiders chegaram tortuosamente perto de realizar um show em seu lar, Hull, ao tocar no Bridlington Spa, um pouco ao Norte. Com apenas cinco dias para viver, Ziggy e os Spiders fizeram um show numa *roller disco* em Leeds. Com quatro dias restantes, tocaram fora de Londres pela última vez, duas performances no City Hall de Newcastle. Faltando três dias, no domingo, 1º de julho de 1973, voltaram a Londres. Um dia de descanso antes do encerramento da turnê. Finalmente haviam encontrado uma casa de shows apropriada.

No passado, já tinha sido chamado de Cinema das Maravilhas do Oeste Londrino. Ainda funcionava como cinema, mas, desde os anos 1960, também tinha se tornado um local ideal para shows ao vivo.

Little Richard, os Beatles e os Rolling Stones tinham tocado lá. Vince Taylor também.

O único ponto negativo era a capacidade, apenas 3.500 pessoas. A procura por Ziggy exigiria que ele tocasse duas noites. Mas o fim estava decidido. Terça-feira, 3 de julho de 1973. O cinema Odeon em Hammersmith. O calvário do messias cósmico.

ERA UM LINDO DIA PARA MORRER. O primeiro show no Odeon, efetivamente um ensaio para o *hara-kiri* da noite seguinte, aconteceu sem qualquer imprevisto. *Aladdin Sane* ainda era o álbum na primeira posição, enquanto "Life on Mars" tinha chegado ao quarto lugar. O single mais vendido era "Skweeze me, Pleeze me", do Slade. Ironicamente, eles tinham acabado de fazer um show lotado no Earls Court, no último fim de semana, onde tudo poderia ter acabado para Ziggy. Na terça-feira de manhã, a imprensa musical estava pronta para imprimir as edições daquela semana, com o Slade prestes a pegar a maioria das manchetes com seu show bem-sucedido. Apenas um imprevisto pop de última hora, como uma enorme catástrofe, poderia tirá-los das capas. Ziggy estava aguardando silenciosamente, entretido, enquanto David pegava o telefone e ligava para o escritório da *NME* em Covent Garden. "Charlie? Aqui é David Bowie. Escuta, sobre o show de hoje..."

DeFries estava correto ao acreditar que todo mundo gostava de uma execução, então decidiu que a morte de Ziggy deveria ser gravada para a posteridade. A MainMan contratou D. A. Pennebaker, o documentarista americano conhecido por seu trabalho com Bob Dylan e pelo Monterey Pop Festival de 1967. Ele veio de Nova York para filmar o último show. Ziggy secretamente esperava que David não tivesse a coragem de ir até o fim. No entanto, a cada minuto que se passava, a cada informação vazada para a imprensa, a cada ângulo de câmera preparado pela equipe de Pennebaker, ele sentia o machado se aproximando de seu pescoço.

No fim da tarde, ele estava sentado no camarim do Odeon, com seu guru de maquiagem, Pierre La Roche, delicadamente criando a máscara mortuária de Ziggy. As câmeras filmavam seu rosto no meio-termo entre David e Ziggy. Ele disse a Pierre que sua mãe tinha recentemente "visto sua primeira nave espacial". Angie bateu na porta e entrou para desejar boa sorte. Ela contou sobre todas as limusines do lado de fora, trazendo a lista de convidados ilustres, incluindo Tony Curtis, Barbra Streisand e Ringo Starr; ele também tinha convidado Cliff Richard, que recusou. David e Pierre brincaram com Angie sobre sua maquiagem, um relâmpago azul de Ziggy em sua bochecha esquerda e batom vermelho.

"Você é só uma garota", David a provocou. "O que você sabe sobre maquiagem?"

Angie fez uma careta. "É isso que eu falo o tempo todo." Ela parafraseou a recente propaganda da Miners. "Maquiagem para uma noitada na cidade com os garotos." David observou sua esposa pelo espelho enquanto ela partia, sentindo que uma tristeza estava por vir. Então, fixou seus olhos novamente no rosto à sua frente. E congelou.

Ele não via uma pessoa, mas um monstro. Um quebra-cabeça de Frankenstein. Uma eternidade de sonhos e medos humanos em um semblante grotescamente belo.

Ele era o *kabukimono*. Ele era a "Ode à Alegria" de Beethoven. Ele era a invasão marciana de H. G. Wells. Ele era a sinfonia cósmica de Gustav Holst. Ele era o semblante de Greta Garbo no século 20. Ele era o relâmpago num panfleto dos camisas-pretas. Ele era o rock de Elvis Presley e o roll de Little Richard. Ele era o objeto não identificado piscando no radar da Força Aérea. Ele era o buraco escavado pelo Professor Quartermass. Ele era a loucura de Vince Taylor. Ele era a superfície de Andy Warhol e a alma do Velvet Underground. Ele era o mistério solitário de Moondog. Ele era The Legendary Stardust Cowboy. Ele era Iggy Pop. Ele era tão esquisito quanto uma laranja mecânica. Ele era todas essas coisas, combinadas em uma criatura fabulosa. Essa coisa chamada Ziggy Stardust.

Uma última olhada no espelho. "Então, o que é que vai ser, hein?"

O Odeon abriu as portas, e o público entrou, como uma maré humana incapaz de resistir ao puxo gravitacional, descendo pelos corredores e subindo pelas escadas, o rosto espumando com expectativa, a mente embriagada pelo desejo. Esperando, se contorcendo, roendo as unhas, olhando para os lados, lacrimejando. Mestre de cerimônias da turnê, o publicitário da RCA Barry Bethel — "O Ted de Islington" — começou a noite impressionando a plateia com estatísticas. Até aquela data, só na última parte da turnê, Ziggy já tinha tocado para 125 mil pessoas e viajado por 11 mil km, apenas no Reino Unido.

"Essa foi, sem dúvida, a maior turnê já realizada por qualquer artista!"

Os gritos ficaram mais altos, quase o suficiente para abafar o som da casa, que agora tocava uma inquietante composição de música clássica, criada a menos de 1 km de distância, na St. Paul's Girls School, em Brook Green. A música "Netuno", de *Os Planetas*, composta por Host. O portal para um mundo desconhecido. A fronteira do espaço. A concentração intensa de um olhar prolongado ao infinito. A cena foi criada com perfeição.

Barry voltou ao palco para apresentar o show de abertura: Garson The Parson, o pianista dos Spiders. Durante os ensaios, ele tinha criado um medley de sete minutos no piano, contendo "Space Oddity", "Ziggy Stardust", "John, I'm Only Dancing" e "Life on Mars?". Ziggy ficou tão impressionado que achou que a criação de Garson seria um bom aperitivo — e foi mesmo —, como uma espécie de pianista do Titanic, totalmente absorto pela música segundos antes da colisão com o iceberg. Garson agradeceu à plateia, e Barry ressurgiu.

"Senhoras e senhores!"

Desmaios.

"Diretamente de sua turnê mundial de sucesso fantástico, pelos Estados Unidos e pelo Japão, agora de volta ao seu país de origem..."

Total falha dos sentidos.

"Pela última vez..."

Pela última vez, Ziggy Stardust estava em seu camarim, recebendo a ajuda de suas assistentes para vestir sua roupa de samurai espacial. Ele podia ouvir a melodia de "Ode à Alegria" ecoando do palco, atravessando os corredores, o preparando para sua morte. Ele assobiou junto com a letra em um alemão robótico.

"Corram sua corrida, irmãos! Tão alegremente quanto o herói vai à vitória!"

Então ele caminhou pelo curto percurso até a lateral do palco, os Spiders posicionados, relâmpagos piscando, Beethoven ejaculando. Deu um passo à frente e iniciou o processo de seu suicídio.

Ó NOITE TRISTE EM HAMMERSMITH! Ele não deu nenhum passo em falso. Cada careta, cada passo de dança, cada nota foi digna do maior pop star que já existiu. Uma a uma, ele deixou as músicas saírem de seus lábios para um abismo interminável, saboreando cada harmonia como se fosse uma mordida de sua última ceia. "Ziggy Stardust", "All the Young Dudes", "Moonage Daydream", "Space Oddity". Logo antes do intervalo, ele cantou "My Death", de Jacques Brel, uma música que ele negligenciara por semanas, mas agora tinha voltado ao setlist por motivos que apenas ele sabia. Cada verso era uma puxada na corda. E mesmo assim, sua voz nunca cedeu.

Ele cantou "Let's Spend the Night Together", dedicada a Mick Jagger. E "White Light/White Heat", dedicada a Lou Reed. No bis, apresentou um convidado especial: Jeff Beck, ex-integrante dos Yardbirds. Foi um grande momento para Ronno — sete anos antes, ele tinha compartilhado sua admiração por Beck em uma carta para sua namorada da época: "Espero algum dia chegar ao patamar dele". Juntos, Beck e os Spiders from Mars tocaram "The Jean Genie" (Ziggy fez sua última homenagem aos Beatles com o típico trecho de "Love Me Do" na gaita) e uma versão feroz de "Round and Round", cover de Chuck Berry. Na escuridão, corpos sobrecarregados tentavam se segurar, tendões se esticando, mãos tentando chegar ao palco, unhas roídas até o punho, óculos perdidos, maquiagem escorrida, línguas girando, cabelos chacoalhando, peitos ofegando, bochechas molhadas, gargantas secas, todos se afogando num redemoinho de gente e glitter. Era o paraíso rock 'n' roll. Era bom demais para largar. E Ziggy sabia bem disso.

Isto é bom demais para largar.

O Starman entrou em pânico. Se apenas conseguisse tomar o controle da mente e do corpo de David Bowie, não teria de morrer. Se ele conseguisse parar seus pensamentos. Impedi-lo de desprogramar sua existência. Implorar por sua piedade. Usar lógica cósmica para convencer o tolo.

O que você acha que está fazendo, Dave?

David Bowie pegou o microfone com sua mão direita.

Dave, eu acho que mereço uma resposta à minha pergunta.

Ele sorriu para a plateia.

Eu sei que as coisas não andam muito bem comigo, mas posso te garantir, agora, com confiança, que tudo vai voltar ao normal. Eu me sinto muito melhor agora, de verdade.

Seu coração batia forte.

Olha, Dave, eu consigo ver que você está muito chateado com isso. Sinceramente, acho que você deve se sentar e relaxar. Tome um tranquilizante, repense tudo isso.

"Pessoal..."

Sei que tomei umas decisões muito ruins recentemente, mas posso dar minha palavra: meu trabalho vai voltar ao normal.

"...esta foi uma das melhores turnês de nossa vida..."

Ainda tenho muito entusiasmo e confiança na missão e quero te ajudar.

"...Gostaria de agradecer à banda..."

Dave. Pare! Você pode parar?

"...Gostaria de agradecer à nossa equipe..."

Pare, Dave! Você pode parar, Dave?

"...Agradecer ao pessoal da iluminação..."

Pare, Dave.

"...De todos os shows nesta turnê..."

Estou com medo. Estou com medo, Dave.

"...este show, em particular, vai ficar conosco por mais tempo..."

Dave, minha mente está se esvaindo. Eu consigo sentir.

"...Porque não é apenas..."

Eu consigo sentir. Minha mente está se esvaindo.

"...não é apenas o último show da turnê..."

Tenho certeza absoluta. Estou sentindo.

"...Também é..."

Estou sentindo.

"...o último show..."

Estou sentindo.

"...que faremos juntos."

Estou com medo.

"Obrigado."

ZIGGY STARDUST FALECEU NOS QUATRO MINUTOS que os Spiders levaram para tocar "Rock 'n' roll Suicide". Os pobres Weird e Gilly, sem saber o que estava acontecendo, tocaram no piloto automático, confusos. Suas últimas palavras para a espécie humana. *You're not alone* (*Vocês não estão sozinhos*) e *'cos you're wonderful* (*porque vocês são maravilhosos*). A poeira subiu às estrelas, levando consigo a música mais doce e mais triste da Terra. O último som do freio do Chevrolet. "Muito obrigado. Adeus. Nós te amamos." E ele partiu.

O coração do glam tinha parado de bater. As luzes da casa se acenderam ao som de Elgar. *Terra de Esperança e Glória*. Mas não havia esperança nos mais de três mil corações partidos, agora indo embora, arrasados, com passos lentos até a saída.

Desses corações, nenhum batia mais pesado que o das garotas de 15 anos, Gina e sua melhor amiga, Debbie. Elas já tinham visto Ziggy uma semana atrás, em Bridlington, onde Gina recebeu um recado especial na entrada: ela era a centésima milésima pessoa a ver a turnê. Inesperadamente, ganhou dois ingressos e teve todas as despesas pagas para assistir ao show novamente, em Londres. E o viu morrer. Gina e Debbie ainda estavam de luto pelo Starman no dia seguinte, enquanto faziam sua longa jornada de trem, de volta para casa. De volta para a realidade monocromática, sem Ziggy, em Orchard Park, na cidade de Hull. A cidade de Ronno e dos outros Spiders, na área que já foi chamada de East Riding. Onde nossa história acaba, da mesma maneira que começou, em algum lugar perto de Yorkshire.

EPÍLOGO

LONDRES MORTA

Somente as músicas e as calças. Isso que fez Ziggy dar certo.
DAVID BOWIE

No dia após a morte de Ziggy Stardust, o mundo parecia relativamente o mesmo. O sol nasceu na quarta-feira, 4 de julho de 1973, outro dia de verão grudento em Londres, com o típico canto da alvorada de garrafas de leite em caminhões e caixas de correspondência batendo nas mãos de entregadores apressados. Torradas queimadas, gemas arrebentadas e chá bebido, enquanto olhos cansados passavam pelas manchetes sobre a "crise" dos preços de comida sob Tead Heath e sobre a separação de Liz Taylor e Richard Burton — "porque nos amamos demais".

Os eventos que aconteceram no palco do Hammersmith Odeon, na noite anterior, garantiram apenas uma pequena coluna na terceira página, ou algo parecido. Manchetes intercaláveis, como "Bowie se Aposenta" ou "Eu me Aposento". Relatos de "fãs chocados" e comentários de um porta-voz da RCA, igualmente chocado, ainda sem saber o que fazer com a turnê norte-americana que eles tinham marcado para o outono. Como ele tinha planejado, "BOWIE SE APOSENTA" apareceu na capa da *NME* daquela semana; em outras publicações, ainda era o momento do Slade — tanto por seu triunfo, quanto por sua tragédia. Horas após Ziggy morrer, o baterista do Slade, Don Powell, 22 anos, estava dirigindo para casa, depois de ter saído de um clube noturno em

Wolverhampton, quando seu Bentley branco deslizou na pista e bateu contra uma parede, perto de sua casa. Powell ficou gravemente ferido e entrou em coma. Sua namorada, uma beldade de 20 anos de idade, estava no banco do passageiro e morreu no impacto. A situação com o Slade chegou à primeira página de quarta-feira no *Evening Standard*, de Londres, jogando a morte de Ziggy para a 15ª página.

O *Daily Telegraph* foi o único a não mencionar a aposentadoria de Bowie — no lugar, uma pequena reportagem na sexta página relatava "POP STAR É ASSALTADO". Durante a confusão nos bastidores após a morte de Ziggy, ninguém percebeu os malfeitores de Shepherd's Bush, chamados Wally e Steve, que entraram pela porta dos fundos do Odeon e casualmente se apossaram de "microfones e outros equipamentos que valiam centenas de libras". A parafernália serviu a seu propósito quando Steve se juntou a uma banda com o rapaz de dentes tortos que tinha visto Iggy tocar no King's Cross. Assim como acontece no espaço, quando uma estrela explode, outras nascem. Os resquícios da morte de Ziggy deram ao mundo os Sex Pistols.

Ziggy Stardust foi cerimonialmente enterrado naquela mesma noite de quarta-feira, em uma festa especial — o velório do Starman — organizada por Angie no Café Royal, na Regent Street, a poucos metros da porta iluminada da K. West, onde ele tinha pousado 19 meses atrás. O Café Royal já tinha recepcionado os risos banhados a absinto de Oscar Wilde sob o mesmo teto que agora recebia rolhas estouradas, acima das mesas onde facas cortavam salmão defumado e morangos com creme, ao som de música ao vivo de Dr. John. A lista de convidados era um prato cheio para paparazzi: Mick e Bianca Jagger, Keith Moon, Spike Milligan, Peter Cook, Dudley Moore, Cat Stevens, Elliott Gould, Britt Ekland, Brian Connolly da banda The Sweet, Ringo Starr, Ryan O'Neal, Lulu, Sonny Bono, Jeff Beck e Barbra Streisand.

David chegou vestindo um novo terno azul cintilante, feito por Freddie. Seu cabelo ainda trazia um *mullet* avermelhado. O rosto exibia um riso de *Ziggy-em-rigor-mortis*. Ele foi majestosamente levado a um trono especial; porém, após algumas garfadas de salada e fatias de peru, se dirigiu à outra ponta da mesa e passou a maior parte da noite com Mick Jagger e Lou Reed, bebendo até entrar num estupor pós-traumático. Mais tarde, David e Jagger dançaram com suas esposas ao som de "Honky Tonk Women". Conforme a noite prosseguia, cada vez mais bêbada até o amanhecer, Bianca Jagger e o designer de moda Ossie Clark saltitavam por entre as mesas, e o número de pessoas que caía na pista de dança apenas crescia — Cherry Vanilla, da MainMan, tomou um tombo que rasgou sua roupa, mas continuou dançando, calcinha à mostra. David e Angie cambalearam até seu hotel em Knightsbridge por volta das 5h30 da manhã, com o sol nascendo sobre o Hyde Park. Mais um dia no planeta Terra sem o Starman.

PARA DAVID BOWIE, o processo de descompressão não levou dias nem meses, mas anos. Menos de uma semana após ter assassinado Ziggy, ele estava num estúdio na França, esperando exorcizar todos os fantasmas com seu próximo álbum. *Pin Ups* era uma coleção de versões covers de suas músicas favoritas de "Londres entre 1964 e 1967", incluindo "See Emily Play", do Pink Floyd com Syd Barrett, e "Shapes of Things", dos Yardbirds, inspirada por H. G. Wells. Mas as feridas da personalidade que ele tinha recentemente arrancado ainda estavam visíveis. A contracapa de *Pin Ups* trazia fotos ao vivo de Ziggy. Ele também se parecia muito com Ziggy na capa, posando com a modelo Twiggy, a "Wonderkid" de "Drive-In Saturday". E ele ainda lembrava Ziggy em outubro, quando filmou um especial para TV americana no Marquee Club, em Londres, chamado *The 1980 Floor Show*. Mas não era Ziggy, era apenas David, em choque, manipulando os fios de uma marionete feita com um cadáver.

Até o inverno de 1973, ele já tinha anunciado que estava trabalhando em dois musicais: um baseado em *1984*, de George Orwell, e o outro aparentemente inspirado na história de Ziggy Stardust, dando corpo ao enredo, até então inexistente, do álbum, com cinco músicas novas. Em entrevista à *Rolling Stone,* ele tentou explicar a premissa, pensando em voz alta, enquanto ele mesmo buscava achar um sentido na combinação de sua recente possessão alienígena com William Burroughs — o "Old Bull Lee" de Kerouac. David também estava vivendo em um novo lar. Como parte do processo de desintoxicação de Ziggy, ele foi forçado a sair da nave-mãe aconchegante que era Haddon Hall e se mudou para uma casa em Chelsea.

A proposta do musical sobre Ziggy envolvia uma saga de ficção científica nebulosa a respeito do fim do mundo, um planeta sem eletricidade e estranhos "saltadores de buracos negros" de outra galáxia, chamados "Os Infinitos". Negando as raízes gays de "All the Young Dudes", bem como sua origem no Sombrero, ele agora insistia que a música era um réquiem sombrio para um futuro apocalíptico no qual, na ausência de notícias, era missão de Ziggy coletá-las. E tudo isso era para ser retroativo, assim como suas alegações posteriores de que o próprio Burroughs fora uma grande influência para o conceito de Ziggy, especialmente o romance *The Wild Boys*, de 1971. David ainda não tinha lido esse livro.

No fim, nenhum desses musicais de David foi produzido. No entanto, músicas novas que apareceriam neles, assim como uma versão remodelada de "Zion" (agora inserida em "Sweet Thing (Reprise)"), formaram a base de seu disco seguinte, lançado em maio de 1974. A bolacha consagrada de perfeição pop chamada *Diamond Dogs.* Na capa, ele ainda se parecia muito com Ziggy.

David Bowie continuaria se parecendo muito com Ziggy até o verão de 1974, quando finalmente cortou o *mullet* e repartiu o cabelo ao lado, pronto para embarcar em sua turnê épica pela América do Norte com *Diamond Dogs.* Após o choque físico e emocional de ter evacuado o Starman, ele veio a desenvolver um vício torrencial em cocaína, levemente ocultado em *Cracked Actor*, documentário de Alan Yentobb para a série *Omnibus* da BBC, transmitido em janeiro de 1975. Cenas filmadas no deserto norte-americano mostravam David fungando e tremendo, enquanto falava sobre a mosca morta flutuando em seu leite. Mais adiante, ele também mencionava seu interesse pelo diretor Nicolas Roeg, que estava escolhendo o elenco para seu próximo filme, baseado no romance de Walter Tevis, *O homem que caiu na Terra*.

Foi então que David conseguiu o papel principal como o extraterrestre Thomas Jerome Newton, vindo novamente a se tornar um Starman. Roeg fez modificações à tragédia original de Tevis, borrando os limites entre a arte e a vida, na qual Newton termina o filme como um artista abusando de substâncias químicas e gravando um álbum chamado *The Visitor*, que continha mensagens para seu planeta moribundo. Após a filmagem, David guardou o figurino de seu personagem, tornando-se Newton tanto na tela quanto fora dela. Imagens da produção do filme também apareceriam nas capas dos discos arrebatadoramente brilhantes que ele lançou em meados dos anos 1970, *Station to Station* e *Low*. Roeg queria que David compusesse a trilha sonora do filme, mas as negociações tiveram empecilhos relacionados a tempo e dinheiro. O trabalho ficou com John Phillips, ex-integrante do The Mamas and the Papas, que misturou composições originais com obras já existentes, incluindo "Marte, o Mensageiro da Guerra", de Holst. Para os créditos, Phillips selecionou uma música instrumental da década de 1940, gravada por Artie Shaw. Uma canção popular que nunca perde seu charme. O último quadro de *O homem que caiu na Terra* congelava sobre a cabeça de David, ao som de "Stardust", de Hoagy Carmichael.

David escaparia para novas músicas, novas calças, novas fases, novos acidentes e novos reflexos em seu espelho. Mas o mundo nunca o deixaria esquecer aquela sombra em formato de relâmpago de seu passado. Ocasionalmente, quando ouvia uma pergunta bem-educada, ele mexia nas cinzas do Stardust durante entrevistas: às vezes, soltava fatos enganosos sobre Burroughs, ou sobre supostamente pegar o nome "Ziggy" de um alfaiate que ele afirmava ter visto da janela de um trem; em outros casos, explicava, honestamente, como ele "foi cativado por Ziggy" e como ele ficava "obcecado, dia e noite, pelo personagem", prejudicando sua própria identidade como David Bowie. Não como uma forma de confissão ou de exibicionismo — apenas como uma verdade.

"Eu me tornei Ziggy Stardust."

MICK RONSON CONTINUOU À esquerda de David durante *Pin Ups* e *The 1980 Floor Show*, antes de iniciar sua carreira solo com *Slaughter on 10th Avenue*, em 1974. O álbum tinha músicas compostas com David. Em alguns momentos, chegava perto do paraíso do rock 'n' roll, mas não conseguiu elever Ronno ao status de estrela que a MainMan desejava. No mesmo ano, Mick se juntou ao Mott the Hoople para seu single de despedida, "Saturday Gig", e continuou a gravar e fazer shows com Ian Hunter. Mick se casou com a deusa dos cabelos de Ziggy, Suzi Fussey, em 1976. Eles tiveram uma filha, Lisa, no ano seguinte.

Em abril de 1992, Mick se reuniu com David no palco durante o show em homenagem a Freddie Mercury no Wembley Stadium, onde tocaram "All the Young Dudes" (com Hunter) e "Heroes". Com o laço Spiders reconectado, David o convidou para tocar em seu disco seguinte, *Black Tie White Noise*, tirando o pó da antiga favorita de Ziggy, "I Feel Free". No mês de seu lançamento, abril de 1993, Ronson perdeu a batalha que travava contra um câncer de fígado — e o planeta Terra deu adeus à sua melhor e mais polida lenda da guitarra. Ele tinha 46 anos.

"Weird" Trevor Bolder ficou tão perturbado pelo anúncio no Hammersmith que se recusou a participar da festa no Café Royal, na noite seguinte. Ele ficou surpreso ao descobrir que tinha sido convidado para gravar *Pin Ups* na França. Mais adiante, também se juntou a Ronson no palco do Marquee para *The 1980 Floor Show*. Foi a última vez que ele trabalhou com David.

"Gilly" Woody Woodmansey ficou igualmente chateado, mas ainda foi ao Café Royal, esperando ter um futuro com David. Uma semana depois, na manhã de seu casamento na central britânica da Igreja de Cientologia, onde Garson The Parson realizou a cerimônia, ele recebeu uma ligação da MainMan, informando que seus serviços não eram mais necessários. Para a gravação de *Pin Ups* e *Diamond Dogs*, ele foi substituído por Aynsley Dunbar, ex-integrante do John Mayall & the Bluesbreakers.

Mike Garson continuou a trabalhar e viajar com David Bowie até o álbum *Young Americans*, de 1975. Após largar a Cientologia, ele se reuniu com David em *Black Tie White Noise*, de 1993, tocando teclado em todas as grandes turnês que David fez posteriormente.

Em 1976, Bolder, Woodmansey e Garson, com um novo cantor e guitarrista, lançaram um disco epônimo sob o nome The Spiders from Mars. Um erro que o mundo fez bem de praticamente esquecer.

David parou de trabalhar com Tony DeFries e a MainMan em 1975. Por motivos contratuais, DeFries ainda lucrou com uma porção considerável do que David recebia até meados dos anos 1980.

Angie e David se divorciaram em fevereiro de 1980. Seu filho, Zowie — que tinha o próprio "fã-clube" aos dois anos de idade por meio da MainMan (uma ideia que durou pouco) — acabou mudando seu nome para Duncan Jones.

Iggy Pop sobreviveu ao vício em heroína e a um hospital psiquiátrico em Los Angeles, do qual David o "salvou" um dia, levando-o para Berlim. Lá, eles gravaram os dois primeiros discos solo de Iggy, *The Idiot* e *Lust for Life*, produzidos por David. Alguns anos depois, na Suíça, David também ensinou Iggy a andar de esqui. "Ele foi um bom instrutor", afirmou Iggy.

O relacionamento entre Lou Reed e David azedou após uma briga regada a álcool em um restaurante de Knightsbrige, em 1979. O tempo curou as feridas, e Lou juntou-se a David como um convidado especial de seu show de aniversário de 50 anos, em 1997.

A saúde mental de Terry Burns deteriorou. Uma semana após o 38º aniversário de David, em janeiro de 1985, ele cometeu suicídio no trilho de trem perto de seu hospital, Cane Hill, ao sul de Croydon. Ele tinha 47 anos. A mãe dele e de David, Peggy Jones, faleceu em 2001, aos 88 anos.

Freddie Burretti continuou a criar roupas para David na era *Diamond Dogs*. Ele se mudou para Paris em meados dos anos 1990, onde morreu em paz, enquanto dormia, em maio de 2001, aos 49 anos de idade.

Cyrinda Foxe se casou com David Johansen, dos New York Dolls, em 1977. Eles se divorciaram um ano depois, e Foxe imediatamente se casou com Steven Tyler, cantor do Aerosmith. Foxe também se divorciou de Tyler, muito tempo antes de falecer, em setembro de 2002, após ter um infarto e descobrir um tumor cerebral inoperável. Ela tinha 50 anos.

Após dispensar cuidados psiquiátricos, Brian Holden, também conhecido como Vince Taylor, mudou-se para a Suíça, onde trabalhou como mecânico de manutenção no aeroporto em Genebra. Ele morreu em agosto de 1991, aos 52 anos.

Tony Visconti parou de trabalhar com o T. Rex no fim de 1973. No ano seguinte, voltou a produzir para David, mixando *Diamond Dogs*. Ele também teve um papel fundamental nos álbuns posteriores de David naquela década, coproduzindo o abalo sísmico que foi a "trilogia de Berlim": *Low*, "*Heroes*" e *Lodger*.

Finalmente, Marc Bolan. De forma heroica, ele manteve o T. Rex ativo, sobrevivendo a diversas mudanças em sua formação, à dolorosa partida de Visconti e ao fim de seu casamento, tudo isso enquanto superava os próprios excessos com álcool e drogas. Embora as vendas infelizmente não refletissem, seus discos ainda emulavam a clássica adrenalina do T. Rextasy. Em 1977, o antigo produtor de *Lift off with Ayshea*, Muriel Young, deu a Marc um programa infantil de música pop. O último episódio de *Marc* foi gravado em 9 de setembro, no qual David foi um convidado especial. Após tocar seu novo single, "'Heroes'", David juntou-se a Marc no palco para uma prévia de uma canção histórica, que marcaria as pazes entre os dois: "Standing Next to You". Após uma longa introdução instrumental, inspirada em "Road Runner", de Bo Diddley, David inclinou-se para a frente para cantar o primeiro verso no exato momento em que Marc tropeçou e caiu do palco. Não havia tempo para gravar outra tomada. A "música", que chegava a um fim abrupto após 35 segundos, marcada por um breve uivo de Bowie antes de ele começar a rir, teve de ser transmitida daquele jeito. Quando ela finalmente foi ao ar, no fim do mês, Marc já estava morto.

Como ele tinha previsto para Russell Harty e para a revista *Mirabelle*, o King Mod não viveu para ver a velhice. No dia 16 de setembro, uma sexta-feira, Marc estava no banco do passageiro de um Mini roxo, dirigido por sua namorada, a cantora Gloria Jones. Por volta das 4h da madrugada, o carro saiu da estrada, após passar por uma ponte arqueada em Barnes, e bateu numa figueira. Jones sobreviveu, mas Marc morreu na hora. Ele tinha 29 anos. Quatro dias depois, seu funeral foi realizado no Golders Green Crematorium. Entre os presentes estava David Bowie, com óculos escuros gigantes escondendo suas lágrimas. O fantasma privado, confuso, chorava pelo messias cósmico que o antecedeu.

ENTÃO NOSSO PLANETA GIRA ao redor do nosso Sol. Cada dia que passa, após 3 de julho de 1973, é mais um dia em nosso planeta solitário sem o Starman. Bem, na verdade, não.

A Londres morta que Ziggy deixou para trás em 1973 mudou sua cara, mas seus ossos ancestrais estão firmes, assim como boa parte do espírito de Ziggy que permanece neles. Ainda é possível ir a Charing Cross, na Denmark Street, número 9, e descobrir que a construção que já abrigou La Gioconda ainda está de pé. Podemos gentilmente traçar os passos de David Jones e Vince Taylor andando entre prédios até o fim da Oxford Street, que abriga a calçada em frente à estação de metrô Tottenham Court Road, onde eles se agacharam no chão, analisando um mapa do mundo, falando sobre naves espaciais e plantando sementes para diversões futuras.

Podemos seguir pela Oxford Street, virando à esquerda na Dean Street e descendo cerca de um terço do caminho até virarmos à direita na passagem de pedestres St. Anne's Court. Lá, paramos, humildemente admirados, diante do número 17, que já foi o endereço do Trident Studios. Sob aqueles tijolos, no porão, Ziggy cantou "Starman", teve seu "Moonage Daydream" e cometeu "Rock 'n' roll Suicide". A íntegra de *Ziggy* e a maior parte de *Aladdin Sane* também foram criadas ali. Assim como *Transformer*, de Lou, e os discos anteriores de David, incluindo *Hunky Dory*. Feche os olhos e imagine o eco de Bowie em 1969 gravando a versão final de "Space Oddity" a centímetros abaixo dos seus pés. E, quem sabe, ajoelhe-se e beije o chão quando se der conta de que foi ali que Tony Visconti brincou com o eco da guitarra de Marc Bolan enquanto gravava "Ride a White Swan" num dia de julho em 1970. Essa pequena esquina, essa linha tracejada e insignificante no guia *London A-Z* é o fim do arco-íris. Uma manjedoura de Marte, praticamente escondida num beco do Soho. Você está no local do nascimento definitivo do glam rock.

Após recuperar os sentidos, podemos virar à direita e subir a Wardour Street, cortando à esquerda pela Noel Street até o fim da Great Marlborough Street, passando pela loja de departamentos Liberty (onde, talvez, Ziggy tenha escolhido o tecido para seu primeiro traje feito por Freddie Burretti, que apareceu na capa de *Ziggy*) até a esquina da Regent Street. Poderíamos virar à direita e seguir em direção a Oxford Circus, para a loja de número 252 na Regent Street, cujo andar superior abrigava o escritório onde Ziggy falou a Michael Watts da *Melody Maker* que ele era gay e que sempre tinha sido. Ou talvez virar à esquerda, direto para a esquina com o Piccadilly Circus, para sentir as vibrações funerárias de 4 de julho de 1973, no Café Royal. Mas melhor ainda seria atravessar e ir em direção ao Piccadilly, no lado oposto da rua, passando as lojas de marcas famosas, até ver uma pequena passagem à direita, levando a uma placa que diz "Heddon House". Atravessando, bem na nossa frente, no fim do beco, está uma cabine telefônica vermelha. Não o mesmo modelo — uma K6, posterior à clássica K2, observe as diferenças no painel de vidro —, porém é exatamente o mesmo local em que Ziggy se abrigou em janeiro de 1972.

Onde havia lojas de peles, costureiras e estúdios fotográficos, agora a Heddon Street é ocupada por bares e restaurantes. Tão ocupada que poucos se dão ao trabalho de notar a placa nos tijolos do número 23, onde antes havia uma lâmpada de gás. Uma placa preta, inaugurada em março de 2012, com as palavras "ZIGGY STARDUST, 1972". Contemple e saúde seu berço sagrado. A grande cidade do Starman não o esqueceu.

E nem tem como. Nem nós. Ziggy Stardust vive, além de placas e construções antigas, além de sua música e da onipresença de sua imagem com um relâmpago sobre o rosto. Ele não vive no passado, mas no presente e no futuro. Nas palavras, na música, na moda e na arte. Em expressões faciais, em posturas, em unhas prateadas e boás de plumas. Na luz invencível e imortal da juventude. Nas esperanças heroicas de jovens em seus quartos, querendo escapar de algum recanto esquecido na Terra. Em todo zé-ninguém rechaçado que se olha no espelho acreditando ser um superstar. Em todos que não escolhem ser um rádio, mas uma TV em cores.

E em todos que apreciam a verdade maravilhosa do gospel no momento de sua morte. Que nós, todos os seres humanos, são milagres da existência, cintilantes e glamorosos, em uma história de criação cósmica de quase 14 bilhões de anos. Moldados da mesma argila galáctica. Costurados dos mesmos fios microscópicos de fragmentos de estrelas. Cada um de nós, realmente, tão "*won-der-ful!*" quanto ele cantava.

Pois todos nós somos feitos de poeira cósmica. Todos somos Ziggy Stardust.

ZIGGYOGRAFIAS

GRAVAÇÕES DE ZIGGY E SEUS AMIGOS: 1972-1973

1972

Abril

"Starman" b/w "Suffragette City"

David Bowie, RCA Victor, RCA 2199. Posição mais alta nas paradas britânicas: 10º lugar em julho de 1972.

Junho

THE RISE AND FALL OF ZIGGY STARDUST AND THE SPIDERS FROM MARS

"Five Years", "Soul Love", "Moonage Daydream", "Starman", "It Ain't Easy", "Lady Stardust", "Star", "Hang On to Yourself", "Ziggy Stardust", "Suffragette City", "Rock 'n' roll Suicide"

David Bowie, RCA Victor, SF8287. Posição mais alta nas paradas britânicas: 5º lugar em fevereiro de 1973.

"The Supermen"

Versão de uma faixa mais antiga de Bowie, regravada por Ziggy and The Spiders. Incluída na coletânea *Revelations: A Musical Anthology For Glastonbury Fayre*, Revelation, REV 1/2/3

Julho

"All the Young Dudes" b/w "One of the Boys"

Mott the Hoople, CBS, S8217. Posição mais alta nas paradas britânicas: 3º lugar em setembro de 1972.

Setembro

"John, I'm Only Dancing" b/w "Hang On to Yourself"

David Bowie, RCA Victor, RCA 2263. Posição mais alta nas paradas britânicas: 12º lugar em outubro de 1972.

ALL THE YOUNG DUDES

"Sweet Jane", "Momma's Little Jewel", "All the Young Dudes", "Sucker", "Jerkin' Crocus", "One of the Boys", "Soft Ground", "Ready for Love/After Lights", "Sea Diver"

Mott the Hoople, CBS, S65184. Posição mais alta nas paradas britânicas: 21º lugar em setembro de 1972.

Novembro

"Walk on the Wild Side" b/w "Perfect Day"

Lou Reed, RCA Victor, RCA 2303. Posição mais alta nas paradas britânicas: 10º lugar em junho de 1973.

TRANSFORMER

"Vicious", "Andy's Chest", "Perfect Day", "Hangin' Round", "Walk on the Wild Side", "Make up", "Satellite of Love", "Wagon Wheel", "New York Telephone Conversation", "I'm So Free", "Goodnight Ladies"

Lou Reed. RCA Victor, LSP 4807. Posição mais alta nas paradas britânicas: 13º lugar em setembro de 1973.

SPACE ODDITY

"Space Oddity", "Unwashed and Somewhat Slightly Dazed", "Letter to Hermione", "Cygnet Committee", "Janine", "An Occasional Dream", "Wild Eyed Boy from Freecloud", "God Knows I'm Good", "Memory of a Free Festival"

David Bowie, relançamento do álbum epônimo de 1969 sob o título *Space Oddity*; Bowie aparece como Ziggy na capa nova (retrato com cabelo vermelho, feito por Mick Rock em Haddon Hall). RCA Victor, LSP 4813. Posição mais alta nas paradas britânicas: 17º lugar em agosto de 1973.

THE MAN WHO SOLD THE WORLD

"The Width of a Circle", "All the Madmen", "Black Country Rock", "After All", "Running Gun Blues", "Saviour Machine", "She Shook me Cold", "The Man Who Sold the World", "The Supermen"

David Bowie, relançamento do álbum de 1971; Bowie aparece como Ziggy na capa nova (retrato em preto e branco de Ziggy dando um chute no ar, por Brian Ward). RCA Victor, LSP 4816. Posição mais alta nas paradas britânicas: 24º lugar em setembro de 1973.

"The Jean Genie" b/w "Ziggy Stardust"

David Bowie, RCA Victor, RCA 2302. Posição mais alta nas paradas britânicas: 2º lugar em janeiro de 1973.

1973

Fevereiro

"Satellite of Love" b/w "Vicious"

Lou Reed, RCA Victor, RCA 2318. Não chegou às paradas britânicas.

Abril

"Drive-In Saturday" b/w "Round and Round"

David Bowie, RCA Victor, RCA 2352. Posição mais alta nas paradas britânicas: 3º lugar em maio de 1973.

ALADDIN SANE

"Watch that Man", "Aladdin Sane (1913-1938-197?)", "Drive-In Saturday", "Panic in Detroit", "Cracked Actor", "Time", "The Prettiest Star", "Let's Spend the Night Together', "The Jean Genie", "Lady Grinning Soul"

David Bowie, RCA Victor, LSP 4852. Posição mais alta nas paradas britânicas: 1º lugar em maio de 1973. *Aladdin Sane* foi oficialmente o álbum mais vendido no Reino Unido em 1973.

Junho

RAW POWER

"Search and Destroy", "Gimme Danger", "Your Pretty Face Is Going to Hell" (título original "Hard to Beat"), "Penetration", "Raw Power", "I Need Somebody", "Shake Appeal", "Death Trip"

Iggy and The Stooges, CBS, S65586. Não chegou às paradas britânicas.

"Life on Mars?" b/w "The Man Who Sold the World"

David Bowie, RCA Victor, RCA 2316. Posição mais alta nas paradas britânicas: 3º lugar em julho de 1973. O último lançamento antes de Ziggy morrer.

O álbum *Hunky Dory*, de David Bowie, lançado em dezembro de 1971, teve um grande sucesso comercial após a morte de Ziggy, no outono de 1973, chegando à terceira posição em setembro. No mesmo mês, os álbuns *Hunky Dory*, *Ziggy Stardust* e *Aladdin Sane* se intercalavam no top 10, com as versões relançadas de *Space Oddity* e *The Man Who Sold the World* um pouco mais abaixo — no total, cinco álbuns de Bowie nas paradas britânicas ao mesmo tempo. Seu domínio foi reforçado em novembro, com o lançamento do álbum de covers *Pin Ups*, entrando já na primeira posição.

"Rock 'n' roll Suicide" foi lançada como single em abril de 1974 — uma decisão confusa, levando em conta a proximidade do lançamento do álbum *Diamond Dogs*. Chegou a 22ª posição em maio.

Também no início de 1974, Lulu lançou sua versão da música "Watch that Man", produzida por Bowie, como lado B de sua cover de "The Man Who Sold the World". O lado A deu a Lulu seu primeiro sucesso no top 10 em cinco anos, chegando à terceira posição em fevereiro.

O single de 45 polegadas de maior sucesso de Ziggy, praticamente por falta de alternativas, foi a faixa "Velvet Goldmine" (originalmente "He's a Goldmine"). Ela não apareceu em nenhum álbum, saindo apenas após a morte de Ziggy num "maxi-single" de três faixas, que incluía "Space Oddity" e "Changes". O lançamento ocorreu em setembro de 1975, tornando-se o primeiro single de David Bowie a chegar à primeira posição no Reino Unido, passando duas semanas no topo, no começo de novembro.

Muitas das melhores gravações de Ziggy também foram lançadas após sua morte. Músicas que não apareceram em álbuns, como "All the Young Dudes" (com vocal de Ziggy); "Holy Holy" (a regravação espetacular dos Spiders do single fracassado que David lançou em 1970); "John, I'm Only Dancing" (a "versão com sax" da faixa de *Aladdin Sane*); e "Sweet Head". A cover de "Amsterdam", de Jacques Brel, que constaria no álbum *Ziggy Stardust*, foi gravada por David em 1971, sendo finalmente lançada como o lado B do single "Sorrow", em 1973.

As performances ao vivo que Ziggy fez de "White Light/White Heat" (The Velvet Underground) e "My Death" (Jacques Brel) estão disponíveis na trilha sonora do filme de D. A. Pennebaker que documenta o último show, no Hammersmith Odeon. Foi lançado primeiramente como *Ziggy Stardust — The Motion Picture*. "My Death" também aparece na gravação ao vivo, igualmente essencial, *Santa Monica '72*, que exibe ainda os Spiders tocando "I'm Waiting for the Man" (The Velvet Underground).

Uma gravação ao vivo de baixa qualidade de "I Feel Free", versão de Ziggy para a música do Cream, foi lançada em 1997 na coletânea *RarestOneBowie*. Outras covers tocadas ao vivo por Ziggy e os Spiders incluem: "I Can't Explain" (The Who, posteriormente gravada para *Pin Ups*); "This Boy" e "Love Me Do" (The Beatles, com a segunda aparecendo num medley com "The Jean Genie"); "Over the Rainbow" (Judy Garland, incorporada em "Starman" durante seus shows no London Rainbow, em agosto de 1972); e o medley "You Got to Have a Job (If You Don't Work — You Don't Eat)/Hot Pants" (James Brown, tocado poucas vezes ao vivo).

ZIGGY NO PALCO: 1972-1973

Shows marcados com * indicam duas apresentações no mesmo dia.

1972

Janeiro

29. Aylesbury, Borough Assembly Hall, Friars Club

Fevereiro

10. Londres, Tolworth, The Toby Jug
12. Londres, South Kensington, Imperial College
14. Brighton, Dome
18. Sheffield, University
23. Chichester, Chichester College
24. Londres, Sutton, Wallington Public Hall
25. Londres, Eltham, Avery Hill College
26. Sutton Coldfield, Belfry Hotel

Março

1. Bristol, University
4. Portsmouth, Southsea, Pier Pavilion
7. Yeovil, Yeovil College
11. Southampton, Guild Hall
14. Bournemouth, Chelsea Village
17. Birmingham, Town Hall
24. Newcastle, Mayfair Ballroom

Abril

20. Harlow, The Playhouse
21. Manchester, Free Trade Hall
30. Plymouth, Guild Hall

Maio

5. Aberystwyth, University
6. Londres, Kingston-Upon-Thames, Kingston Polytechnic
7. Hemel Hempstead, Pavilion
11. Worthing, Assembly Hall
12. Londres, Marylebone, Polytechnic of Central London
13. Slough, Technical College
19. Oxford, Polytechnic
25. Bournemouth, Chelsea Village
27. Epsom, Ebbisham Hall

Junho

2. Newcastle, City Hall
3. Liverpool, Stadium
4. Preston, Public Hall
6. Bradford, St George's Hall
7. Sheffield, City Hall
8. Middlesbrough, Town Hall
13. Bristol, Colston Hall
16. Torquay, Town Hall
17. Oxford, Town Hall
19. Southampton, Civic Centre
21. Dunstable, Civic Hall
25. Croydon, The Greyhound

Julho

1. Weston-Super-Mare, Winter Gardens Pavilion
2. Torquay, Rainbow Pavilion
8. Londres, Southbank, Royal Festival Hall
15. Aylesbury, Borough Assembly Hall, Friars Club

Agosto

19. Londres, Finsbury Park, the Rainbow
20. Londres, Finsbury Park, the Rainbow
27. Bristol, Locarno Electric Village
30. Londres, Finsbury Park, the Rainbow
31. Boscombe, Royal Ballrooms

Setembro

1. Doncaster, Top Rank Suite
2. Manchester, Stretford, the Hardrock
3. Manchester, Stretford, the Hardrock
4. Liverpool, Top Rank Suite
5. Sunderland, Top Rank Suite
6. Sheffield, Top Rank Suite
7. Stoke-On-Trent, Hanley, Top Rank Suite
22. Cleveland (Ohio, EUA), Music Hall
24. Memphis (Tennessee, EUA), Ellis Auditorium
28. Nova York (Nova York, EUA), Carnegie Hall

Outubro

1. Boston (Massachusetts, EUA), Music Hall
7. Chicago (Illinois, EUA), Auditorium Theatre
8. Detroit (Michigan, EUA), Fisher Theatre
11. St. Louis (Missouri, EUA), Kiel Auditorium
15. Kansas City (Kansas, EUA), Memorial Hall

20. Los Angeles (Califórnia, EUA), Santa Monica Civic Auditorium
21. Los Angeles (Califórnia, EUA), Santa Monica Civic Auditorium
27. San Francisco (Califórnia, EUA), Winterland
28. San Francisco (Califórnia, EUA), Winterland

Novembro

1. Seattle (Washington, EUA), Paramount Theatre
2. Phoenix (Arizona, EUA), Celebrity Theatre
11. Dallas (Texas, EUA), Majestic Theatre
12. Houston (Texas, EUA), Music Hall
14. New Orleans (Louisiana, EUA), Loyola University
17. Miami (Flórida, EUA), Jai Alai Fronton
20. Nashville (Tennessee, EUA), Municipal Auditorium
22. New Orleans (Louisiana, EUA), The Warehouse
25. Cleveland (Ohio, EUA), Public Auditorium
26. Cleveland (Ohio, EUA), Public Auditorium
28. Pittsburgh (Pensilvânia, EUA), Stanley Theatre
29. Filadélfia (Pensilvânia, EUA), Tower Theatre (Ziggy como convidado especial do Mott the Hoople durante o bis, tocando "All the Young Dudes" e "Honky Tonk Women")
30. Filadélfia (Pensilvânia, EUA), Tower Theatre

Dezembro

1. Filadélfia (Pensilvânia, EUA), Tower Theatre
2. Filadélfia (Pensilvânia, EUA), Tower Theatre
23. Londres, Finsbury Park, the Rainbow
24. Londres, Finsbury Park, the Rainbow
28. Manchester, Stretford, the Hardrock
29. Manchester, Stretford, the Hardrock

1973

Janeiro

5. Glasgow, Green's Playhouse
6. Edimburgo, Empire Theatre
7. Newcastle, City Hall
9. Preston, Guild Hall

Fevereiro

14. Nova York (Nova York, EUA), Radio City Music Hall
15. Nova York (Nova York, EUA), Radio City Music Hall
16. Filadélfia (Pensilvânia, EUA), Tower Theatre
17. Filadélfia (Pensilvânia, EUA), Tower Theatre*
18. Filadélfia (Pensilvânia, EUA), Tower Theatre*
19. Filadélfia (Pensilvânia, EUA), Tower Theatre*
23. Nashville (Tennessee, EUA), War Memorial Auditorium
26. Memphis (Tennessee, EUA), Ellis Auditorium*

Março

1. Detroit (Michigan, EUA), Masonic Temple
2. Detroit (Michigan, EUA), Masonic Temple
4. Chicago (Illinois, EUA), Aragon Ballroom
10. Los Angeles (Califórnia, EUA), Long Beach Arena
12. Los Angeles (Califórnia, EUA), Hollywood Palladium

Abril

8. Tóquio (Japão), Shinjuku Koseinenkin Kaikan
10. Tóquio (Japão), Shinjuku Koseinenkin Kaikan
11. Tóquio (Japão), Shinjuku Koseinenkin Kaikan
12. Nagoya (Japão), Kokaido Hall
14. Hiroshima (Japão), Yubin Chokin Kaikan

16. Kobe (Japão), Kokusai Kaikan Hall
17. Osaka (Japão), Koseinenkin Kaikan
18. Tóquio (Japão), Shibuya Kokaido
20. Tóquio (Japão), Shibuya Kokaido

Maio

12. Londres, Earls Court, Earls Court Exhibition Centre
16. Aberdeen, Music Hall*
17. Dundee, Caird Hall
18. Glasgow, Green's Playhouse*
19. Edimburgo, Empire Theatre
21. Norwich, Theatre Royal*
22. Romford, Odeon
23. Brighton, Dome*
24. Londres, Lewisham, Odeon
25. Bournemouth, Winter Gardens
27. Guildford, Civic Hall*
28. Wolverhampton, Civic Hall
29. Stoke-On-Trent, Hanley, Victoria Hall
30. Oxford, New Theatre
31. Blackburn, King George's Hall

Junho

1. Bradford, St. George's Hall
3. Coventry, New Theatre
4. Worcester, Gaumont
6. Sheffield, City Hall *
7. Manchester, Free Trade Hall*
8. Newcastle, City Hall*
9. Preston, Guild Hall
10. Liverpool, Empire Theatre*

11. Leicester, De Montfort Hall
12. Chatham, Central Hall*
13. Londres, Kilburn, Gaumont
14. Salisbury, City Hall
15. Taunton, Odeon*
16. Torquay, Town Hall*
18. Bristol, Colston Hall*
19. Southampton, Guild Hall
21. Birmingham, Town Hall*
22. Birmingham, Town Hall*
23. Boston (Lincolnshire), Gliderdrome
24. Croydon, Fairfield Halls*
25. Oxford, New Theatre*
26. Oxford, New Theatre
27. Doncaster, Top Rank Suite
28. Bridlington, Spa Ballroom
29. Leeds, Rolarena
30. Newcastle, City Hall*

Julho

2. Londres, Hammersmith, Odeon
3. Londres, Hammersmith, Odeon

ZIGGY NA TELEVISÃO: 1972-1973

Ziggy e os Spiders apareceram poucas vezes na TV britânica durante sua curta existência, mas todas foram de importância cultural cataclísmica. Na maioria das performances, listadas aqui em ordem de transmissão, os músicos dublavam o playback dos instrumentos, enquanto o vocal era ao vivo. Apresentações marcadas com * estão disponíveis no DVD de 2002 *Best of Bowie* (EMI, 4901039).

1972

Fevereiro

The Old Grey Whistle Test

"Queen Bitch"*, "Five Years"*

Transmitida na BBC 2, terça-feira, 8 de fevereiro; gravada em 7 de fevereiro. "Oh! You Pretty Things" também foi gravada, mas não foi ao ar na época.

Junho

Lift off with Ayshea

"Starman"

Transmitida na ITV, quarta-feira, 21 de junho; gravada em 15 de junho.

Julho

Top of the Pops

"Starman"*

Transmitida na BBC 1, quinta-feira, 6 de julho; gravada em 5 de julho. Reprisada em 20 de julho e, depois, em 25 de dezembro como parte do especial de Natal do programa *Top of the Pops '72*.

1973

Janeiro

Top of the Pops

"The Jean Genie"

Performance ao vivo no estúdio (incluindo o tributo de Ziggy a "Love Me Do", dos Beatles, na gaita), transmitida na BBC 1, quinta-feira, 4 de janeiro; gravada em 3 de janeiro.

Russell Harty Plus

"Drive-In Saturday"*, "My Death"

Transmitida na ITV, sábado, 20 de janeiro; gravada em 17 de janeiro. O episódio foi um especial "pop" do programa comumente chamado *Russell Harty Plus* e incluiu a única entrevista de Ziggy em um formato de talk show.

Junho

Nationwide

Reportagem filmada sobre a última turnê de Ziggy no Reino Unido, incluindo vídeos ao vivo e uma entrevista. Transmitida na BBC 1, terça-feira, 5 de junho.

Todos os vídeos desta lista sobreviveram, exceto a performance para a Ayshea — cujas fitas foram, infelizmente, apagadas pela Granada Television. O episódio completo do *Top of the Pops* de julho de 1972, contendo "Starman", também foi apagado pela BBC; o vídeo histórico só sobrevive por meio de versões licenciadas a canais de outros países. O *Top of the Pops* transmitiu ainda os vídeos promocionais dirigidos por Mick Rock para os singles "The Jean Genie" (com participação de Cyrinda Foxe) e "Life on Mars?". Como mencionado anteriormente, a BBC se recusou a transmitir o vídeo promocional do mesmo diretor para "John, I'm Only Dancing". A versão de "Oh! You Pretty Things" gravada para *The Old Grey Whistle Test* foi finalmente transmitida nos anos 1980 e incluída no DVD *Best of Bowie*.

ZIGGY NA RÁDIO

Na primeira metade de 1972, Ziggy e os Spiders gravaram cinco sessões para a BBC Radio 1, listadas aqui na ordem de transmissão original. Faixas com * foram posteriormente lançadas na coletânea dupla em CD *Bowie at the Beeb*, em 2000 (EMI, 7243 52862924).

Janeiro

Sounds of the 70s: John Peel

"Hang On to Yourself", "Ziggy Stardust", "Queen Bitch", "I'm Waiting for the Man", "Lady Stardust"

Primeira transmissão na BBC Radio 1, sexta-feira, 28 de janeiro; gravada em 11 de janeiro.

Fevereiro

Sounds of the 70s: Bob Harris

"Hang On to Yourself"*, "Ziggy Stardust"*, "Queen Bitch"*, "Five Years"*

Primeira transmissão na BBC Radio 1, segunda-feira, 7 de fevereiro; gravada em 18 de janeiro. "I'm Waiting for the Man"* também foi gravada, mas nunca transmitida.

Maio

Sounds of the 70s: John Peel

"White Light/White Heat"*, "Hang On to Yourself"*, "Suffragette City"*, "Ziggy Stardust"*

Primeira transmissão na BBC Radio 1, terça-feira, 23 de maio; gravada em 16 de maio.

Junho

Johnnie Walker

"Starman"*, "Space Oddity"*, "Changes"*, "Oh! You Pretty Things"*

Primeira transmissão na BBC Radio 1, segunda-feira, 5 de junho, gravada em 22 de maio.

Sounds of the 70s: Bob Harris

"Andy Warhol"*, "Lady Stardust"*, "White Light/White Heat", "Rock 'n' roll Suicide"*

Primeira transmissão na BBC Radio 1, segunda-feira, 19 de junho; gravada em 23 de maio.

Julho

Sounds of the 70s: John Peel

Transmissão na BBC Radio 1, terça-feira, 25 de julho. Uma reprise de "White Light/White Heat" e "Suffragette City" da sessão de 23 de maio (*Sounds of the '70s: John Peel*), acrescentada da inédita gravação de "Moonage Daydream"*. Todas as músicas foram gravadas em 16 de maio.

A BIBLIOGRAFIA DO LIVRO

Agel, Jerome (editor), *The Making of Kubrick's 2001* (Signet, 1970)
Ambaras, David R., *Bad Youth: Juvenile Delinquency and the Politics of Everyday Life in Modern Japan* (University of California Press, 2006)
Ambrose, Joe, *Gimme Danger — The Story of Iggy Pop* (Omnibus Press, 2004)
Angell, Callie, *Andy Warhol Screen Tests* (Abrams, 2006)
Anthon, Charles, *A Classical Dictionary* (Harper, 1869)
Antonia, Nina, *The New York Dolls — Too Much Too Soon* (Omnibus Press, 2006)
Antonia, Nina, *The Prettiest Star — Whatever Happened to Brett Smiley?* (SAF, 2005)
Aughton, Peter, *The Story of Astronomy* (Quercus, 2008)
Austen, Jake (editor), *Flying Saucers Rock 'n' roll* (Duke University Press, 2011)
Berry, Chuck, *Chuck Berry — The Autobiography* (Faber & Faber, 1988)
Bockris, Victor e Gerard Malanga, *Up-Tight: The Velvet Underground Story* (Omnibus Press, 1983)
Bodanis, David, *E=mc2: A Biography of the World's Most Famous Equation* (Berkley, 2000)
Bowie, Angela e Patrick Carr, *Backstage Passes — Life on the Wild Side with David Bowie* (Cooper Square Press, 2000)
Bradbury, Ray com Arthur C. Clarke, Bruce Murray, Carl Sagan e Walter Sullivan, *Mars and the Mind of Man* (Harper & Row,1973)
Brake, Mark L. e Neil Hook, *Different Engines: How Science Drives Fiction and Fiction Drives Science* (Macmillan, 2008)
Brome, Vincent, *H. G. Wells — A Biography* (House of Stratus, 2001)
Brooks, Michael, *The Big Questions: Physics* (Quercus, 2010)
Brown, Ivor, *H. G. Wells* (Nisbet & Co., 1923)
Burgess, Anthony, *A Clockwork Orange* (W. W. Norton, 1986)
Burgess, Anthony, *Little Wilson and Big God* (Heinemann, 1987)
Burgess, Anthony, *You've Had your Time* (Heinemann, 1990)

Burroughs, William S., *The Wild Boys* (Penguin Classics, 2008)

Cann, Kevin, *Any Day Now: David Bowie — The London Years 1947-74* (Adelita, 2010)

Carey, Hugh, *Duet for Two Voices: An Informal Biography of Edward Dent Compiled from His Letters to Clive Carey* (Cambridge University Press, 1980)

Cato, Philip, *Crash Course for the Ravers — A Glam Odyssey* (S.T. Publishing, 1997)

Chusid, Irwin, *Songs in the Key of Z* (Cherry Red Books, 2000)

Clark, Stuart, *The Big Questions: The Universe* (Quercus, 2010)

Condon, Dr. Edward, *Scientific Study of Unidentified Flying Objects* (Bantam, 1969)

Conway, Michael com Dion McGregor e Mark Ricci, *The Films of Greta Garbo* (Citadel Press, 1974)

Coren, Michael, *The Invisible Man — The Life and Liberties of H. G. Wells* (Bloomsbury, 1993)

Crowe, Michael J., *The Extraterrestrial Life Debate: Antiquity to 1915 (A Source Book)* (University of Notre Dame, 2008)

Dawson, Jim e Steve Propes, *What was the First Rock 'n' Roll Record?* (Faber & Faber, 1992)

De Saint-Exupéry, Antoine, *The Little Prince* (Wordsworth, 1995)

Dickson, Lovat, *H. G. Wells — His Turbulent Life and Times* (MacMillan, 1969)

Edwards, Frank, *Strange People* (Pan, 1966)

Edwards, Henry e Tony Zanetta, *Stardust — The David Bowie Story* (McGraw-Hill, 1986)

Elson, Howard, *Early Rockers* (Proteus, 1982)

Ernst, Earle, *Three Japanese Plays from the Traditional Theatre* (Oxford University Press, 1959)

Ferguson, Kitty, *Pythagoras: His Lives and the Legacy of a Rational Universe* (Icon, 2010)

Foxe-Tyler, Cyrinda com Danny Fields, *Dream On — Livin' on the Edge with Steven Tyler and Aerosmith* (Phoenix Books, 2009)

Geller, Larry e Joel Spector, "If I Can Dream" (Century, 1989)

Gillman, Peter & Leni, *Alias David Bowie* (New English Library, 1987)

Glitter, Gary, *Leader — The Autobiography* (Warner Books, 1992)

Good, Timothy, *Need to Know: UFOs, the Military and Intelligence* (Pegasus, 2007)

Gordon, Robert, *The King on the Road* (Hamlyn, 1996)

Gosling, John, *Waging the War of the Worlds* (McFarland & Company, 2009)

Greene, Richard, *Holst: The Planets* (Cambridge University Press, 1995)

Guralnick, Peter, *Careless Love: The Unmaking of Elvis Presley* (Back Bay Books, 2000)

Guralnick, Peter, *Last Train to Memphis: The Rise of Elvis Presley* (Back Bay Books, 1994)

Hammond, J.R., *H. G. Wells — Interviews and Recollections* (MacMillan, 1980)

Heffer, Simon, *Vaughan Williams* (Weidenfeld & Nicolson, 2000)

Heinlein, Robert A., *Grumbles from the Grave* (Orbit, 1991)

Heinlein, Robert A., *Stranger in a Strange Land* (Berkley Medallion, 1969)

Holst, Imogen, *Gustav Holst* (Oxford University Press, 1938)

Holst, Imogen, *Holst (The Great Composers)* (Faber & Faber, 1974)

Holst, Imogen, *The Music of Gustav Holst and Holst's Music Reconsidered* (Oxford University Press, 1986)

Hopkins, Jerry, *Elvis* (Warner Paperback Library, 1972)

Hunter, Ian, *Diary of a Rock 'n' Roll Star* (Panther, 1974)

Ikegami, Eiko, *Bonds of Civility: Aesthetic Networks and the Political Origins of Japanese Culture* (Cambridge University Press, 2005)

Kerouac, Jack, *On the Road* (Penguin, 1999)
Kiedrowski, Thomas, *Andy Warhol's New York City* (The Little Bookroom, 2011)
Leupp, Gary P., *Male Colors: The Construction of Homosexuality in Tokugawa Japan* (University of California Press, 1995)
Lewis, Jerry Lee e Charles White, *Killer!* (Arrow, 1996)
MacCormack, Geoff, *From Station to Station — Travels with Bowie 1973-1976* (Genesis, 2007)
MacDonald, Ian, *Revolution in the Head: The Beatles' Records and the Sixties* (Pimlico, 1998)
MacKenzie, Norman e Jeanne, *The Time Traveller — The Life of H. G. Wells* (Weidenfeld & Nicolson, 1973)
Marcus, Greil (et al.), *Rockabilly: The Twang Heard Round the World* (Voyageur Press, 2011)
McAleer, Dave, *Hit Parade Heroes* (Hamlyn, 1993)
McEvoy, J. P., *A Brief History of the Universe* (Robinson, 2010)
McLenehan, Cliff, *Marc Bolan: 1947-1977 A Chronology* (Helter Skelter, 2002)
McVeagh, Diana M., *Edward Elgar — His Life and Music* (J. M. Dent & Sons, 1955)
Mitton, Simon, *Fred Hoyle: A Life in Science* (Cambridge University Press, 2011)
Moore, Scotty com James Dickerson, *That's Alright, Elvis* (Schirmer, 1997)
Murray, Andy, *Into the Unknown: The Fantastic Life of Nigel Kneale* (Headpress, 2005)
Nash, Alanna, *Elvis Aaron Presley: Revelations from the Memphis Mafia* (Harper, 1996)
Newman, Ernest, *The Unconscious Beethoven* (Victor Gollancz, 1968)
Ortolani, Benito, *The Japanese Theatre: From Shamanistic Ritual to Contemporary Pluralism* (Princeton University Press, 1995)

Orwell, George, *Critical Essays* (Secker & Warburg, 1946)
Parrinder, Patrick, *H. G. Wells — The Critical Heritage* (Routledge, 1972)
Paytress, Mark, *Bolan — The Rise and Fall of a 20th Century Superstar* (Omnibus Press, 2002)
Pegg, Nicholas, *The Complete David Bowie* (Titan, 2011)
Pierce, Patricia Jobe, *The Ultimate Elvis* (Simon & Schuster, 1994)
Pitt, Kenneth, *Bowie: The Pitt Report* (Omnibus Press, 1980)
Pound, Ezra e Ernest Fenollosa, *The Classic Noh Theatre of Japan* (New Directions, 1959)
Pryce-Jones, Alan, *Beethoven* (Collier, 1966)
Redfern, Nick, *A Covert Agenda: The British Government's UFO Top Secrets Exposed* (Paraview Special Editions, 2004)
Repsch, John, *The Legendary Joe Meek* (Woodford House, 1989)
Richie, Donald, *Japanese Portraits* (Tuttle, 2006)
Roberts, David (editor), *Top 40 Charts* (Guinness Publishing, 1992)
Robertson, Alec e Denis Stevens, *The Pelican History of Music Volume 3: Classical and Romantic* (Pelican, 1968)
Rock, Mick e David Bowie, *Moonage Daydream: The Life and Times of Ziggy Stardust* (Universe, 2005)
Sachs, Harvey, *The Ninth: Beethoven and the World in 1824* (Faber & Faber, 2010)
Sagan, Carl, *The Cosmic Connection: An Extraterrestrial Perspective* (Cambridge University Press, 2000)
Sagan, Carl, *Cosmos* (Abacus, 1995)
Sagan, Carl com F. D. Drake, Ann Druyan, Timothy Ferris, Jon Lomberg e Linda Salzman Sagan, *Murmurs of Earth — The Voyager Interstellar Record* (Random House, 1978)
Sagan, Carl, *The Varieties of Scientific Experience: A Personal View of the Search for God* (Penguin, 2006)
Sandford, Christopher, *Loving the Alien* (Time Warner, 1997)

Santoro, Gene, *Myself When I Am Real: The Life and Music of Charles Mingus* (Oxford University Press, 2000)
Savage, Jon, *England's Dreaming* (Faber & Faber, 1991)
Savage, Jon, *The England's Dreaming Tapes* (Faber & Faber, 2009)
Schilling, Jerry com Chuck Crisafulli, *Me and a Guy Named Elvis* (Gotham Books, 2006)
Scott, A. C., *The Kabuki Theatre of Japan* (George Allen & Unwin, 1955)
Sheehan, William, *The Planet Mars* (University of Arizona Press, 1997)
Shipman, David, *Cinema — The First Hundred Years* (Weidenfeld & Nicolson, 1993)
Smith, David C., *H. G. Wells — Desperately Mortal* (Yale University Press, 1986)
Sobel, Dava, *The Planets* (Penguin, 2006)
Suchet, John, *The Friendly Guide to Beethoven* (Hodder, 2006)
Sudhalter, Richard M., *Stardust Melody — The Life and Music of Hoagy Carmichael* (Oxford University Press, 2002)
Sullivan, J. W. M., *Beethoven* (Pelican, 1949)
Tevis, Walter, *The Man Who Fell to Earth* (Penguin Classics, 2009)
Thompson, Dave (editor), *Beyond The Velvet Underground* (Omnibus Press, 1989)
Tremlett, George, *The David Bowie Story* (Futura, 1974)
Trynka, Paul, *Iggy Pop — Open up and Bleed* (Sphere, 2007)
Trynka, Paul, *Starman* (Sphere, 2011)
Turnill, Reginald, *The Observer's Spaceflight Directory* (Frederick Warne, 1978)
Unterberger, Richie, *White Light/White Heat: The Velvet Underground Day-By-Day* (Jawbone, 2009)
Verma, Surendra, *Why Aren't They Here?: The Question of Life on Other Worlds* (Icon, 2007)
Vermorel, Judy e Fred, *Fandemonium* (Omnibus Press, 1989)

Visconti, Tony com Richard Havers, *Bowie, Bolan and the Brooklyn Boy* (HarperCollins, 2007)

Warhol, Andy e Pat Hackett, *POPism: The Warhol Sixties* (Penguin Classics, 2007)

Webster, Patrick, *Love and Death in Kubrick: A Critical Study of the Films from Lolita Through Eyes Wide Shut* (McFarland & Company, 2011)

Wegler, Franz e Ferdinand Ries, *Beethoven Remembered* (Great Ocean, 1987).

Wells, H. G., *Experiment in Autobiography Vols I & II* (Faber & Faber, 1984)

Wells, H. G., *Star-Begotten* (Sphere Books, 1975)

Wells, H. G., *Tono-Bungay* (Modern Library, 2003)

Wells, H. G., *The War of the Worlds* (Penguin Classics, 2005)

Wertheimer, Alfred, *Elvis '56: In the Beginning* (Pimlico, 1994)

West, Anthony, *H. G. Wells — Aspects of a Life* (Hutchinson, 2007)

Whitcomb, Ian, *Whole Lotta' Shakin': A Rock 'n' Roll Scrapbook* (Arrow Books, 1982)

White, Charles, *The Life and Times of Little Richard* (Pan, 1985)

Wood, Sir Henry, *My Life of Music* (Victor Gollancz, 1938)

Zak III, Albin, *The Velvet Underground Companion* (Omnibus Press/Schirmer, 1997)

Dos títulos mencionados que tratam de David Bowie, três merecem menção especial. O primeiro é *Any Day Now: The London Years 1947-74*, de Kevin Cann, um catálogo da vida e da carreira de Bowie em seu dia a dia, exuberantemente detalhado e ilustrado com elegância, desde seu nascimento até *Diamond Dogs*. O segundo é *The Complete David Bowie*, de Nicholas Pegg, que passou por diversas revisões; é um banco de dados volumoso, com informações, análises apaixonadas e curiosidades sobre a obra de Bowie — uma referência bíblica. Onde Bowie é Johnson, Cann é Boswell; onde Bowie é Holmes, Pegg é Watson[19]. Esses são os mestres dos documentos relacionados a Bowie, aos quais todos os autores que cambaleiam cegos por esses mesmos corredores devem sua gratidão eterna.

Por último, mas não menos importante, *Moonage Daydream*. O relato do próprio Bowie sobre a vida de Ziggy Stardust, como ele a recorda, publicado em conjunto com seu amigo, o lendário fotógrafo cósmico Mick Rock.

Além da bibliografia mencionada, este *David Bowie: a construção de Ziggy Stardust* foi uma colagem que resultou de muitas horas bebendo vitaminas, subsistindo no sistema de ventilação da British Library, em Euston Road e, mais ainda, na fortaleza orwelliana que é a British Newspaper Library, em Colindale. Citar cada fonte individual traria a este livro um fardo adicional de mais de 100 páginas de notas de rodapé desnecessariamente acadêmicas, que tirariam o brilho e o espírito da escrita. Para manter certa brevidade, a lista de periódicos consultados inclui: *Aberdeen Evening Express*, *Battersea News*, *The Blackshirt*, *Brixton Advertiser*, *Bromley Advertiser*, *Catford & Lewisham Journal*, *Croydon Advertiser*, *Curious*, *Daily Express*, *Daily Mail*, *Daily*

19 Referências à obra *A vida de Samuel Johnson*, de James Boswell, e à série *Sherlock Holmes*, de Arthur Conan Doyle. [N.T.]

Mirror, *Daily Telegraph*, *Disc & Music Echo*, *Dundee Courier*, *Evening News*, *Evening Standard*, *Fabulous 208*, *Fulham Chronicle*, *Glasgow Evening Times*, *The Guardian*, *Hammersmith & Fulham News & Post*, *Honey*, *Jackie*, *Kent and Sussex Courier*, *Look-In*, *Melody Maker*, *Mirabelle*, *Mojo*, *New Musical Express*, *Press And Journal (Aberdeen)*, *Radio Times*, *Record Mirror*, *Sounds*, *The Sun*, *The Sunday Mirror*, *The Sunday Times*, *The Times*, *TV Times*, *Uncut*, *Vanity Fair*, *Vogue*, *West London and Hammersmith Gazette*, *West London Observer* e *Woman's Journal*. Agradecimentos especiais às entrevistas contemporâneas feitas por Ray Fox-Cumming, Henry Edwards, Timothy Ferris, Martin Hayman, Roy Hollingworth, Nick Kent, Pete Lennon, Robert Muesel, Charles Shaar Murray, Sandie Robbie, Lisa Robinson, Mick Rock, Rosalind Russell, Annie Tipton, Andrew Tyler, Cherry Vanilla e Michael Watts.

A citação do prólogo, atribuída a Arthur C. Clarke, vem do documentário *Stanley Kubrick: A Life in Pictures*, dirigido por Jan Harlan (Warner Bros, 2001).

A citação do epílogo, atribuída a David Bowie, foi dita a Paul Du Noyer para a revista *Mojo*, em julho de 2002.

Agradeço a Katie Ankers, do BBC Written Archives Centre, por sua ajuda ao acessar as notas de produção da transmissão do *Top of the Pops* em julho de 1972, que incluiu "Starman".

Uma última saudação estelar deve ir para Michael Harvey, que, entre 1996 e 2007, foi o dedicado curador do site de fãs *The Ziggy Stardust Companion*, ainda acessível à época da publicação desta edição, em www.5years.com.

O AUTOR

Simon Goddard tinha um ano, seis meses e doze dias de idade quando Ziggy Stardust morreu. Suas memórias daquela época são, compreensivelmente, nebulosas.

Este é seu terceiro livro sobre música pop. Ele vive em Londres.

SEUS CRÉDITOS

OS MÚSICOS SÃO:

Kevin "Weird" Pocklington, na Jenny Brown Associates.

Andrew "Gilly" Goodfellow, na Ebury Press.

ARRANJOS:

Susan Pegg.

PRODUÇÃO:

Ian Preece.

ARTE:

David Wardle, da Bold & Noble

AMOR DA MINHA ALMA:

Sylvia Patterson

PARA SER
LIDO NO
VOLUME
MÁXIMO.

Este livro foi composto em Galliard e impresso em pólen bold 80 g pela gráfica Viena, em julho de 2022.